我的大学我做主

优志愿升学规划研究院　编著

中国纺织出版社有限公司

图书在版编目（CIP）数据

我的大学我做主 / 优志愿升学规划研究院编著 .--
北京：中国纺织出版社有限公司，2023.8

ISBN 978-7-5229-0609-6

Ⅰ .①我… Ⅱ .①优… Ⅲ .①大学生 – 职业选择
Ⅳ .① G647.38

中国国家版本馆 CIP 数据核字（2023）第 091732 号

责任编辑：房丽娜　责任校对：高　涵　责任印制：储志伟

中国纺织出版社有限公司出版发行
地址：北京市朝阳区百子湾东里 A407 号楼　邮政编码：100124
销售电话：010—67004422　传真：010—87155801
http：//www.c-textilep.com
中国纺织出版社天猫旗舰店
官方微博 http://weibo.com/2119887771
北京通天印刷有限责任公司印刷　各地新华书店经销
2023 年 8 月第 1 版第 1 次印刷
开本：710×1000　1 / 16　印张：23.25
字数：300 千字　定价：128.00 元

凡购本书，如有缺页、倒页、脱页，由本社图书营销中心调换

编委会

编　著	优志愿升学规划研究院	
编　委	指导顾问	耿忠诚　叶　帆　房佳莹
	研究组成员	阮书晴　孙昳雯　黄竟燕　裴洪玲 李智聪　姜玉平　石玥如　刘芳源

序言

1 选大学和选专业，影响一生的重要选择 ✎

    高考，是考生们 12 年寒窗苦读的终点，也是人生发展的新起点，而志愿填报更是能直接影响考生未来的职业方向。曾有媒体做过调查，超一半的人表示对自己当年的志愿填报感到后悔，并明确表示再来一次的话，不会再选择之前的专业。随着社会的发展，现在的高中生家长文化程度普遍更高，眼界也更加开阔，对于志愿填报这件会影响孩子一生的大事也更为重视。但每年依然有很多家长和学生因为志愿填报不理想而感到遗憾。

    对于现在的高中生家庭，尤其是对高三考生和家长们来讲，问题已经不再是没有意识到志愿填报的重要性，而是志愿填报的复杂性和难度已经升级，如何处理纷繁复杂的信息，应该怎样做选择，成了现在考生和家长们需要解决的一大难题。

    随着高考的改革，学生可填报的学校和专业数量大幅增多，这大大增加了志愿填报的可选择性和录取机会，但同时也为家长和考生们带来了巨大挑战。例如志愿填报批次合并后，学生和家长如果选择不慎，可能会让孩子直接滑档无法上本科院校。传统的高考以院校为基本单位，而新高考改革后，部分省份变为专业（类）＋院校的模式填报志愿。如河北省志愿填报模式采用 1 个"专业（类）＋学校"为 1 个志愿，设 1 次集中填报志愿和 1 次征集志愿，本科批每次最多可填报 96 个志愿。这种模式让考生和家长将志愿填报的侧重点从以往的院校选择转向专业挑选，这就需要考生和家长对填报院校的专业有更深入的了解，并且在填报时需采用更多的策略技巧和职业生涯思维。

2　做对选择，从充分了解开始 ✏️

　　想要真正做出适合孩子的正确选择，首先要对填报相关的资讯做全面充分的了解，不仅要了解所在省份的志愿填报政策，还得真正了解孩子和家长的需求是什么，更需要全面了解各类院校与专业的详细情况，然后根据自己的实际情况与未来规划进行最终抉择。

　　本书聚焦高考志愿填报中大学和专业的选择，以职业生涯规划为导向，从大学和专业两大板块出发，为各位考生和家长提供学校重点学科、特色专业、专业就业及深造情况、报考建议等真正有价值的信息，为考生做好高考志愿填报提供保障。

3　选好大学，打开人生的格局 ✏️

　　在高考改革前，挑选学校一直都是考生和家长们关注的重点。在高考改革后，对于专业的关注度在不断提升，但这并不代表了解和选择学校就不重要了。相反，除了学校本身的层次、地域与性质，考生和家长们还得进一步掌握学校的学科实力、特色专业、就业情况、行业认可度、学校的深造情况如保研难度和考研率、学校历史等，要了解的信息比起过去只多不少。而在众多信息当中，需要着重了解的有以下几点。

（1）了解学校层次

　　学校的层次包括学校是不是"双一流""985 工程""211 工程"院校，学校的排况、是国家重点还是省重点等信息。学校层次会直接影响该校的教学资源、师资力量、社会影响力，对学生未来升学和就业影响重大。例如很多知名企业招聘时会明确规定仅招聘 "985 工程""211 工程"院校的学生。此外，学校提供的平台和资源更是会对学生的眼界和格局产生非常重要的影响，甚至还可能会在未来的人生尤其是职业生涯中起到关键性作用。

（2）了解学校的学科实力

　　高考改革让专业在志愿填报时的重要性不断提高，学校的学科实力成为考生和家长们在选择院校时需要着重了解的地方，如学科评估结果、国家级或省级（直辖市）特色专业、硕士点和博士点的数量与设置情况等，甚至同一个专业在不同学校的培养方向也是考察重点。因此，在报考前查询这方面的信息对学生未来的学习和职业方向都有很大帮助。

（3）了解学校的历年录取数据及报考难度

选择学校时除学校的学科实力外，还需了解该校历年的录取数据，如往年的录取分数线、录取位次、录取人数等，同时还需要认真查看当年高考的招生计划数、学校招生章程相关规定，综合分析学校的报考难度。这类信息在志愿填报时至关重要，能直接影响学生能否被院校录取。但由于这类信息具有时效性，每年都会因政策、社会环境、试卷难度等发生变化，本书无法展示实时数据，只能根据近年的录取情况给出报考难度指数作为参考。大家在高考志愿填报前可通过优志愿App 和易度排名官网了解院校的最新数据和报考难度情况。

（4）了解学校的其他信息

学校的地理位置、办学历史、性质，甚至学校的学习氛围、校园环境、宿舍条件等信息也十分重要。比如，北上广地区的学生在实习和就业时可能会拥有更多的工作机会，且岗位起薪也可能会比其他地区高一些，但相应地他们的生活成本也更高，对学生本人的能力要求也更严格。再比如，学校的宿舍条件可能会影响学生在大学期间就读的体验，有的学校宿舍没有单独的卫生间和洗澡间，学生需跨越大半个校区去公共澡堂洗澡，对于特别在意这方面的学生来讲，可能就是难以接受的事情。因此，这些都需要学生和家长根据自己的生活习惯、需求及未来规划进行进一步的抉择。

4　选对专业，成就职业高起点 ✏

专业和学生的未来职业之路有着极其密切的联系，选对专业，就意味着职业生涯的起点能超过他人 3 ～ 5 年的奋斗。然而，在填报志愿时，很多学生和家长经常在不了解专业的真实情况下，仅根据专业的名字就贸然做出选择；也有些家长道听途说，听说大家都报考了这个专业或者有人说这个专业好就盲目跟风。这些情况都会造成填报失误，影响学生大学四年甚至未来人生的发展方向。比如学生被录取后发现自己根本不喜欢或者不适合这个专业，导致大学四年的学习都很痛苦，或者是选择的专业就业前景不好，导致学生毕业即失业，以至于花费更多时间和努力转行。

因此，我们在填报志愿前，一定要充分了解自己想要报考的每一个专业，并且根据自身兴趣和特长，选出适合自己的专业。那么，到底该通过哪几个方面来了解想要填报的专业是否合适呢？这里也整理出以下几个要点。

（1）了解专业的培养方向与知识能力

选择专业前，我们一定要搞清楚这个专业到底是学什么的，需要学习哪些课程，就业方向是什么，选科限制又有哪些，明确是否符合学生的兴趣和发展方向。例如本书中"望文生义的专业"一章中所提到的那些专业，都是看名字就容易让人产生误解的专业，其学习内容和就业方向都与大家想象的相差甚远。而"名字相似的专业"一章中更是有很多名字相似却实际学习内容天差地别的专业。这些学生和家长在填报前都需要充分了解，避免选择失误的情况出现。

（2）了解专业的就业前景

选择专业最重要的就是考虑专业的就业前景，这个就业前景包括专业的就业方向、就业现状和发展前景等。就业方向是指该专业对口的工作岗位有哪些，学生和家长需要深入了解对口岗位工作的难易度、工作强度以及工作环境的实际情况等。而就业现状是指近年来该专业的就业率和薪资待遇、社会地位等。专业的发展前景则是指专业对口岗位的行业发展情况、社会需求状态及未来发展趋势等，比如有的岗位起薪很高、工作好找，但属于吃青春饭的岗位，发展前景不一定好，适合想要在年轻时尽可能积累原始资金的学生。有的岗位就业情况一般，却属于国家重点扶持行业，发展潜力巨大，虽然本科毕业很难找到高薪工作，但薪资和待遇水平会随着经验和资历的增加而不断提升。

（3）了解专业的升学情况

近年来，随着各行各业竞争压力的逐渐增大，有越来越多的岗位提高了对学历的要求，为了能得到一份满意的工作，选择继续深造的人数直线上升。在这种趋势下，专业的升学情况也成了学生和家长选择专业的一个重要因素。专业是否可以读研和留学，读研方向有哪些，考研、保研和留学难度又如何等，都是在报考前值得了解的信息。

（4）了解专业的报考建议和招生要求

每个专业的招生要求都不一样，有些会对考生的身体条件做出明确要求，比如动物医学、轮机工程、学前教育、心理学等专业都不招收色盲、色弱，口腔医学专业限制左撇子报考，这些硬性条件在报考前一定要掌握清楚，本书第二章专业篇的第一节中也有详细介绍。

除了身体条件以外，很多专业对于考生的综合素质也有要求，有的要求会通过开设院校的招生方式体现，比如专业的选科限制，有部分院校还会对报考学生的单科成绩做出规定。还有一些专业虽然没有明确的限制与规定，但从专业特点来看，还是更适合特定类型的考生报考。比如有的工科专业适合动手能力强、物理和数学成绩好的学生填报，有的专业则更适合外向、沟通能力和语言表达能力强的学生报考。虽然这些情况并没有被明确写到招生要求上，但切实关系学生在该专业发展的上限。因此，本书会在专业的报考建议中，就专业适合报考的学生类型和报考时需要注意的要点给出相关建议，以便于各位学生能找到真正适合自己的专业。

5　大学与专业的抉择，是人生的取舍艺术 ✐

每年高考季，家长们问到最多的问题就是，填报志愿时应该优先大学还是专业？在不同的大学和专业之间应该如何选择？其实志愿填报时面临的选择题和人生中其他重要时刻遇到的问题一样，是一道关于取和舍的题目。对于这道题，根本没有一个标准答案。对于学生来讲，找到属于自己答案的关键在于搞清楚究竟什么是重要的，什么是可以放弃的。

比如对于有的学生来讲，收入是最重要的，他就需要去查询和研究以他的高考分数有机会考上的院校和专业中，哪些专业是最有机会获得高薪岗位的，或者这些专业的开设院校中，哪个学校专业优势最明显，平台资源最多，获得成功的概率最大。而对于有些学生来说，可能拥有稳定和快乐的人生是最重要的，那么高薪但压力很大的工作就是他们可以舍弃的，对于他们来讲，哪些专业更有机会找到相对稳定和轻松的工作（如专业介绍篇目中那些适合考公考编的专业以及学习氛围浓厚、保研率高的院校）就是这类学生更想要了解的内容。

在序的最后，想要告诉大家的是，其实对于大多数人来讲，考上理想学校和就读好专业是无法兼得的，归根结底就是做好取舍与平衡。本书为大家提供院校与专业的详细介绍的初衷，就是为了帮助广大学生和家长充分知道自己在选择时，取的是什么，舍的是什么，这样在未来才不会因为自己当时的无知而感到后悔。

最后，愿每个学生都能拥有光明的未来！

编著者

2023 年 1 月

目 录

1

第二章　我的专业我做主

四、 对口岗位稳定的专业 220

五、 军警类专业 240

六、 技能性强的专业 255

七、值得选择的专科专业

第一章

我的大学我做主

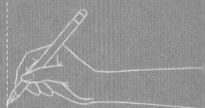

一、尖子生的理想高校

说起国内最顶尖的学校，就不得不提"C9 高校联盟"，这个中国首个顶尖大学间的高校联盟号称"中国高校天花板"，让无数学子心生向往。

C9 即九校联盟，是北京大学、清华大学、复旦大学、上海交通大学、南京大学、浙江大学、中国科学技术大学、西安交通大学、哈尔滨工业大学 9 所高校组成的中国首个顶尖大学间的高校联盟。它不仅得到了官方认可，在民间也获得了一致认证。

"C9 高校联盟"源于"985 工程"中 9 校的"一流大学建设系列研讨会"。2003 年，首批进入"985 工程"的 9 所大学校长召开了首届"一流大学建设系列研讨会"，此后会议固定下来，每年召开一届。2009 年，第七届研讨会最重要的议题就是建立"C9 高校联盟"，旨在共享资源、加速发展，9 所大学的校领导共同签署了《一流大学人才培养合作与交流协议书》。

虽然这 9 所大学在数量上不到全国高校总数的 1%，但年度科研经费、两院院士、国家重点学科拥有量等关键指标却占到全国高校总数的 30% ～ 40%。可以说，这些高校拥有全国顶尖的教育资源，无论名气还是实力，都在全国院校中名列前茅。它们培养出了大批优秀人才，是大部分尖子生心中的理想院校。

	北京大学
	清华大学
	复旦大学
	上海交通大学
"C9 高校联盟"	南京大学
	浙江大学
	中国科学技术大学
	西安交通大学
	哈尔滨工业大学

二、行业优势突出的高校

　　担心孩子的就业问题，希望孩子可以一毕业就能找到工作，那么选择就读行业优势突出的学校，对于考生和家长来讲，是个不错的选择。以下列举的这些高校，在其专业领域内拥有绝对的优势，受行业认可，毕业生就业相对来讲比较容易。下面，我们一起来看看吧！

1　"两电一邮"

　　提起老牌信息电子高校，那么"两电一邮"肯定榜上有名。这三所高校分别为电子科技大学、西安电子科技大学和北京邮电大学，算是全国顶尖的计算机类院校。

　　作为 IT 界享有盛誉的知名高校，这三所院校多年来为我国输出了大批优秀 IT 人才，也是众多考生心目中的目标学校。

"两电一邮"	电子科技大学
	西安电子科技大学
	北京邮电大学

2 "电气四虎" ✎

电气行业有多重要，想必大家都心知肚明，市场上对于电气相关专业人才的需求量一直都很大，而且薪资待遇也很不错。由于其专业对口岗位稳定、收入高，是目前的强势学科，基本每个综合性大学都有设置。其中有四所院校电气专业最强，在行业内被称为"电气四虎"，地位不可撼动，毕业生非常抢手。

"电气四虎"	清华大学
	华中科技大学
	西安交通大学
	浙江大学

3 国防七子"G7 联盟" ✎

G7，即工信部七校联盟，又名国防七子。这指的是 1961 年划归国防部国防科学技术委员会管理，被确定为国防工业院校的 7 所学校，现指中华人民共和国工业和信息化部直属的七所高校。这 7 所高校为我国的国防工业做出了不可磨灭的贡献，在国防相关领域实力强大，吸引了许多优秀学子争相报考。

国防七子"G7 联盟"	北京航空航天大学
	北京理工大学
	哈尔滨工业大学
	哈尔滨工程大学
	西北工业大学
	南京航空航天大学
	南京理工大学

4　教育部直属最早的"四大工学院" ✏️

想要报考理工类大学的考生，对这四所学校应该不会陌生。这是中国最早建立的四所重点工学院，均为以工科为主的多科性大学，全部入围"211工程""985工程"及"双一流"。它们在学科上各有所长，拥有优秀的教育资源，虽然经过多年的发展名字早已改变，但实力依旧不减当年，都是全国范围内非常有名气的重点高校。

"四大工学院"	华中科技大学
	东南大学
	大连理工大学
	华南理工大学

5　中国机械工业部的"机械四小龙" ✏️

机械行业是我国的基础行业，很多行业的发展都离不开它的技术支撑。机械行业可以说是国民经济的"装备部"，其受重视程度可见一斑。

机械类专业也是考生们报考的一大热门。有这样四所高校，在机械行业内认可度极高，具有深厚的行业底蕴与学科积淀。

"机械四小龙"	合肥工业大学
	湖南大学
	吉林工业大学（现并入吉林大学）
	燕山大学

6　建筑老八校新八校 ✏️

中国人的"房子情结"，让建筑、土木类专业一直备受热捧。而提起建筑专业，就一定绕不开建筑老八校的存在。

什么是建筑老八校？它是我国较早开设建筑学和城市规划相关专业并享有行业与学术界盛誉的八所高校的概称。它们为我国的建筑行业做出了巨大的贡献，培养了大批优秀的土建人才，其专业实力与地位得到了行业内外的一致认可。

随着我国房地产行业的快速发展，建筑学也迎来了发展的"黄金期"。在这样的背景下，诞生了以"建筑新八校"为首的大批后起之秀。它们的实力强劲，发展迅猛，吸引了不少考生争相报考。

当然，不管是老八校还是新八校，它们在建筑学领域中均为顶尖高校。如果能被其中一所学校录取，那么在之后的就业中也会大有帮助。对于那些立志从事建筑相关行业的考生来讲，是非常值得报考的大学。

建筑老八校	清华大学
	同济大学
	东南大学
	天津大学
	华南理工大学
	重庆大学
	哈尔滨工业大学
	西安建筑科技大学
建筑新八校	浙江大学
	湖南大学
	大连理工大学
	上海交通大学
	南京大学
	华中科技大学
	沈阳建筑大学
	深圳大学

7 医学类专业院校 ✏️

医学类专业一直都是报考的热门，每年选择就读医科类院校的考生人数非常多。那么，到底有哪些医科类院校值得报考呢？这里给大家推荐一些想当医生的考生适合报考的院校，供大家参考。

序号	大学	所在地
1	北京协和医学院	北京
2	中国人民解放军海军军医大学	上海
3	首都医科大学	北京
4	中国人民解放军空军军医大学	陕西—西安
5	天津医科大学	天津
6	南京医科大学	江苏—南京
7	南方医科大学	广东—广州
8	广州医科大学	广东—广州
9	中国医科大学	辽宁—沈阳
10	安徽医科大学	安徽—合肥
11	大连医科大学	辽宁—大连
12	哈尔滨医科大学	黑龙江—哈尔滨
13	重庆医科大学	重庆
14	徐州医科大学	江苏—徐州
15	广东医科大学	广东—湛江
16	温州医科大学	浙江—温州
17	福建医科大学	福建—福州
18	遵义医科大学	贵州—遵义
19	河北医科大学	河北—石家庄
20	北京中医药大学	北京
21	南京中医药大学	江苏—南京

续表

序号	大学	所在地
22	上海中医药大学	上海
23	广州中医药大学	广东—广州
24	天津中医药大学	天津
25	浙江中医药大学	浙江—杭州
26	陕西中医药大学	陕西—咸阳
27	湖南中医药大学	湖南—长沙
28	黑龙江中医药大学	黑龙江—哈尔滨
29	安徽中医药大学	安徽—合肥
30	福建中医药大学	福建—福州

8 师范类专业院校

很多考生，自小便有成为一名教师的职业理想。再加上毕业后若能成功考上编制，福利待遇较好也相对稳定，每年还有寒暑假。因此师范类大学专业自然成为报考热门，竞争压力较大。这里为大家推荐一些想当老师的考生适合报考的院校，供大家参考。

序号	大学	所在地
1	北京师范大学	北京
2	华东师范大学	上海
3	东北师范大学	吉林—长春
4	华中师范大学	湖北—武汉
5	陕西师范大学	陕西—西安
6	西南大学	重庆
7	南京师范大学	江苏—南京

续表

序号	大学	所在地
8	华南师范大学	广东—广州
9	湖南师范大学	湖南—长沙
10	首都师范大学	北京
11	上海师范大学	上海
12	福建师范大学	福建—福州
13	浙江师范大学	浙江—金华
14	河北师范大学	河北—石家庄
15	辽宁师范大学	辽宁—大连
16	山东师范大学	山东—济南
17	杭州师范大学	浙江—杭州
18	天津师范大学	天津
19	安徽师范大学	安徽—芜湖
20	广西师范大学	广西—桂林
21	江西师范大学	江西—南昌
22	河南师范大学	河南—新乡
23	云南师范大学	云南—昆明
24	西北师范大学	甘肃—兰州
25	沈阳师范大学	辽宁—沈阳
26	哈尔滨师范大学	黑龙江—哈尔滨
27	曲阜师范大学	山东—曲阜
28	四川师范大学	四川—成都
29	江苏师范大学	江苏—徐州
30	重庆师范大学	重庆

9 财经类专业院校 ✏️

在高考热门专业中，财经类专业总是榜上有名，录取分数一直居高不下。虽然这两年的情况发生了一些变化，部分财经类院校的录取分数有回落的趋势，但总体来讲，它们依旧是众多考生和家长择校时的首选。

下面，我们将为大家推荐一些想成为金融精英的考生适合报考的院校，供大家参考。

序号	大学	所在地
1	上海财经大学	上海
2	中央财经大学	北京
3	对外经济贸易大学	北京
4	西南财经大学	四川—成都
5	中南财经政法大学	湖北—武汉
6	首都经济贸易大学	北京
7	上海对外经贸大学	上海
8	南京审计大学	江苏—南京
9	广东财经大学	广东—广州
10	东北财经大学	辽宁—大连
11	浙江财经大学	浙江—杭州
12	南京财经大学	江苏—南京
13	北京工商大学	北京
14	浙江工商大学	浙江—杭州
15	江西财经大学	江西—南昌
16	天津财经大学	天津
17	上海立信会计金融学院	上海
18	西安财经大学	陕西—西安

续表

序号	大学	所在地
19	河南财经政法大学	河南—郑州
20	山东财经大学	山东—济南
21	安徽财经大学	安徽—蚌埠
22	北京物资学院	北京
23	湖南工商大学	湖南—长沙
24	广东金融学院	广东—广州
25	山西财经大学	山西—太原
26	上海商学院	上海
27	湖北经济学院	湖北—武汉
28	湖南财政经济学院	湖南—长沙
29	云南财经大学	云南—昆明
30	吉林财经大学	吉林—长春

10 国家电网录取热门高校 ✐

国家电网已然成为热门，未来前途无量，因此相关院校成为关注的焦点。那么，哪些高校的毕业生受国家电网的青睐呢？"二龙四虎"和直属六校占据主导地位，除此以外还有哪些高校呢？

下面，我们将推荐国家电网录取人数比较多的热门高校，供大家参考。

国家电网热门高校	大学	所在地
12 强电力名校	华北电力大学	北京 / 河北—保定
	武汉大学	湖北—武汉
	清华大学	北京
	华中科技大学	湖北—武汉

续表

国家电网热门高校	大学	所在地
12强电力名校	西安交通大学	陕西—西安
	浙江大学	浙江—杭州
	上海交通大学	上海
	哈尔滨工业大学	黑龙江—哈尔滨
	重庆大学	重庆
	天津大学	天津
	东南大学	江苏—南京
	华南理工大学	广东—广州
6所原电力部直属院校	东北电力大学	吉林—吉林
	上海电力大学	上海
	沈阳工程学院	辽宁—沈阳
	南京工程学院	江苏—南京
	三峡大学	湖北—宜昌
	长沙理工大学	湖南—长沙
其他本科院校	福州大学	福建—福州
	山东大学	山东—济南
	河海大学	江苏—南京
	北京交通大学	北京
	西南交通大学	四川—成都
	湖南大学	湖南—长沙
	四川大学	四川—成都
	中国矿业大学	江苏—徐州
	河北工业大学	天津
	合肥工业大学	安徽—合肥

续表

国家电网热门高校	大学	所在地
其他本科院校	山东科技大学	山东—青岛
	青海大学	青海—西宁

11 农业类专业院校 ✐

由于一些刻板印象，导致现在很多考生在填报志愿时"谈农色变"，在选择学校时更是刻意绕过农业类院校。其实这样的做法反而会让学生错过一些值得报考的宝藏大学。

一是因为许多农业类院校都是"985 工程""211 工程"的大学，但由于报考的人数较少，这些学校的录取分数线会比同层次的学校低很多。二是因为在农业类院校中，除农业类专业外，还有很多其他学科实力也很强劲。如果考生想要"捡漏"，不妨考虑报考这类院校。

下面为大家推荐一些性价比高的农业类院校，供大家参考。

序号	大学	所在地
1	中国农业大学	北京
2	华中农业大学	湖北—武汉
3	南京农业大学	江苏—南京
4	北京林业大学	北京
5	华南农业大学	广东—广州
6	南京林业大学	江苏—南京
7	东北林业大学	黑龙江—哈尔滨
8	四川农业大学	四川—雅安／成都
9	西北农林科技大学	陕西—咸阳
10	东北农业大学	黑龙江—哈尔滨

续表

序号	大学	所在地
11	浙江农林大学	浙江—杭州
12	上海海洋大学	上海
13	中南林业科技大学	湖南—长沙
14	福建农林大学	福建—福州
15	安徽农业大学	安徽—合肥
16	湖南农业大学	湖南—长沙
17	河南农业大学	河南—郑州
18	云南农业大学	云南—昆明
19	山东农业大学	山东—泰安
20	河北农业大学	河北—保定
21	山西农业大学	山西—太原 / 晋中
22	江西农业大学	江西—南昌
23	沈阳农业大学	辽宁—沈阳
24	青岛农业大学	山东—青岛
25	浙江海洋大学	浙江—舟山
26	吉林农业大学	吉林—长春
27	甘肃农业大学	甘肃—兰州
28	大连海洋大学	辽宁—大连
29	西南林业大学	云南—昆明
30	北京农学院	北京

12 军警类专业院校 🖊

想要未来职业生活稳定，收入高且发展前景好，那么报考军警类院校是个不错的选择。这类院校属于提前批，报考后即使没被录取，也不会影响后面普通批次的填报。也就是说，报考这类院校相当于多了一次被录取的机会。

一般军校学生毕业后，可直接成为军官并授衔，工作是包分配的。而警校毕业生如果想当警察，需要参加联考，考试通过后，就能获得编制。但无论是报考军校还是警校，对考生的身体素质都会有一定要求，考生需通过体能测试才能被录取。

下面，我们将为大家推荐全国部分军警类院校，为有需要的考生和家长提供参考。

类型	序号	大学	所在地
军事类院校	1	国防科技大学	湖南—长沙
	2	战略支援部队信息工程大学	河南—郑州
	3	陆军军医大学	重庆
	4	海军军医大学	上海
	5	空军军医大学	陕西—西安
	6	空军工程大学	陕西—西安
	7	陆军工程大学	江苏—南京
	8	海军工程大学	湖北—武汉
	9	火箭军工程大学	陕西—西安
	10	战略支援部队航天工程大学	北京
	11	空军航空大学	吉林—长春
	12	空军预警学院	湖北—武汉
	13	海军大连舰艇学院	辽宁—大连
	14	海军航空大学	山东—烟台/青岛
	15	陆军装甲兵学院	北京
	16	陆军勤务学院	重庆
	17	陆军炮兵防空学院	安徽—合肥
	18	陆军步兵学院	江西—南昌

续表

类型	序号	大学	所在地
军事类院校	19	陆军军事交通学院	天津
	20	陆军防化学院	北京
公安警察类院校	1	中国人民公安大学	北京
	2	中国人民警察大学	河北—廊坊 / 广东—广州
	3	中国刑事警察学院	辽宁—沈阳
	4	南京森林警察学院	江苏—南京
	5	铁道警察学院	河南—郑州
	6	上海公安学院	上海
	7	江苏警察学院	江苏—南京
	8	广东警官学院	广东—广州
	9	北京警察学院	北京
	10	四川警察学院	四川—泸州
	11	浙江警察学院	浙江—杭州
	12	山西警察学院	山西—太原
	13	江西警察学院	江西—南昌
	14	福建警察学院	福建—福州
	15	山东警察学院	山东—济南
	16	河南警察学院	河南—郑州
	17	湖北警官学院	湖北—武汉
	18	湖南警察学院	湖南—长沙
	19	辽宁警察学院	辽宁—大连
	20	吉林警察学院	吉林—长春
	21	广西警察学院	广西—南宁
	22	重庆警察学院	重庆

续表

类型	序号	大学	所在地
公安警察类院校	23	贵州警察学院	贵州—贵阳
	24	云南警察学院	云南—昆明
	25	新疆警察学院	新疆—乌鲁木齐

13 新增高职本科院校 ✏

　　这两年，本科层次的教育一直备受关注。2020年5月，教育部印发《关于加快推进独立学院转设工作的实施方案》，提出了"转为民办、转为公办、终止办学"的转设路径；并针对"校中校"独立学院（没有社会合作方，仅由高校举办），提出"可探索统筹省内高职高专教育资源合并转设"。

　　该实施方案的印发，意味着今后我国职业教育止步于专科层次的"天花板"被打破，本科层次职业教育将破冰起航。目前已有大批独立学院成功转设，并且未来将有大批高职升格为职业本科。以下是独立学院转设名单及拟筹备升本的职业院校名单。

省（直辖市、自治区）	转设学院	转设后学院名称	转设日期	转设结果
北京	北京工商大学嘉华学院	北京金融科技学院	2021年6月	转为民办
天津	天津体育学院运动与文化艺术学院	天津传媒学院	2021年2月	转为民办
	天津大学仁爱学院	天津仁爱学院	2021年2月	转为民办
河北	北京化工大学北方学院	燕京理工学院	2013年4月	转为民办
	中国地质大学长城学院	保定理工学院	2018年12月	转为民办

续表

省（直辖市、自治区）	转设学院	转设后学院名称	转设日期	转设结果
河北	北京交通大学滨海学院	沧州交通学院	2020 年 12 月	转为民办
	华北电力大学科技学院	河北科技工程职业技术大学	2021 年 1 月	合并转设
	河北科技大学理工学院	河北工业职业技术大学	2021 年 1 月	合并转设
	河北工业大学城市学院	河北石油职业技术大学	2021 年 1 月	合并转设
山西	山西大学商务学院	山西工程科技职业大学	2020 年 12 月	合并转设
	山西农业大学信息学院	晋中信息学院	2020 年 12 月	转为民办
	太原理工大学现代科技学院	山西工学院	2021 年 1 月	转为公办
	中北大学信息商务学院	山西晋中理工学院	2021 年 2 月	转为民办
	太原科技大学华科学院	山西科技学院	2021 年 5 月	转为公办
内蒙古	内蒙古师范大学鸿德学院	内蒙古鸿德文理学院	2020 年 3 月	转为民办
辽宁	东北大学东软信息学院	大连东软信息学院	2008 年 9 月	转为民办
	沈阳师范大学渤海学院	辽宁财贸学院	2008 年 9 月	转为民办

省（直辖市、自治区）	转设学院	转设后学院名称	转设日期	转设结果
辽宁	东北大学大连艺术学院	大连艺术学院	2009 年 4 月	转为民办
	大连交通大学信息工程学院	大连科技学院	2011 年 4 月	转为民办
	沈阳医学院何氏视觉科学学院	辽宁何氏医学院	2011 年 5 月	转为民办
	沈阳大学科技工程学院	沈阳城市学院	2013 年 4 月	转为民办
	东北财经大学津桥商学院	大连财经学院	2013 年 4 月	转为民办
	沈阳建筑大学城市建设学院	沈阳城市建设学院	2013 年 4 月	转为民办
	沈阳农业大学科学技术学院	沈阳工学院	2013 年 4 月	合并转设
	沈阳理工大学应用技术学院	沈阳工学院	2013 年 4 月	合并转设
	渤海大学文理学院	辽宁理工学院	2014 年 5 月	转为民办
	沈阳化工大学科亚学院	沈阳科技学院	2016 年 5 月	转为民办
吉林	吉林艺术学院动画学院	吉林动画学院	2008 年 9 月	转为民办
	吉林建筑工程学院建筑装饰学院	长春建筑学院	2011 年 4 月	转为民办
	吉林农业大学发展学院	长春科技学院	2013 年 4 月	转为民办

续表

省（直辖市、自治区）	转设学院	转设后学院名称	转设日期	转设结果
吉林	长春大学光华学院	长春光华学院	2013 年 6 月	转为民办
	吉林财经大学信息经济学院	长春财经学院	2014 年 5 月	转为民办
	吉林建筑大学城建学院	吉林建筑科技学院	2019 年 1 月	转为民办
	东北师范大学人文学院	长春人文学院	2020 年 12 月	转为民办
	长春理工大学光电信息学院	长春电子科技学院	2020 年 12 月	转为民办
黑龙江	哈尔滨商业大学德强商务学院	黑龙江财经学院	2008 年 9 月	转为民办
	哈尔滨师范大学恒星学院	黑龙江外国语学院	2011 年 4 月	转为民办
	黑龙江大学剑桥学院	哈尔滨剑桥学院	2011 年 4 月	转为民办
	哈尔滨工业大学华德应用技术学院	哈尔滨华德学院	2011 年 4 月	转为民办
	哈尔滨理工大学远东学院	哈尔滨远东理工学院	2012 年 3 月	转为民办
	哈尔滨商业大学广厦学院	哈尔滨广厦学院	2012 年 3 月	转为民办
	东北石油大学华瑞学院	哈尔滨石油学院	2012 年 3 月	转为民办

省（直辖市、自治区）	转设学院	转设后学院名称	转设日期	转设结果
黑龙江	东北农业大学成栋学院	黑龙江工商学院	2015 年 4 月	转为民办
上海	复旦大学上海视觉艺术学院	上海视觉艺术学院	2013 年 4 月	转为民办
江苏	中国传媒大学南广学院	南京传媒学院	2020 年 3 月	转为民办
	苏州大学文正学院	苏州城市学院	2020 年 12 月	转为公办
	南京信息工程大学滨江学院	无锡学院	2021 年 2 月	转为公办
	南京师范大学中北学院	南京经贸职业技术大学	2021 年 6 月	转为公办
	江苏大学京江学院	江苏农林职业技术大学	2021 年 6 月	转为公办
	南京师范大学泰州学院	江苏农牧科技职业大学	2021 年 6 月	转为公办
	南京中医药大学翰林学院	江苏医科职业技术大学	2021 年 6 月	转为公办
	南通大学杏林学院	江苏工程职业技术大学	2021 年 6 月	转为公办
浙江	温州大学城市学院	温州商学院	2016 年 6 月	转为民办
	浙江大学城市学院	浙大城市学院	2020 年 1 月	转为公办
	浙江大学宁波理工学院	浙大宁波理工学院	2020 年 1 月	转为公办
	嘉兴学院南湖学院	嘉兴南湖学院	2020 年 12 月	转为公办

续表

省（直辖市、自治区）	转设学院	转设后学院名称	转设日期	转设结果
浙江	湖州师范学院求真学院	湖州学院	2021 年 1 月	转为公办
	温州大学瓯江学院	温州理工学院	2021 年 1 月	转为公办
	浙江海洋大学东海科学技术学院	浙江药科职业大学	2021 年 5 月	合并转公
安徽	安徽工程大学机电学院	安徽信息工程学院	2016 年 5 月	转为民办
	河海大学文天学院	皖江工学院	2018 年 11 月	转为民办
	安徽工业大学工商学院	马鞍山学院	2019 年 6 月	转为民办
	安徽财经大学商学院	蚌埠工商学院	2020 年 3 月	转为民办
	安徽建筑大学城市建设学院	合肥城市学院	2020 年 12 月	转为民办
	安徽农业大学经济技术学院	合肥经济学院	2020 年 12 月	转为民办
	淮北师范大学信息学院	淮北理工学院	2021 年 5 月	转为民办
	安徽大学江淮学院	合肥理工学院	2021 年 6 月	转为公办
	阜阳师范大学信息工程学院	阜阳理工学院	2021 年 6 月	转为民办
	安徽师范大学皖江学院	芜湖学院	2021 年 6 月	转为民办
福建	福州大学阳光学院	阳光学院	2015 年 4 月	转为民办
	华侨大学厦门工学院	厦门工学院	2015 年 4 月	转为民办

续表

省（直辖市、自治区）	转设学院	转设后学院名称	转设日期	转设结果
福建	福建师范大学闽南科技学院	闽南科技学院	2018 年 12 月	转为民办
	福建农林大学东方学院	福州工商学院	2019 年 6 月	转为民办
江西	华东交通大学理工学院	南昌交通学院	2020 年 12 月	转为民办
	江西理工大学应用科学学院	赣南科技学院	2020 年 12 月	转为公办
	景德镇陶瓷大学科技艺术学院	景德镇艺术职业大学	2020 年 12 月	转为民办
	东华理工大学长江学院	赣东学院	2021 年 1 月	转为公办
	江西中医药大学科技学院	南昌医学院	2021 年 1 月	转为公办
	江西科技师范大学理工学院	南昌应用技术师范学院	2021 年 2 月	转为民办
山东	中国海洋大学青岛学院	青岛工学院	2011 年 4 月	转为民办
	曲阜师范大学杏坛学院	齐鲁理工学院	2014 年 4 月	转为民办
	山东师范大学历山学院	潍坊理工学院	2019 年 6 月	转为民办
	中国石油大学胜利学院	山东石油化工学院	2021 年 1 月	转为公办

省（直辖市、自治区）	转设学院	转设后学院名称	转设日期	转设结果
山东	烟台大学文经学院	烟台理工学院	2021年2月	转为民办
	青岛理工大学琴岛学院	青岛城市学院	2021年2月	转为民办
	山东科技大学泰山科技学院	泰山科技学院	2021年2月	转为民办
	北京电影学院现代创意媒体学院	青岛电影学院	2021年5月	转为民办
	济南大学泉城学院	烟台科技学院	2021年5月	转为民办
	山东财经大学燕山学院	山东职业技术大学	2021年6月	合并转公
河南	郑州大学升达经贸管理学院	郑州升达经贸管理学院	2011年4月	转为民办
	河南农业大学华豫学院	商丘学院	2011年4月	转为民办
	河南财经政法大学成功学院	郑州商学院	2012年3月	转为民办
	安阳师范学院人文管理学院	安阳学院	2016年4月	转为民办
	河南理工大学万方科技学院	郑州工商学院	2016年5月	转为民办
	信阳师范学院华锐学院	信阳学院	2016年5月	转为民办
	中原工学院信息商务学院	郑州经贸学院	2020年7月	转为民办

省（直辖市、自治区）	转设学院	转设后学院名称	转设日期	转设结果
河南	河南大学民生学院	河南开封科技传媒学院	2021 年 2 月	转为民办
	河南师范大学新联学院	中原科技学院	2021 年 2 月	转为民办
	河南科技学院新科学院	新乡工程学院	2021 年 5 月	转为民办
湖北	武汉大学东湖分校	武汉东湖学院	2011 年 4 月	转为民办
	中南财经政法大学武汉学院	武汉学院	2011 年 4 月	转为民办
	华中师范大学汉口分校	汉口学院	2011 年 4 月	转为民办
	中南民族大学工商学院	武汉工商学院	2011 年 4 月	转为民办
	武汉科技大学中南分校	武昌理工学院	2011 年 5 月	转为民办
	中国地质大学江城学院	武汉工程科技学院	2014 年 5 月	转为民办
	华中科技大学文华学院	文华学院	2014 年 5 月	转为民办
	华中科技大学武昌分校	武昌首义学院	2015 年 4 月	转为民办
	湖北工业大学商贸学院	湖北商贸学院	2015 年 4 月	转为民办
	华中农业大学楚天学院	武汉设计工程学院	2015 年 6 月	转为民办
	武汉理工大学华夏学院	武汉华夏理工学院	2016 年 4 月	转为民办
	武汉大学珞珈学院	武汉晴川学院	2016 年 4 月	转为民办
	江汉大学文理学院	武汉文理学院	2020 年 4 月	转为民办
	华中师范大学武汉传媒学院	武汉传媒学院	2020 年 4 月	转为民办

续表

省（直辖市、自治区）	转设学院	转设后学院名称	转设日期	转设结果
湖北	武汉科技大学城市学院	武汉城市学院	2021 年 2 月	转为民办
	湖北民族大学科技学院	湖北恩施学院	2021 年 2 月	转为民办
	长江大学工程技术学院	荆州学院	2021 年 5 月	转为民办
湖南	湖南工商大学北津学院	湘潭理工学院	2020 年 6 月	转为民办
	吉首大学张家界学院	张家界学院	2021 年 6 月	转为民办
广东	华南师范大学增城学院	广州商学院	2014 年 5 月	转为民办
	广东技术师范大学天河学院	广州理工学院	2020 年 7 月	转为民办
	广东财经大学华商学院	广州华商学院	2020 年 12 月	转为民办
	广州大学华软软件学院	广州软件学院	2020 年 12 月	转为民办
	广州大学松田学院	广州应用科技学院	2020 年 12 月	转为民办
	中山大学南方学院	广州南方学院	2020 年 12 月	转为民办
	中山大学新华学院	广州新华学院	2021 年 2 月	转为民办
	吉林大学珠海学院	珠海科技学院	2021 年 2 月	转为民办
	华南理工大学广州学院	广州城市理工学院	2021 年 2 月	转为民办

省（直辖市、自治区）	转设学院	转设后学院名称	转设日期	转设结果
广东	广东海洋大学寸金学院	湛江科技学院	2021年2月	转为民办
	广东工业大学华立学院	广州华立学院	2021年5月	转为民办
	东莞理工学院城市学院	东莞城市学院	2021年6月	转为民办
广西	广西科技大学鹿山学院	柳州工学院	2020年4月	转为民办
	广西大学行健文理学院	广西农业职业技术大学	2021年5月	合并转公
	桂林电子科技大学信息科技学院	桂林信息科技学院	2021年5月	转为民办
	广西师范大学漓江学院	桂林学院	2021年5月	转为民办
	桂林理工大学博文管理学院	南宁理工学院	2021年5月	转为民办
海南	海南大学三亚学院	三亚学院	2012年3月	转为民办
重庆	西南大学育才学院	重庆人文科技学院	2013年4月	转为民办
	重庆师范大学涉外商贸学院	重庆对外经贸学院	2020年12月	转为民办
	重庆工商大学融智学院	重庆财经学院	2020年12月	转为民办
	重庆邮电大学移通学院	重庆移通学院	2020年12月	转为民办

省（直辖市、自治区）	转设学院	转设后学院名称	转设日期	转设结果
重庆	四川外国语大学重庆南方翻译学院	重庆外语外事学院	2020 年 12 月	转为民办
	重庆大学城市科技学院	重庆城市科技学院	2020 年 12 月	转为民办
四川	成都理工大学广播影视学院	四川传媒学院	2013 年 4 月	转为民办
	四川音乐学院绵阳艺术学院	四川文化艺术学院	2014 年 5 月	转为民办
	四川师范大学文理学院	成都文理学院	2014 年 5 月	转为民办
	四川师范大学成都学院	四川工商学院	2015 年 4 月	转为民办
	成都信息工程大学银杏酒店管理学院	成都银杏酒店管理学院	2020 年 3 月	转为民办
	四川大学锦城学院	成都锦城学院	2021 年 5 月	转为民办
	西南科技大学城市学院	绵阳城市学院	2021 年 5 月	转为民办
	四川外国语大学成都学院	成都外国语学院	2021 年 6 月	转为民办
贵州	贵州大学明德学院	贵阳信息科技学院	2021 年 8 月	转为民办
	贵州财经大学商务学院	贵州黔南经济学院	2021 年 8 月	转为民办

续表

省（直辖市、自治区）	转设学院	转设后学院名称	转设日期	转设结果
贵州	贵州大学科技学院	贵州黔南科技学院	2021 年 5 月	转为民办
	贵州师范大学求是学院	贵阳康养职业大学	2021 年 8 月	合并转设
	贵州民族大学人文科技学院	贵阳人文科技学院	2021 年 8 月	转为民办
云南	云南师范大学文理学院	昆明文理学院	2021 年 2 月	转为民办
	云南大学旅游文化学院	丽江文化旅游学院	2021 年 2 月	转为民办
	云南师范大学商学院	昆明城市学院	2021 年 5 月	转为民办
	云南艺术学院文华学院	昆明传媒学院	2021 年 6 月	转为民办
陕西	西安工业大学北方信息工程学院	西安工商学院	2020 年 3 月	转为民办
	西北工业大学明德学院	西安明德理工学院	2020 年 3 月	转为民办
甘肃	兰州财经大学陇桥学院	兰州工商学院	2021 年 2 月	转为民办
	兰州理工大学技术工程学院	兰州信息科技学院	2021 年 2 月	转为民办
	兰州交通大学博文学院	兰州博文科技学院	2021 年 2 月	转为民办

续表

省（直辖市、自治区）	转设学院	转设后学院名称	转设日期	转设结果
甘肃	兰州财经大学长青学院	兰州资源环境职业技术大学	2021 年 5 月	合并转公
	西北师范大学知行学院	兰州石化职业技术大学	2021 年 5 月	合并转公
宁夏	中国矿业大学银川学院	银川科技学院	2021 年 5 月	转为民办
新疆	新疆大学科学技术学院	新疆理工学院	2019 年 6 月	转为公办
	新疆财经大学商务学院	新疆科技学院	2019 年 12 月	转为公办
	新疆医科大学厚博学院	新疆第二医学院	2021 年 1 月	转为公办
	石河子大学科技学院	新疆政法学院	2021 年 1 月	转为公办

拟筹备升本的职业院校（截至 2022.8）		
省（直辖市、自治区）	学校	办学性质
广东	深圳职业技术学院	公办
	深圳信息职业技术学院	公办
	广东文理职业学院	民办
	顺德职业技术学院	公办

续表

省（直辖市、自治区）	学校	办学性质
广东	东莞职业技术学院	公办
	肇庆医学高等专科学校	公办
	广州番禺职业技术学院	公办
	广州华商职业学院（江门新会校区）	民办
	广东南方职业学院	民办
	汕头职业技术学院	公办
	汕尾职业技术学院	公办
	阳江职业技术学院	公办
	广州民航职业技术学院	公办
	广东轻工职业技术学院	公办
	广州铁路职业技术学院	公办
山东	菏泽医学专科学校	公办
	淄博职业学院	公办
	淄博师范高等专科学校	公办
江苏	宿迁职业技术学院	民办
	宿迁泽达职业技术学院	民办
	无锡职业技术学院	公办
河南	焦作师范高等专科学校	公办
	洛阳职业技术学院	公办
	洛阳科技职业学院	民办
河北	石家庄职业技术学院	公办
	石家庄信息工程职业学院	公办

省（直辖市、自治区）	学校	办学性质
河北	河北正定师范高等专科学校（原：石家庄科技工程职业学院）	公办
	石家庄幼儿师范高等专科学校	公办
	河北软件职业技术学院	公办
	唐山工业职业技术学院	公办
上海	上海电子信息职业技术学院	公办
湖南	湖南工艺美术职业学院	公办
安徽	安徽机电职业技术学院	公办
	安徽商贸职业技术学院	公办
	芜湖职业技术学院	公办
	安庆职业技术学院	公办
四川	四川交通职业技术学院	公办
	四川建筑职业技术学院	公办
江西	九江职业技术学院	公办
	九江职业大学	公办
	江西财经职业学院	公办
	江西环境工程职业学院	公办
	江西医学高等专科学校	公办
山西	运城幼儿师范高等专科学校	公办
	运城师范高等专科学校	公办
甘肃	陇南师范高等专科学校	公办
广西	桂林师范高等专科学校	公办
陕西	汉中职业技术学院	公办

续表

省（直辖市、自治区）	学校	办学性质
贵州	贵州工商职业学院	民办
浙江	浙江建设职业技术学院	公办

14 值得报考的专科学校 ✎

　　成绩上不了本科，就意味着与好学校绝缘了吗？当然不是，很多专科院校，学校实力强劲，行业认可度高，毕业了也非常好找工作。我们根据教育部、各高校官网以及各类榜单的排名情况，依据学校办学条件、师资力量、就业情况、科教产出、学校声誉等指标推荐综合排名靠前的院校。下面为大家盘点这些值得报考的专科院校。

学校类型	学校名称
综合类专科院校推荐	深圳职业技术学院
	淄博职业学院
	金华职业技术学院
	深圳信息职业技术学院
	天津市职业大学
	顺德职业技术学院
	杨凌职业技术学院
	九江职业技术学院
	广州番禺职业技术学院
	武汉职业技术学院

续表

学校类型	学校名称
综合类专科院校推荐	宁波职业技术学院
	日照职业技术学院
	南宁职业技术学院
	哈尔滨职业技术学院
	温州职业技术学院
理工类专科院校推荐	无锡职业技术学院
	广东轻工职业技术学院
	陕西工业职业技术学院
	黄河水利职业技术学院
	重庆电子工程职业学院
	重庆工业职业技术学院
	北京电子科技职业学院
	昆明冶金高等专科学校
	常州信息职业技术学院
	北京工业职业技术学院
	芜湖职业技术学院
	浙江机电职业技术学院
	长沙民政职业技术学院
	福建船政交通职业学院
	辽宁省交通高等专科学校
财经类专科院校推荐	山东商业职业技术学院
	浙江金融职业学院
	江苏经贸职业技术学院
	北京财贸职业学院

学校类型	学校名称
财经类专科院校推荐	浙江旅游职业学院
	无锡商业职业技术学院
	浙江经济职业技术学院
	安徽商贸职业技术学院
	浙江商业职业技术学院
	浙江经贸职业技术学院
	宁夏工商职业技术学院
	山西省财政税务专科学校
	海南经贸职业技术学院
	商丘职业技术学院
	河南经贸职业学院
农林类专科院校推荐	江苏农牧科技职业学院
	新疆农业职业技术学院
	江苏农林职业技术学院
	广西职业技术学院
	黑龙江农业经济职业学院
	河南农业职业学院
	苏州农业职业技术学院
	黑龙江农业工程职业学院
	辽宁农业职业技术学院
	北京农业职业学院
	江西环境工程职业学院
	山东畜牧兽医职业学院
	成都农业科技职业学院

续表

学校类型	学校名称
农林类专科院校推荐	甘肃林业职业技术学院
	福建林业职业技术学院
医药类专科院校推荐	天津医学高等专科学校
	漯河医学高等专科学校
	重庆三峡医药高等专科学校
	重庆医药高等专科学校
	江苏医药职业学院
	安徽医学高等专科学校
	南阳医学高等专科学校
	山东药品食品职业学院
	苏州卫生职业技术学院
	泉州医学高等专科学校
	沧州医学高等专科学校
	肇庆医学高等专科学校
	山东医学高等专科学校
	福建卫生职业技术学院
	江西卫生职业学院

国有企业举办的公办高职院校推荐		
所在地	学校名称	举办集团
北京	北京信息职业技术学院	北京电子控股有限责任公司
天津	天津渤海职业技术学院	天津渤海化工集团

续表

所在地	学校名称	举办集团
天津	天津现代职业技术学院	天津渤海轻工投资集团
	天津电子信息职业技术学院	天津中环电子信息集团
	天津轻工职业技术学院	天津渤海轻工投资集团
	天津交通职业学院	天津市交通（集团）有限公司
河北	石家庄邮电职业技术学院	中国邮政集团公司
黑龙江	哈尔滨铁道职业技术学院	中国中铁股份有限公司
浙江	浙江机电职业技术学院	浙江省机电集团有限公司
	浙江商业职业技术学院	浙江省交通投资集团有限公司
	浙江经济职业技术学院	浙江省机电集团（省职教集团）
	浙江工贸职业技术学院	杭州钢铁集团有限公司
山东	山东商业职业技术学院	山东省商业集团有限公司
	青岛酒店管理职业技术学院	山东省商业集团有限公司
湖北	武汉电力职业技术学院	国网湖北省电力有限公司

三、势头迅猛的新锐高校

　　高考志愿填报的时候，除了人尽皆知的老牌名校，实力强劲的"黑马"高校对考生来讲也是个不错的选择。接下来要给大家介绍的这几所大学，学科实力强，近年来势头迅猛，其中包含了在 2022 年第二轮"双一流"评选中新增的 7 所高校，供有需要的考生和家长们参考。

1　深圳大学	学科实力：★★★★☆
	就业指数：★★★★☆
	升学指数：★★★½☆
	报考难度：★★★★☆

（1）学校介绍

1983 年	公办	综合	省政府	本科	广东　深圳市	硕 39/27 个	博 15/2 个

　　深圳大学是一所由广东省主管、深圳市人民政府主办的综合性大学，于 1983 年经中华人民共和国国务院批准创办。深圳大学虽然成立不久，综合实力却很强，是内地进步最快的大学之一。学校得到了北大援建中文、外语类学科，清华援建电子、建筑类学科，人大援建经济、法律类学科，形成了"特区大学、窗口大学、

实验大学"的办学特色。

　　年轻的深大吸引着不少考生报考,学校重金聘请高水平的教师,确保了师资力量和办学水准;因靠近港澳,学校氛围朝气蓬勃,校园活动丰富多彩;校园美丽,硬件设施良好,保证了高质量的学习和生活。目前,深大仍处于快速进步中,这样一所年轻且有潜力的大学,未来前景不可估量。

（2）学科评估（第四轮）

专业评级	数量	专业
B	10	B+：光学工程 B：理论经济学、新闻传播学、信息与通信工程、计算机科学与技术、生物医学工程 B-：法学、建筑学、城乡规划学、工商管理
C	18	C+：政治学、心理学、土木工程、管理科学与工程、艺术学理论、美术学、设计学 C電哲学、马克思主义理论、体育学、外国语言文学、材料科学与工程 C-電教育学、中国语言文学、机械工程、电子科学与技术、控制科学与工程、戏剧与影视学

　　注：最新学科评估资讯及专业资讯,可通过优志愿查询。

（3）特色专业

专业层次	数量	专业
国家级	5	电子信息工程、建筑学、工商管理、计算机科学与技术、金融学
省级（直辖市）	17	会计学、法学、教育技术学（师范）、西班牙语、广告学、新能源科学与工程、生物技术、电子信息工程、通信工程、微电子科学与工程、自动化、光电信息科学与工程、测控技术与仪器、计算机科学与技术、建筑学（含卓越班）、工商管理、行政管理

　　注：具体专业介绍可通过优志愿查询。

（4）报考建议

学校自从 2013 年获得深圳市政府的鼎力支持后，便开始迅猛发展，科研实力等方面稳步提升，渐渐取得了不少发展成果。充足的经费使得深大源源不断地引入更强的师资，学校的工科和商科都很不错，对人才的培养能力更是被誉为"双非天花板"。目前，学校招生分数在部分省份已经超过末流"985 工程"大学。因此，考生需要谨慎在位次与分数接近的"985 工程""211 工程"院校中进行选择。

对于想要去深圳工作发展或者能进入深圳大学强势专业的学生来说，这是一个不错的选择。深圳作为中国经济最发达的城市之一，许多国内外知名企业也在此地，学生在实习和就业时的优势也很显著。

2　山西大学	学科实力：★★★★☆ 就业指数：★★★☆☆ 升学指数：★★★☆☆ 报考难度：★★★★☆

（1）学校介绍

1902 年	公办	综合	省政府	本科	山西　太原市	35/24 个	19/2 个

山西大学，中国办学历史最悠久的高等学府之一，教育部和山西省人民政府共同建设的部省合建大学，前身为创建于 1902 年的山西大学堂，可追溯至明清时期的晋阳书院、三立书院和令德堂书院。山西大学在省内知名度很高，学校的文科实力相对更强，学校的师资力量雄厚，名师名人荟萃。不少山西大学的学生们称学校整体的校风好，教师对学生也很负责。

值得一提的是，山西大学和北京大学建立了对口帮扶长效机制，在重点学科建设、人才培养、合作科研等方面有很大的提升。近几年，山西大学取得了跨越式的发展，在 2022 年 2 月顺利入选国家第二轮"双一流"建设高校。

（2）"双一流"学科

数量	专业
2	哲学、物理学

（3）学科评估（第四轮）

专业评级	数量	专业
B	14	B+：物理学 B：哲学、体育学、化学、计算机科学与技术、环境科学与工程 B-：政治学、马克思主义理论、中国语言文学、数学、生物学、科学技术史、生态学、化学工程与技术
C	14	C+：法学、教育学、外国语言文学、中国史、光学工程、控制科学与工程、软件工程 C：理论经济学、管理科学与工程、工商管理、音乐与舞蹈学、美术学 C-：考古学、图书情报与档案管理

注：最新学科评估资讯及专业资讯，可通过优志愿查询。

（4）特色专业

专业层次	数量	专业
国家级	4	物理学、生物科学、计算机科学与技术、历史学
省级（直辖市）	6	汉语言文学、法学、行政管理、应用化学、环境科学、艺术设计

注：具体专业介绍可通过优志愿查询。

（5）报考建议

　　山西大学的实力本就备受认可，近几年来更是发展迅速。物理学和哲学在部分省市有定向选调的资格，其中物理学专业在全国更是名列前茅。一些特色班的保研率也是非常高的，这对于未来有计划考研的学生而言是非常有吸引力的。

山西大学因地处山西太原，报考的人数少，相比考取其他"双一流"大学能够容易一些，但相应的环境条件等方面会差一些，与一线城市自是无法相比。如果你的分数离普通"211工程"院校还有一点距离，山西大学很值得考虑。

3　华南农业大学

学科实力：★★★★☆
就业指数：★★★★☆
升学指数：★★★☆☆
报考难度：★★★★☆

（1）学校介绍

| 1909年 | 公办 | 农林 | 省政府 | 本科 | 广东　广州市 | 30/19个 | 14/1个 |

华南农业大学位于广东省广州市，是国家"双一流"建设高校。学校的办学历史可追溯至始创于1909年的广东全省农事试验场暨附设农业讲习所。华南农业大学在2022年成为新晋"双一流"的七所院校之一，学校的办学实力和科研实力都相当强，尤其是农学和经济管理专业非常不错。学校的学术氛围浓厚，图书馆藏书文献众多，而且校园环境优美，不仅鲜花遍布，校园内湖泊绿植众多，甚至有小动物穿行其中，被评为"广东省最美的大学之一"。

（2）"双一流"学科

数量	专业
1	作物学

（3）学科评估（第四轮）

专业评级	数量	专业
A	1	A-：兽医学
B	10	B+：农业工程、食品科学与工程、畜牧学、农林经济管理 B：作物学、农业资源与环境、园艺学、植物保护 B-：风景园林学、草学
C	5	C+：林学 C：计算机科学与技术、公共管理 C-：化学工程与技术、环境科学与工程

注：最新学科评估资讯及专业资讯，可通过优志愿查询。

（4）特色专业

专业层次	数量	专业
国家级	12	农业机械化及其自动化、植物保护、生物技术、动物科学、食品科学与工程、农学、园艺、动物医学、茶学、食品质量与安全、林学、蚕学
省级（直辖市）	14	蚕学、机械设计制造及其自动化、软件工程、信息与计算科学、社会工作、应用化学、制药工程、能源与环境系统工程、材料化学、生物工程、包装工程、环境工程、生态学、园林

注：具体专业介绍可通过优志愿查询。

（5）报考建议

华南农业大学地处一线城市广州，地理位置优越，许多五百强知名企业也在此地，是广大学子报考时向往的城市，无论是就业还是深造都是不错的选择。

大多数考生看到农业大学是不愿报考的，但实际上华农已经逐渐发展成一所多学科并驾齐驱的综合性大学了，其中农业专业仅占17%，考生能够选择的专业方向非常广泛。因此考生可以在报考时了解一下华南农业大学是否有自己想报考的专业以及学科评估的情况。

此外，华南农业大学在广东的招生人数众多，竞争压力小，对于想要留在本地的广东学生而言，华农是非常好的选择。

4 南方科技大学

学科实力：★★★★☆

就业指数：★★★★☆

升学指数：★★★★☆

报考难度：★★★★☆

（1）学校介绍

| 2010年 | 公办 | 理工 | 省政府 | 本科 | 广东 深圳市 | 15/1个 | 7个 |

南方科技大学，位于广东省深圳市，创建于 2010 年 12 月，是一所高起点、高定位的公办新型研究型大学。虽然南科大的办学历史非常短，但科研实力非常强。优越的地理位置、本硕博人才培养体系，丰富的留学资源和充足的科研经费，让它超过了不少"985 工程""211 工程"大学，更是在 2022 年，入选新一轮"双一流"建设高校，"数学"学科列入一流学科建设名单。

（2）"双一流"学科

数量	专业
1	数学

（3）报考建议

不同于其他高校，南方科技大学采用的是"6+3+1"综合评价录取模式（即高考成绩占 60%，学校测试成绩占 30%，高中学业成绩占 10%），学生须在高考后参加学校的机试和面试。与传统"985 工程"高校有着质的区别，南科大的定位是小而精，主要培养的是拔尖科技人才，且走在公办校中国际化办学的前列，加之地处一线城市深圳，不论在教学、科研还是在生活上，条件都是十分优渥的。

由于建校时间短，师生规模也不大，所以现阶段南科大在社会上的知名度和美誉度无法企及老牌的"985 工程"院校。但不难看出，自建校以来，南科大便开始迅猛发展，未来在社会和学术上的名声都会越来越强。这所大学对于未来有考研计划，特别是想要出境留学、搞科研的学生来说，非常推荐报考。

5　广州医科大学

学科实力：★★★★☆
就业指数：★★★★☆
升学指数：★★★★☆
报考难度：★★★☆☆

（1）学校介绍

| 1958 年 | 公办 | 医药 | 省政府 | 本科 | 广东　广州市 | 硕 9/6 个 | 博 4/1 个 |

广州医科大学，创办于 1958 年，位于广东省广州市，是一所以医学为优势和特色的国家"双一流"建设高校。广州医科大学最为人知晓的是共和国勋章获得者钟南山院士的工作单位。广州医科大学立足广东，起跑线不算很高，通过其卓越的师资力量，学校的医学专业发展迅猛，教学上、医疗实力上都有了明显的突破，并拥有了国家重点实验室，呼吸内科更是排名全国第一，这是其他市属大学所不能比拟的。广州医科大学是全国首批"卓越医生教育培养计划"试点高校，入选"双一流"的临床医学学科也很不错。

（2）"双一流"学科

数量	专业
1	临床医学

（3）学科评估（第四轮）

专业评级	数量	专业
B	1	B-：临床医学
C	4	C：基础医学、药学、护理学 C-：公共卫生与预防医学

注：最新学科评估资讯及专业资讯，可通过优志愿查询。

（4）特色专业

专业层次	数量	专业
省级（直辖市）	7	医学影像学、护理学、麻醉学、康复治疗学、中西医临床医学、口腔医学、应用心理学

注：具体专业介绍可通过优志愿查询。

（5）报考建议

广州医科大学不是综合类大学，适合明确想学医的同学。学习医学专业不同于其他学科，在就业方面有明显的地域性，所处的圈子非常重要。广州医科大学附属的医院有将近 20 所，资源很好，老师也比较认真负责。对于想留在广州发展的学生来说，可以重点关注该校。

想学医的同学在选择院校时，还需要考虑自己想要发展的方向以及院校的优势，广州医科大学的综合实力相比老牌医学类大学不能说特别出众，但是学校的呼吸内科实力很强，还拥有呼吸疾病国家重点实验室，很适合想做呼吸内科医生的学生。

此外，大部分医学生通常都会选择读研，广医大的保研率相对比较不错，尤其是临床医学的南山班，保研率会更高。

6 南京医科大学

学科实力：★★★★☆
就业指数：★★★☆☆
升学指数：★★★★☆
报考难度：★★★★☆

（1）学校介绍

| 1934 年 | 公办 | 医药 | 省政府 | 本科 | 江苏　南京市 | 硕 11/65 个 | 博 8/54 个 |

南京医科大学创建于 1934 年，是国内医科名校之一，是首批教育部、国家卫生健康委与江苏省人民政府共建的医学院校。2022 年 2 月，南京医科大学凭借自己超强的学科实力，成功晋升为"双一流"建设高校。

从开设学科的数量上看，南京医科大学或许不占优势，但每一门学科的精度却很高，像临床医学、口腔医学等这些专业实力都很强。各省市每年都会有医科大学的进修人员来此学习与分享，也正是这个原因，南京医科大学的社会地位和生源质量近年来得到了很大程度的提升，同时受到国外一些名校的重视。

（2）"双一流"学科

数量	专业
1	公共卫生与预防医学

（3）学科评估（第四轮）

专业评级	数量	专业
A	1	A+：公共卫生与预防医学
B	5	B+：临床医学、基础医学、口腔医学、护理学 B：药学

注：最新学科评估资讯及专业资讯，可通过优志愿查询。

（4）特色专业

专业层次	数量	专业
国家级	5	护理学、口腔医学、康复治疗学、临床医学、预防医学
省级（直辖市）	1	医学检验技术

注：具体专业介绍可通过优志愿查询。

（5）报考建议

在医学院中，南京医科大学基本处于第三和第四梯队之间，在江苏更是属于"一枝独秀"的存在。南医大的学科实力强、教学质量高、师资力量雄厚，且拥有很多科研实验室，学习氛围也很浓。学校有超过 20 家附属医院，不少学校里老师都任职于三甲医院，在当地的认可度很高，毕业生就业前景相当不错。

最后，医学类大学与地域关联度很高，对于未来想留在江苏省、长三角地区当医生或从事医疗行业的学生而言，南京医科大学可谓是不二之选。

7 湘潭大学

学科实力：★★★★☆
就业指数：★★★★☆
升学指数：★★★★☆
报考难度：★★★☆☆

（1）学校介绍

| 1958年 | 公办 | 综合 | 省政府 | 本科 | 湖南 湘潭市 | 硕 31/19个 | 博 16个 |

　　湘潭大学位于湖南省湘潭市，创办于1958年，是一所综合性全国重点大学。2022年2月，学校成功入选国家"双一流"建设高校，相比于其他拥有百年历史的"双一流"高校而言虽然年轻，但湘大近年来发展突飞猛进。湘潭大学的综合实力很强，师资力量雄厚，在湖南的影响力非同小可。此次"数学"能够顺利入选"双一流"学科，其实早有势头，2017年便已进入ESI全球1%学科，至今已有多个研究领域达到了国际先进水平，并拥有多个国家级的重点实验室，未来不容小觑。

（2）"双一流"学科

数量	专业
1	数学

（3）学科评估（第四轮）

专业评级	数量	专业
B	9	B+：法学、马克思主义理论、数学 B：材料科学与工程、化学工程与技术、公共管理 B-：理论经济学、化学、物理学

续表

专业评级	数量	专业
C	11	C+：政治学、中国语言文学、外国语言文学、统计学、力学、图书情报与档案管理 C：机械工程、计算机科学与技术、环境科学与工程、软件工程、工商管理

注：最新学科评估资讯及专业资讯，可通过优志愿查询。

（4）特色专业

专业层次	数量	专业
国家级	11	计算机科学与技术、软件工程、信息与计算科学、材料物理、化学、经济学、法学、行政管理、旅游管理、中国共产党历史、英语
省级（直辖市）	23	经济学、金融学、法学、英语、行政管理、旅游管理、新闻学、中国共产党历史、图书馆学、哲学、历史学、计算机科学与技术、通信工程、信息与计算科学、微电子科学与工程、材料物理、物理学、工程力学、材料成型与控制工程、过程装备与控制工程、化学、化学工程与工艺、环境工程

注：具体专业介绍可通过优志愿查询。

（5）报考建议

　　如果你未来想要考研，一心想要从事学术研究的话，湘潭大学便是个非常好的选择。湘大的地理位置相对偏远，对于热爱学习、喜欢搞学术的学生而言就非常合适，学校的学习氛围很浓厚，保研率也很高，尤其是如果能进入韶峰班，保研率更高。从学科角度来看，除"双一流"学科数学外，湘潭大学的文理学科都很强势，虽然没有 A 档学科，但整体学科建设实力很强，超过了不少同级别的高校，尤其是法学专业在业内的认可度是相当高的。

8　上海科技大学

学科实力：★★★★☆
就业指数：★★★★☆
升学指数：★★★★☆
报考难度：★★★★☆

（1）学校介绍

| 2013年 | 公办 | 理工 | 上海市 | 中国科学院 | 本科 | 上海　浦东新区 | 8/3个 | 5/2个 |

上海科技大学由上海市人民政府与中国科学院共同举办，成立于2013年，2014年开始招收首届本科生。上科大的成立时间虽短，但学校师资力量强劲，培养模式先进，绝大部分是全英语教学。2022年，学校已经入选新一轮"双一流"建设高校，"材料科学与工程"学科列入一流学科建设名单。此外，上科大的学校环境也很好，是上海市唯一冬天有独立供暖的学校。自学校招生以来，每年的分数都在上涨，平均分已经是中上"985工程"学校的水平，可见其进步之快。

（2）"双一流"学科

数量	专业
1	材料科学与工程

（3）报考建议

上海科技大学的录取规则不同于其他院校，想要报考的学生，除正常高考外，还需参加上科大的"校园开放日"活动，最终录取成绩将结合这两部分分数择优录取。

作为一所新体制高校，上科大培养的是研究型人才和创业型人才，适合那些自驱力很强的学生去报考。上科大在本科阶段就能进项目组做科研，而且背靠中国科学院，保研到中国科学院相对更容易，部分一线城市的研究所的保研率也很高。在上科大想要出国深造也并非难事，学校的国外资源丰富，尤其是美国、欧洲等地区，本科整体的深造率已经超过了不少顶尖的名校。对于有出国深造意向，或是未来想搞科研的学生来说，很推荐报考上科大。

四、性价比高的高校

　　每年高考填志愿的时候都会有很多家长问，哪些高校性价比比较高？那么何为性价比高的高校呢？其实就是相对比较好的院校，但收分又不是太高。这类院校往往容易被忽视，原因很简单，有些高校地域不好，比如在偏远地区；有些高校名字不好听，比如叫某某学院；等等。实际上，这部分高校实力很强，有些甚至是"211工程"院校，或"双一流"建设高校。这里给大家盘点了20所性价比高的高校，这些高校都具有自己的特色。

1　安徽大学	学科实力：★★★★☆
	就业指数：★★★★☆
	升学指数：★★★★☆
	报考难度：★★★★☆

（1）学校介绍

| 1928年 | 公办 | 综合 | 省政府 | 本科 | 安徽　合肥市 | 33/1个 | 18/1个 |

　　安徽大学是国家"双一流"高校，"材料科学与工程"专业入选了第二轮"双一流"榜单。虽为综合性大学，但人文社科类专业备受关注。学校历史悠久，于1928年创建于当时省会安庆市；1946年复校，称为国立安徽大学；1949年迁到

芜湖，后几经调整，迁到合肥，文化底蕴深厚。

外省考生鲜有人知安徽大学，学校比较低调但做事有魄力，2020 年一口气撤销了 12 个本科专业，重新增设了集成电路和智能制造等专业，主动对接国家战略和社会需求。学习氛围浓厚，毕业生升学人数较多，且大部分都进入国内知名高校及重点科研院所深造。

（2）"双一流"学科

数量	学科
1	材料科学与工程

（3）学科评估（第四轮）

专业评级	数量	专业
B	12	B：应用经济学、法学、新闻传播学、数学、生态学、统计学、计算机科学与技术 B-：马克思主义理论、中国语言文学、化学、电子科学与技术、软件工程
C	12	C+：哲学、社会学、外国语言文学、控制科学与工程 C：理论经济学、中国史、生物学、材料科学与工程 C-：考古学、物理学、光学工程、环境科学与工程

注：最新学科评估资讯及专业资讯，可通过优志愿查询。

（4）特色专业

专业层次	数量	专业
国家级	6	生物科学、新闻学、考古学、法学、英语、电子信息工程
省级（直辖市）	5	新能源材料与器件、国际经济与贸易、经济统计学、经济学、物流管理

注：具体专业介绍可通过优志愿查询。

（5）报考建议

安徽地处长三角地带，虽没有江浙沪耀眼夺目，但它的经济发展速度较快，发展空间也很大。

安徽大学在人才培养方面很有特色，分数较高的同学可以关注"文典学院"。文典学院成立于 2011 年，以安徽大学首任校长、国学大师刘文典先生名字命名，开设 3 类试验班：人文科学（试验班）、经济管理（试验班）和理科（试验班）。

安徽大学为了培养研究型创新人才，举办物质科学（英才班）、信息技术（英才班）等，全程校内外双导师制，而且这种特色班最大的优势就是有保研政策的倾斜。

对于分数不具备优势、同时还想出国的同学，可以关注安徽大学纽约石溪学院，中外双学籍注册，合办的专业多为安徽大学特色专业，收分较低，对于经济条件不错的考生是个不错的选择。

需要了解的是，安徽大学在个别省份有较高性价比，例如广东、吉林、山西、江西等地，这些省份仅需要高出特招线 60 分左右就有机会就读安徽大学，而在本省报考难度较大，一般录取线要高出特招线 100 分以上。

2　海南大学	
	学科实力：★★★★☆
	就业指数：★★★☆☆
	升学指数：★★★⯪☆
	报考难度：★★★⯪☆

（1）学校介绍

						硕	博
1958 年	公办	综合	省政府	本科	海南　海口市	34/21 个	13/1 个

随着海南开启新一轮全面深化改革开放、推进海南自由贸易试验区和中国特色自由贸易港建设，海南大学迎来了新的历史机遇。海南大学是于 2007 年由原华南热带农业大学与原海南大学合并组建而成的综合性重点大学。

在合并之前的海南大学是在海南医学专科学校、海南师范专科学校、海南农学院的基础上建立的，比较年轻。而原华南热带农业大学创建于 1958 年，与创建于 1954 年的中国热带农业科学院紧密结合，并称"热作两院"，被誉为我国热带农业科教领域的"双子星"。学校奠定了在天然橡胶和热带农业研究领域独一无二的地位，为我国国防事业和经济社会发展做出了重大贡献。

（2）"双一流"学科

数量	学科
1	作物学

（3）学科评估（第四轮）

专业评级	数量	专业
B	2	B：法学、工商管理
C	12	C+：马克思主义理论、信息与通信工程、化学工程与技术 C：应用经济学、材料科学与工程、食品科学与工程、园艺学 C-：中国语言文学、计算机科学与技术、风景园林学、作物学、水产

注：最新学科评估资讯及专业资讯，可通过优志愿查询。

（4）特色专业

专业层次	数量	专业
国家级	8	农学、农业资源与环境、水产养殖学、植物保护、食品科学与工程、法学、园艺、农林经济管理

续表

专业层次	数量	专业
省级（直辖市）	24	金融学、法学、汉语国际教育、信息与计算科学、生物技术、材料科学与工程、高分子材料与工程、计算机科学与技术、土木工程、化学工程与工艺、交通运输、农业机械化及其自动化、食品科学与工程、食品质量与安全、生物工程、农学、园艺、植物保护、农业资源与环境、水产养殖学、农林经济管理、土地资源管理、公共关系学、旅游管理

注：具体专业介绍可通过优志愿查询。

（5）报考建议

海南大学因为地理位置等原因，一般不会成为处于高分段考生的首选，但这并不意味着海南大学就不值得报考。比如海南大学与天津大学开展的联合培养项目，很值得因高考失利选择报考海南大学的中高分段考生报考。该项目是由海南大学选派学生约 35 人参加联合培养项目，直接进入天津大学相应专业跟班学习，采取"1+2+1"的形式，即第一年在海南大学学习，二、三年级在天津大学学习，第四年回到海南大学继续学习。关于完成学业后颁发的毕业证、学位证是家长比较关心的问题，毕业证是由海南大学签发的，注明"联合培养"，并加盖天津大学印章，就业时会有一定优势。

海南大学作为"211 工程"院校，近年来在很多省份高出特招线六七十分左右就可以报考，甚至在部分省份，高出特招线三四十分左右就有机会被录取，性价比超高。不过随着高考改革和学校实力的提升，海南大学近年来报考难度也在逐渐增大。海南大学升学率在国内"211 工程"高校中处于中等水平，适合有升学意向的考生选择。此外需要注意的是，海南大学有海甸校区、观澜湖校区、儋州校区。儋州校区在儋州市，不在海口。因此大家在填报时，注意看清就读校区。

3　贵州大学

学科实力：★★★★☆

就业指数：★★★✩☆

升学指数：★★★☆☆

报考难度：★★★✩☆

（1）学校介绍

| 1902 年 | 公办 | 综合 | 省政府 | 本科 | 贵州　贵阳市 | 52/24 个 | 19/1 个 |

　　贵州大学位于贵州省贵阳市，是教育部与贵州省人民政府"以部为主、部省合建"高校，2005 年成为国家"211 工程"大学，2016 年成为中西部"一省一校"国家重点建设高校。

　　由于地域因素影响，贵州大学在教育资源上与发达地区存在一定差异。一般来说，城市对大学的发展起着支撑作用，大学对城市的发展起着促进作用，这样才能良性循环。但贵州省在留住人才方面并没有占多大优势。不少家长都想让孩子到经济发达的地方读书，除了能长见识，就业机会也相对更多。在这种情况下，贵州大学就成了他们退而求其次的选择，录取分数与强势"211 工程"有一定差距。

（2）"双一流"学科

数量	学科
1	植物保护

（3）学科评估（第四轮）

专业评级	数量	专业
B	5	B+：植物保护 B-：数学、生物学、机械工程、软件工程

专业评级	数量	专业
C	13	C+：法学、材料科学与工程、计算机科学与技术 C：生态学、电子科学与技术、土木工程、化学工程与技术、林学、公共管理 C-：应用经济学、物理学、化学、冶金工程

注：最新学科评估资讯及专业资讯，可通过优志愿查询。

（4）特色专业

专业层次	数量	专业
国家级	11	材料科学与工程、农林经济管理、汉语言文学、自动化、林学、冶金工程、电子科学与技术、哲学、机械设计制造及其自动化、采矿工程、植物保护
省级（直辖市）	7	哲学、农业机械及其自动化、矿物加工工程、生物工程、水产养殖、社会工作、农业资源与环境

注：具体专业介绍可通过优志愿查询。

（5）报考建议

在填志愿时，家长会在处于偏远地区的"211工程"院校和发达城市的省重点之间纠结。省外的考生甚至在填志愿时会直接筛选掉云贵川等相对偏远地区的院校，这种方式很容易漏掉一些值得填报的学校。虽然贵州大学跟其他"211工程"院校相比有一定的差距，但与一般普通省重点相比还是具有较强竞争力的。因此，建议各位考生和家长在理性分析后再做取舍。

如果学生想考研，建议多考虑"211工程"院校，因为这类院校有保研资格，而且升学率相比于省重点院校一般会更高些。如果学生想本科毕业就工作，那么更建议选择发达城市就业好的院校及专业，就业机会多，校招企业多。

4 东北农业大学

学科实力：★★★★☆
就业指数：★★★☆☆
升学指数：★★★★☆
报考难度：★★★☆☆

（1）学校介绍

| 1948 年 | 公办 | 农林 | 省政府 | 本科 | 黑龙江 哈尔滨市 | 22/15 个 | 10/2 个 |

　　东北农业大学是一所国重点院校，还是"211 工程"重点建设大学和"世界一流学科"建设高校，前身可追溯于 1948 年东北农学院，是中国共产党在解放区创办的第一所普通高等农业院校。1994 年院校重组合并与黑龙江省农业管理干部学院合并组建了现在的东北农业大学。

　　东北农业大学是一所"以农科为优势，以生命科学和食品科学为特色，农、工、理、经、管等多学科协调发展"的农林类院校，也是首批"卓越农林人才教育培养计划"项目试点高校。培养出了一大批遍布全国的"复合型"人才和活跃在全国农业生产第一线的"应用型"人才。东北农业大学的师资力量也很雄厚，本科和研究生的学习氛围也很浓厚。整体来讲，东北农业大学是一所实力雄厚、性价比超高的"211 工程"院校。

（2）"双一流"学科

数量	学科
1	畜牧学

（3）学科评估（第四轮）

专业评级	数量	专业
B	6	B+：农业工程、食品科学与工程、兽医学 B：畜牧学、农林经济管理 B-：作物学
C	6	C+：风景园林学、农业资源与环境、园艺学、草学 C：植物保护 C-：公共管理

注：最新学科评估资讯及专业资讯，可通过优志愿查询。

（4）特色专业

专业层次	数量	专业
国家级	10	动物医学、农业机械化及其自动化、农学、生物技术、农业水利工程、园艺、动物科学、计算机科学与技术、食品科学与工程、农林经济管理

注：具体专业介绍可通过优志愿查询。

（5）报考建议

东北农业大学是一所性价比较高的"211工程"院校，由于地理位置和所属农林类院校的关系在各省份的招生分数相比于其他同档次"211工程"院校普遍偏低，处于末流"211工程"院校位置。

东北农业大学有本硕博连读专业，很适合分数达标的高分考生报考，例如：园艺（本硕博班）、生物科学（本硕博班）、食品科学与工程（本硕博班）、农业机械及其自动化（本硕博班）、农学（本硕博班）、农业资源与环境（本硕博班）、动物科学（本硕博班）、动物医学（本硕博班）、农林经济管理（本硕博班）。本硕博班是东北农业大学的一个特殊班级，优势就是在于不用通过考试就可以直接读硕士和博士，并且可以用更短的时间博士毕业。

对于分数相对较低的考生来说，东北农业大学也是一个性价比极高的选择，在很多省份本科线上一百分左右就有机会被录取。如果有升学想法，那么报考东北农业大学作为未来考研升学的跳板也是一个明智之选。

虽然地理位置在比较偏远的黑龙江省，但毕竟院校所处的是黑龙江的省会城市，曾经被称为"东方小巴黎"的哈尔滨在整个东北地区也算较发达的城市，比较适合北方分数不是特别高的考生。

5　南昌大学

学科实力：★★★★☆
就业指数：★★★☆☆
升学指数：★★★★☆
报考难度：★★★☆☆

（1）学校介绍

| 1921 年 | 公办 | 综合 | 省政府 | 本科 | 江西　南昌市 | 51/31 个 | 22/3 个 |

南昌大学是一所综合性院校，地处"英雄城"南昌市，是省内唯一的"211工程"院校，学校招生规模大，科研实力不容小觑，在硅衬底 GaN 基发光二极管、高速铁路数字化测量系统等多个领域都有出色的科研成果，江风益教授团队更是荣获多个国家奖项，打破美国垄断地位使得学校登上了被"制裁名单"。

（2）"双一流"学科

数量	学科
1	材料科学与工程

（3）学科评估（第四轮）

专业评级	数量	专业
A	1	A：食品科学与工程
B	10	B-：新闻传播学、化学、生物学、机械工程、材料科学与工程、化学工程与技术、环境科学与工程、临床医学、管理科学与工程、公共管理
C	17	C+：应用经济学、哲学、中国语言文学、数学、物理学、计算机科学与技术、基础医学 C：生态学、信息与通信工程、药学、工商管理、设计学 C-：外国语言文学、中国史、力学、水利工程、护理学

注：最新学科评估资讯及专业资讯，可通过优志愿查询。

（4）特色专业

专业层次	数量	专业
国家级	9	材料成型及控制工程、医学影像学（五年）、生物科学、工商管理、软件工程、通信工程、汉语言文学、计算机科学与技术、食品科学与工程
省级（直辖市）	16	自动化、机械设计制造及其自动化、材料科学与工程、化学工程与工艺、新闻学、水产养殖学、高分子材料与工程、热能与动力工程、麻醉学（五年）、土木工程、化学、预防医学（五年）、数学与应用数学、环境工程、口腔医学（五年）、行政管理

注：具体专业介绍可通过优志愿查询。

（5）报考建议

学校培养方向多样化：如果考生想走科研方向，可以关注"高等研究院本硕实验班"，实行本硕贯通培养，本科阶段结束后全部免试推荐到"985工程"高校和中国科学院研究所攻读硕士学位，一路绿灯，升学渠道畅通。如果考生想当医生，可以关注"卓越医生班"，入校后参加二次选拔才能进入卓越班，实行"5+3"本硕连读学制，算是一种读研的捷径。如果想读商科还有出国打算，不妨关注"工商管理（中法实验班）"，不但多掌握了一门语言，毕业时法语达到 B_1 水平，还有出国去法国普瓦提埃大学读硕士的机会。

南昌大学在国内的升学率很高，学校学习氛围浓厚，立志要读研的考生可以重点考虑，同时也可争取保研资格。因为南昌大学在同档次的院校中推免率算是比较高的，有不少同学被保送进了"985工程"院校。

在省内，南昌大学收分较低，但就读校区在抚州，不在南昌，因此选择时要注意细节。对于江苏、吉林、山西等地的考生来讲，南昌大学报考难度相对较小，性价比高。

6　青海大学

学科实力：★★★★☆
就业指数：★★★★☆
升学指数：★★★☆☆
报考难度：★★★☆☆

（1）学校介绍

1958年	公办	综合	省政府	本科	青海　西宁市	20/108个	5个

青海大学坐落于省会城市——西宁，是一所以工、农、医、管为办学特色的综合性研究型大学，是国家"211工程"重点建设大学，并入选"双一流"建设高校，也是青海唯一的"双一流"建设高校，在三江源生态、高原医学、水资源利用等领域形成了独特的学科优势。但因为地处偏远地区，在各排行榜中排名也相对较后，所以似乎并不受欢迎。实际上，青海大学的综合实力在本科高校中还是非常不错的，并且在清华大学等国家重点高校的支援下，青海大学近年来发展较快，培养了一大批应用型人才。

（2）"双一流"学科

数量	专业
1	生态学

（3）学科评估（第四轮）

专业评级	数量	专业
B	1	B-：草学
C	2	C：作物学 C-：临床医学

注：最新学科评估资讯及专业资讯，可通过优志愿查询。

（4）特色专业

专业层次	数量	专业
国家级	3	草业科学、化学工程与工艺、经济学
省级（直辖市）	1	动物医学

注：具体专业介绍可通过优志愿查询。

（5）报考建议

青海大学因为地域关系，报考的热度并不高。据易度排名最新数据显示，在各省的报考难度都不算很大，甚至很多"双非"院校的报考难度都远远超过了青海大学。除了地域，这和青海大学的专业设置也有一定关系。由于该校的特色专业很大一部分是农学类相关专业，导致报考遇冷。

青海大学不算顶尖的"211工程"大学，甚至一度被碾压，但毕竟是"211工程"院校，且拥有多个硕士点、博士点，又具有保研资格。如果你分数并不是很高，对学校层次又有要求，将来也打算考研深造，这所大学还是值得考虑的。它在很多省份录取分数都不高，是一所可以捡漏的大学，报考时建议尽可能首选它的王牌专业。另外，省外的考生想去青海大学，需提前了解当地的气候风俗，考虑自己是否能够适应。

7　新疆大学

学科实力：★★★★☆
就业指数：★★★☆☆
升学指数：★★★☆☆
报考难度：★★★☆☆

（1）学校介绍

| 1924年 | 公办 | 综合 | 省政府 | 本科 | 新疆 | 乌鲁木齐市 | 硕 36/18个 | 博 14/1个 |

新疆大学是首批"211工程"重点建设院校，前身可追溯到1924年成立的新疆俄文法政专门学校。学校坐落在新疆的省会乌鲁木齐，占地面积广阔，拥有三个校区，即红湖校区、友好校区和博达校区。红湖校区是校本部，主要培养文科类专业的校区；友好校区偏小，但在市区，交通便利，热门的软件和商学院就开设在此校区；博达校区属于新校区，2021年正式启用，校区占地面积3709亩，拥有齐全的设备和崭新的器材，主要培养理工科类人才。

新疆大学是老牌的综合类"211工程"院校，实力雄厚，在第二轮"双一流"学科建设中马克思主义理论、化学、计算机科学与技术入选，在第四轮学科评估中表现也不错。

（2）"双一流"学科

数量	学科
3	马克思主义理论、化学、计算机科学与技术

（3）学科评估（第四轮）

专业评级	数量	专业
B	7	B：马克思主义理论、数学 B-：理论经济学、中国语言文学、化学、计算机科学与技术、化学工程与技术
C	9	C+：法学、地理学、生物学、生态学、机械工程、电气工程、软件工程 C-：政治学、新闻传播学

注：最新学科评估资讯及专业资讯，可通过优志愿查询。

（4）特色专业

专业层次	数量	专业
国家级	10	电子信息工程、资源勘查工程、化学工程与工艺（石油天然气）、中国少数民族语言文学、数学与应用数学、电气工程及其自动化、土木工程、机械设计制造及其自动化、自动化、纺织工程
省级（直辖市）	1	中国少数民族语言文学（维吾尔语言文学）

注：具体专业介绍可通过优志愿查询。

（5）报考建议

新疆大学对于本区考生照顾颇多，过特招线十五分左右就有机会被录取，本区400多分的考生可重点关注。

由于学校地理位置偏远，知名度较低，该校在各个省份收分普遍偏低，如果能接受去新疆读大学，外省的考生可以用相对较低的成绩被录取到一所"211工程"院校，性价比较高。尤其对有读研规划的考生来说是很好的机会，院校的保研率能达到8%以上，同时学校考研氛围浓厚，考研率逐年增长。作为升学跳板，新疆大学是不错的选择，非常适合有升学规划的中等分数段考生。

8 石河子大学

学科实力：★★★★☆
就业指数：★★★☆☆
升学指数：★★★☆☆
报考难度：★★★☆☆

（1）学校介绍

1949 年　公办　综合　新疆生产建设兵团　本科　新疆 石河子市　30/30 个　9/1 个

　　石河子大学是国重点"211 工程"院校，是新疆生产建设兵团和教育部"部省合建"高校。1996 年 4 月由石河子农学院、石河子医学院、兵团师范专科学校和兵团经济专科学校合并组建成石河子大学。

　　石河子大学坐落在被誉为"戈壁明珠、多彩诗城"的新疆石河子市，是一所综合类大学，多门类学科全面发展，特别是化学工程与技术专业入选了第二轮"双一流"建设的"世界一流学科"。作为一所性价比很高的"211 工程"院校，石河子大学同样也拥有很好的升学氛围，升学率和保研率相对于同分数段的院校处于遥遥领先的位置。

（2）"双一流"学科

数量	学科
1	化学工程与技术

（3）学科评估（第四轮）

专业评级	数量	专业
B	2	B-：化学工程与技术、农业工程

专业评级	数量	专业
C	10	C+：工商管理 C：作物学、园艺学、畜牧学、基础医学 C-：应用经济学、教育学、兽医学、临床医学、农林经济管理

注：最新学科评估资讯及专业资讯，可通过优志愿查询。

（4）特色专业

专业层次	数量	专业
国家级	3	农业机械化及其自动化、动物医学、临床医学

注：具体专业介绍可通过优志愿查询。

（5）报考建议

很多家长和考生因为石河子大学处于新疆，对其报考意愿都不大。这也导致该校在各个省份收分普遍较低，相比其他"211工程"档次的学校，院校报考性价比非常高，分数在特殊类型资格线左右就有机会被录取，很适合有升学打算、地理位置接受度广泛的中低分考生报考。

医学类和农学类是石河子大学的王牌专业，尤其是医学院的临床医学，作为国家特色专业一直是院校收分较高的专业之一，有学医目标的考生可以重点关注。其他专业也很不错，如农学类的动物医学、园林、农学等，师资力量雄厚、专业配套齐全，对农业类专业感兴趣的考生也可重点考虑。

总体来说，石河子大学自身实力比较强，学习氛围浓郁，但由于地理位置偏远，院校知名度较低，导致每年报考生源质量不如发达地区"211工程"院校。但作为"211工程"院校，无论是保研率还是升学氛围都是很诱人的，很多保研外校去向都是知名院校，其中不乏有很多"985工程"院校，很适合作为升学读研的跳板。

9　温州医科大学

学科实力：★★★★☆
就业指数：★★★★☆
升学指数：★★★★☆
报考难度：★★★☆☆

（1）学校介绍

| 1912年 | 公办 | 医药 | 省政府 | 本科 | 浙江　温州市 | 12/7个 | 5/1个 |

　　温州医科大学是浙江省省属普通高等学校，学校历史最早可溯源至创办于1912年的浙江医学专门学校。学校师资力量强劲，学习氛围浓厚，王牌专业眼视光学更是位列全国前茅。省内毕业生就业认可度高，几乎大部分医院中都有温医毕业生的身影。

　　很多温州医科大学的学生说，学校的学习氛围很好，在温医学习，比的就是一个"卷"字。每到期末，图书馆、教室和通宵教室根本抢不到位置自习，就算再不喜欢学习，到了这里都会被带得想要学习。

（2）学科评估（第四轮）

专业评级	数量	专业
B	2	B-：临床医学、药学
C	6	C+：生物学、生物医学工程 C：中药学、护理学 C-：基础医学、口腔医学

　　注：最新学科评估资讯及专业资讯，可通过优志愿查询。

（3）特色专业

专业层次	数量	专业
国家级	4	药学、医学检验技术、临床医学、眼视光医学
省级（直辖市）	11	临床医学、医学检验技术、药学、护理学、口腔医学、生物医学工程、麻醉学、预防医学、应用心理学、康复治疗学、中药学

注：具体专业介绍可通过优志愿查询。

（4）报考建议

　　温州医科大学本科和专科批次都有招生，适合各分段的考生报考。温州医科大学在其他部分省市的招生分数线不是很高，如内蒙古、江西、河南等省份。因此，对于这些省份想要学医、高考分数又不是很高的考生而言，可以考虑报考温州医科大学。

10　浙江工商大学

学科实力：★★★★☆
就业指数：★★★★☆
升学指数：★★★☆☆
报考难度：★★★☆☆

（1）学校介绍

1911年	公办	财经	省政府	本科	浙江　杭州市	16/20个	7个

　　浙江工商大学是原杭州商学院，2002年更名为浙江工商大学。学校定位以经济学、管理学学科为主，法学、工学等多学科协调发展。2017年，学校被确定为浙江省重点建设高校，统计学、工商管理学科入选省优势特色学科名单。

（2）学科评估（第四轮）

专业评级	数量	专业
A	1	A-：统计学
B	6	B+：应用经济学、工商管理 B：外国语言文学、食品科学与工程 B-：法学、计算机科学与技术
C	5	C+：马克思主义理论、公共管理 C：信息与通信工程、环境科学与工程、管理科学与工程

注：最新学科评估资讯及专业资讯，可通过优志愿查询。

（3）特色专业

专业层次	数量	专业
国家级	5	统计学、工商管理、食品质量与安全、会计学、计算机科学与技术
省级（直辖市）	17	英语、金融学、法学、会计学、经济统计学、市场营销、电子商务、工商管理、国际经济与贸易、环境工程、食品科学与工程、计算机科学与技术、食品质量与安全、电子信息工程、日语、物流管理、视觉传达设计

注：具体专业介绍可通过优志愿查询。

（4）报考建议

对于该校，家长最常咨询的问题就是浙江工商大学和浙江财经大学这两所杭州的财经类高校收分相近，哪所院校更强？结论是浙江工商大学综合实力更强。如果选财经类专业，两所院校都很不错；如果选计算机、通信工程等好就业的工科专业，更建议报考浙江工商大学，普遍就业单位更好。

浙江工商大学在培养模式上有特色，每年选拔75名左右学习成绩优秀的学生组建实验班"大数据商业人才班"和"管理型工程师班"，毕业时由校长签发荣誉证书。除了就业有优势外，实验班也有保研比例政策性的倾斜，降低学生升学的竞争压力。同时，浙江工商大学包容性很强，转专业政策宽松，如被调剂到不喜欢的专业，有多次转专业的机会，参加实验班校内二次选拔也能达到转专业的目的。

11　成都信息工程大学

学科实力：★★★☆☆
就业指数：★★★☆☆
升学指数：★★★☆☆
报考难度：★★★☆☆

（1）学校介绍

| 1951 年 | 公办 | 理工 | 省政府 | 本科 | 四川　成都市 | 14/12 个 |

我国以"大气科学"为特色的院校有 2 所，名字非常相近，且均为与中国气象局共建高校：一所是南京信息工程大学，另一所是 2015 年才更名成功的成都信息工程大学。

成都信息工程大学，原成都气象学院，起于 1951 年气象干部训练大队，2000 年原隶属国家统计局的四川统计学校并入成都信息工程学院（更名前），后发展到现在的成都信息工程大学。学校现有航空港、龙泉两个校区，大部分工科专业均在航空港校区。

（2）学科评估（第四轮）

专业评级	数量	专业
C	5	C+：信息与通信工程、计算机科学与技术、软件工程 C：统计学、管理科学与工程

注：最新学科评估资讯及专业资讯，可通过优志愿查询。

（3）特色专业

专业层次	数量	专业
国家级	7	电子信息工程、通信工程、大气科学、电子科学与技术、计算机科学与技术、电子商务、信息与计算科学
省级（直辖市）	6	环境工程、地理信息科学、软件工程、网络工程、经济统计学、计算机科学与技术

注：具体专业介绍可通过优志愿查询。

（4）报考建议

　　成都信息工程大学是行业特色非常鲜明的院校。目前学校形成了以信息学科、大气学科和经管学科为特色的学科群。长期以来，一直围绕青藏高原以及周边地区持续开展了相关领域的研究（如高原天气、高原气候、高原低涡、高原积雪、区域生态环境等方面）。

　　该院校形成了在国内具有特色和区域影响地位的三个稳定的研究方向，即气象灾害与防灾减灾方向、气候与气候变化方向和气象应用与服务方向，培养了一批又一批的气象人才。同时与中国科学院联合培养博士研究生，也充分说明了该校的实力。

　　院校在北方部分省份收分较低，性价比超高。在升学层面，该校不具备保研资格，但是本科升学率较高，学习氛围也比较好。

12　江苏科技大学

学科实力：★★★★☆
就业指数：★★★★☆
升学指数：★★★☆☆
报考难度：★★★☆☆

（1）学校介绍

| 1933年 | 公办 | 理工 | 省政府 | 本科 | 江苏　镇江市 | 25/14 个 | 5 个 |

江苏科技大学坐落在历史文化名城——江苏省镇江市。学校以工科为主，办学特色非常鲜明。它的前身是上海船舶工业学校——中华人民共和国第一所造船中等专业学校，后迁至镇江，所以它在船舶方面的实力非常强，享有"中国造船工程师摇篮"的美誉。除了船舶，海洋、蚕桑也是它的特色。因此，江苏科技大学绝对是具有行业特色的理工类大学。

江苏科技大学虽位于苏北地区，但也是江苏省重点建设高校，而且在全国"双非"高校中排名也是比较靠前的，在2022软科中国大学排名中入围"双非"高校前50强，所以其实力不容小觑。

其实镇江也是一个非常有特色的城市，虽然经济实力比不上大城市，但是也是山水怀抱、江河交汇，而且镇江香醋在海内外都享有盛誉，到了镇江一定别忘了买一瓶醋。

（2）学科评估（第四轮）

专业评级	数量	专业
B	2	B-：材料科学与工程、管理科学与工程
C	7	C：控制科学与工程、船舶与海洋工程、工商管理 C-：生物学、机械工程、计算机科学与技术、软件工程

注：最新学科评估资讯及专业资讯，可通过优志愿查询。

（3）特色专业

专业层次	数量	专业
国家级	4	船舶与海洋工程、焊接技术与工程、信息管理与信息系统、自动化
省级（直辖市）	7	机械设计制造及其自动化、自动化、金属材料工程、计算机科学与技术、会计学、土木工程、材料成型及控制工程

注：具体专业介绍可通过优志愿查询。

（4）报考建议

如果你想报考理工类院校，江苏科技大学是一个不错的选择，面向全国 30 个省份均有招生计划，除了江苏本省，面向贵州、甘肃、广西、四川、河南、山东等省份招生计划数较多，而且在大部分省份录取分数并不算高。

由于院校专业设置和特色的关系，该院校大多数专业对选科有要求。新高考省份的考生要首选物理，建议理科生可重点关注。除了船舶等相关专业，计算机科学与技术、软件工程等都是目前非常热门的专业，也都是它的特色专业，每年毕业季会有很多企业到校园进行校招，就业方面有一定优势。

另外，如果分数不够，可以选择江苏科技大学的中外合作办学，相对来说录取分数要低一些。当然选择中外合作一定要考虑清楚，首先学费会贵一些，其次培养模式也会有所不同。

江苏本省的考生还可以考虑与高职联合培养项目，录取分数相对来说还是比较低的，毕业之后获得江苏科技大学本科文凭。但一定要知道，大学期间是在联合培养的高职院校就读，所以一定要看清楚联合培养的高职院校到底是谁。江苏科技大学联合培养项目较多，考生一定要根据自身情况慎重选择。

根据江苏科技大学就业质量报告显示，近几年来就业率都保持在 90% 以上，在省内乃至全国均处于较高水平。学校升学情况也不错，而且本身拥有硕士点和博士点，又有保研资格，再加上地处江苏这样一个教育大省，升学机会非常多，是一所很值得报考的院校。

13 桂林电子科技大学

学科实力：★★★★☆
就业指数：★★★★☆
升学指数：★★★☆☆
报考难度：★★★☆☆

(1) 学校介绍

1960 年	公办	理工	省政府	本科	广西 桂林市	20/12 个	5 个

计算机类、电子信息类专业是近些年报考专业的热门，相关的行业类院校更深受考生宠爱。因此，衍生出来"四电四邮"的概念，其中"四电"包括四川的电子科技大学、陕西的西安电子科技大学、浙江的杭州电子科技大学以及广西的桂林电子科技大学。学校始建于1960年，2006年更名为桂林电子科技大学，属于省重点。学校先后隶属于第四机械工业部、电子工业部、机械电子工业部、中国电子工业总公司和信息产业部。

该校坐落于世界著名的风景游览城市和中国历史文化名城——桂林市，现有金鸡岭校区、六合路校区、花江校区（主校区）和北海校区，分别位于桂林国家高新技术开发区和桂林市尧山风景区、北海市银海区。

（2）学科评估（第四轮）

专业评级	数量	专业
B	4	B-：机械工程、仪器科学与技术、信息与通信工程、计算机科学与技术
C	4	C+：软件工程 C：数学、材料科学与工程、电子科学与技术

注：最新学科评估资讯及专业资讯，可通过优志愿查询。

（3）特色专业

专业层次	数量	专业
国家级	5	机械设计制造及其自动化、信息与计算科学、测控技术与仪器、通信工程、计算机科学与技术
省级（直辖市）	11	电子信息工程、材料成型及控制工程、机械电子工程、电子封装技术、会计学、工业工程、计算机科学与技术、物联网工程、智能科学与技术、信息与计算科学、生物医学工程

注：具体专业介绍可通过优志愿查询。

（4）报考建议

有很多家长在择校时会咨询，桂林电子科技大学和西安邮电大学如何取舍？实际上，西安邮电大学收分更高。就两所院校的学科实力而言，桂林电子科技大学不输西安邮电大学。而从就业层面，因为西安邮电大学的地理位置更好，实习机会和企业更多，就业整体情况相对更好一些。桂林电子科技大学另一个优势就是有保研资格，而西安邮电大学没有保研资格。

桂林电子科技大学属于广西壮族自治区重点高校，对于广西、吉林、四川、贵州等地收分不算很高，更能体现出它的性价比。但需要注意的是，部分专业就读地点在北海市，而非桂林市，报考前一定要仔细查看。

如果想报考桂林电子科技大学的电子信息类专业但总分不具备优势、英语成绩还不错，可以关注桂电中外办学，无须出国，收分相对较低，但学费较高，家庭经济条件一般的学生要谨慎报考。

14　浙江外国语学院

学科实力：★★★☆☆
就业指数：★★★★☆
升学指数：★★★☆☆
报考难度：★★★☆☆

（1）学校介绍

1955 年　　公办　　语言　　省政府　　本科　　浙江 杭州市

浙江外国语学院位于浙江省杭州市，简称"浙外"，以外国语言文学为特色，涉及英语、日语、西班牙语、法语等 13 种外语语种，小语种的学习气氛非常好，且师资也不错，具有博士学位的教师占 56.4%。

近年来，学校发展较快，社会认可度较高，就业情况也逐年提升。对于喜欢外国语言文学的考生来说是个不错的选择。除了英语、小语种专业，国际经贸、旅游管理等专业的学科实力也很强。

浙江外国语学院的地理位置也很有优势。在这样一个得天独厚的地方，本科毕业生的整体就业情况和升学率都很不错。不仅如此，据说校园环境特别好，依山傍水，景色秀丽。

（2）特色专业

专业层次	数量	专业
省级（直辖市）	7	俄语、阿拉伯语、日语、小学教育、旅游管理、应用化学、国际经济与贸易

注：具体专业介绍可通过优志愿查询。

（3）报考建议

　　浙江外国语学院主要以小语种见长，特色专业适合文科生报考。报考浙江外国语学院要特别注意看清专业的语种要求，《招生章程》中明确规定英语类及全英教学类专业只招收高考英语语种考生。所以，如果你高中阶段学的并非英语，那相关专业就只能放弃了。

　　另外，单科成绩要求不能忽视。《招生章程》中明确规定凡报考本科英语（师范、非师范）、商务英语、翻译专业的英语单科成绩要求不低于120分；凡报考本科国际经济与贸易（全英教学）、旅游管理（全英教学）专业的英语单科成绩要求不低于110分。由此可见，想上浙江外国语学院，尤其是想报考它的王牌专业，学生的英语成绩好是必须的。

15　温州大学

学科实力：★★★★☆
就业指数：★★★⯪☆
升学指数：★★★☆☆
报考难度：★★★☆☆

（1）学校介绍

| 1933年 | 公办 | 综合 | 省政府 | 本科 | 浙江 温州市 | 18/17个 | 1个 |

温州大学是综合性研究型大学，属于浙江省重点高校，坐落于中国历史文化名城、素有"东南山水甲天下"之美誉的温州市。该院校于2006年由温州师范学院和原温州大学合并组建而成，师范专业底蕴深厚。学校的学习氛围好，国内升学率相比同档次院校而言较高。

温州以它独特的商业模式而声名鹊起，让人觉得满城在创业，遍地是机会。对于有理想、有热血的青年人来说，去温州读大学或许是个很好的机会。目前，学校现有茶山和学院路两个校区，茶山校区为主校区，校园环境宜人。

（2）学科评估（第四轮）

专业评级	数量	专业
B	1	B-：马克思主义理论
C	5	C+：教育学、数学、化学、计算机科学与技术 C：中国语言文学

注：最新学科评估资讯及专业资讯，可通过优志愿查询。

（3）特色专业

专业层次	数量	专业
省级（直辖市）	14	国际经济与贸易、法学、教育技术学、服装设计与工程、机械工程（国际化）、广告学、生物科学、工业工程、土木工程、服装与服饰设计、电气工程及其自动化、材料科学与工程、学前教育、数学与应用数学

注：具体专业介绍可通过优志愿查询。

（4）报考建议

想当老师，除了师范类院校的师范专业，综合大学的师范专业也值得关注。近些年各省省属师范院校收分水涨船高，个别省份师范类专业收分远超部分"211工程"院校，很多考生只能望而却步。对于中低分段想学师范专业的考生，温州大学是比较好的选择。

温州大学，自2015年起开始招收汉语言文学（创意实验班）本科生，实行小班化、导师制的特色培养，在就业上比普通的汉语言文学专业更多元化。对师范不感兴趣的考生，可以关注网络工程（卓工超豪示范班）、机械工程（卓工超豪示范班）这两个工科卓越班，就业情况也很好。

温州大学在很多省份录取分数超过特招线，适合压线分考生填报。此外，在个别省份录取分数比特招线低，有很高的性价比。因此，中等成绩的考生也可以根据历年录取分数与位次情况报考，有机会捡漏。

16 南京工程学院

学科实力：★★★☆☆
就业指数：★★★★☆☆
升学指数：★★★☆☆
报考难度：★★☆☆☆

（1）学校介绍

| 1915年 | 公办 | 理工 | 省政府 | 本科 | 江苏 南京市 | 硕 3个 |

南京工程学院坐落在江苏省省会南京市，办学历史悠久，工科底蕴深厚，是一所具有鲜明应用特色的普通本科高校。院校发展历史久远，经历时代变迁，在2000年，南京机械高等专科学校与南京电力高等专科学校合并，组建了南京工程学院。2001年原核工业部直属的南京工业学校并入南京工程学院。

南京工程学院最强的是与电力相关的电力工程学院。此外，机械工程学院、能源与动力工程学院、自动化学院、信息与通信工程学院是发展时间比较久远、专业成熟、底蕴深厚的特色院系。院校虽然不是"985工程""211工程"，但在电力系统认可度极高，毕业生就业情况较好。

（2）特色专业

专业层次	数量	专业
国家级	3	自动化、热能与动力工程、电气工程及其自动化
省级（直辖市）	9	自动化、材料成型及控制工程、通信工程、材料科学与工程、电子信息工程、能源与动力工程、软件工程、市场营销、智能电网信息工程

注：具体专业介绍可通过优志愿查询。

（3）报考建议

南京工程学院地理位置绝佳，但由于被称为"学院"，所以很多家长和考生没有真正去了解过这所院校。

南京工程学院是原电力部直属高校之一，每年国家电网都会来学校招人。五大电力集团也一直对南京工程学院情有独钟。南京工程学院电力相关专业在电力系统的就业率很高，是性价比超高的一所院校。

该院校不只电力相关专业强劲，机械、自动化等专业也是实力过硬的，每年都会有很多毕业生进入大型企业，比如康尼机电、中船重工等。

总而言之，院校专业实力强劲，行业认可度高，就业相对容易，对工科感兴趣的考生可以重点关注南京工程学院，它尤其适合对电力系统有想法的考生报考。

17 华北水利水电大学

学科实力：★★★★☆
就业指数：★★★☆☆
升学指数：★★★☆☆
报考难度：★★★☆☆

（1）学校介绍

1951年	公办	理工	省政府	本科	河南 郑州市	硕 38个	博 4个

华北水利水电大学起源于1951年，创建于北京中央人民政府水利部水利学校，后经历时代的变迁，于1977年迁至河北省邯郸市，1990年迁至河南省郑州市，2000年建制由水利部划转河南省管理，2013年更名为现在的华北水利水电大学，是水利部与河南省共建高校。

华北水利水电大学是以水利水电为特色，工科为主干，多学科全面发展的理工类院校。它虽然不是"985工程""211工程"院校，但是院校教学实力强劲，学习氛围浓厚，还具有保研资格，保研率和升学率对比一些"211工程"院校也毫不逊色。

（2）学科评估（第四轮）

专业评级	数量	专业
B	2	B：水利工程 B-：管理科学与工程
C	6	C+：地质资源与地质工程 C：土木工程、工商管理 C-：数学、动力工程及工程热物理、农业工程

注：最新学科评估资讯及专业资讯，可通过优志愿查询。

（3）特色专业

专业层次	数量	专业
国家级	3	地质工程、水利水电工程、农业水利工程
省级（直辖市）	8	土木工程、工程力学、交通工程、能源与动力工程、工程管理、数学与应用数学、电气工程及其自动化、会计学

注：具体专业介绍可通过优志愿查询。

（4）报考建议

华北水利水电大学因坐落在河南的省会郑州市，所以备受河南考生家长的关注。作为一所特色鲜明、行业内认可度高的专业型院校，它的王牌专业在省内的就业率极高，这也导致相关王牌专业和普通专业分差较大。因此，对水利水电相关专业感兴趣、想在本省就业的考生可以重点关注，报考时要关注本省的专业收分情况。

此外，院校历年升学率在 30% 左右，很适合有读研想法的考生报考。

18 浙江科技学院

学科实力：★★★☆☆
就业指数：★★★⯪☆
升学指数：★★★☆☆
报考难度：★★⯪☆☆

(1) 学校介绍

1980 年	公办	理工	省政府	本科	浙江 杭州市	硕 6/8 个

浙江科技学院由浙江大学于 1980 年创办，位于浙江省杭州市，是浙江省属高校。学校建校规模相对来说不是很大，而且校名为"学院"，所以很多人可能会误解。但就这样一所学院却拥有硕士点，可见具有一定的实力。

学校是教育部首批实施"卓越工程师教育培养计划"的高校，还是浙江省数字化制造产教融合联盟牵头单位，是一所产教融合的高校，在省内具有一定的影响力。浙江科技学院还是浙江省开设全英文授课国际化专业最多的高校之一，国际化办学特色也非常鲜明。

（2）特色专业

专业层次	数量	专业
国家级	7	土木工程、艺术设计、化学工程与工艺、服装与服饰设计、视觉传达设计、环境设计、产品设计

续表

专业层次	数量	专业
省级（直辖市）	11	车辆工程、工业设计、电气工程及其自动化、建筑电气与智能化、土木工程、计算机科学与技术、生物工程、轻化工程、服装设计与工程、国际经济与贸易、信息与计算科学

注：具体专业介绍可通过优志愿查询。

（3）报考建议

浙江科技学院较强的专业大部分为工科类，且地域具有一定优势，想报考计算机、电气类、土木等专业的学生可以考虑。

学校在大部分省份录取分数都不高，并且在浙江本省，以及江苏、山东、安徽、河南等省份均有中外合作招生计划，录取分数较低，符合条件的将来可同时获得合作院校的学位证书，但中外合作学费相对较贵，所以要根据家庭的经济情况选择。

这所理工类院校非常适合中等生关注，但由于高校专业设置和特色的关系，理科生可重点关注王牌专业，文科生报考要谨慎。

需要注意的是，报考浙江科技学院一定要看清专业的语种和单科成绩要求。《招生章程》中明确规定：学校外语单科成绩有要求的专业有英语、德语、国际经济与贸易（国际班）、国际商务（国际班），外语单科成绩不低于110分，英语专业限定外语为英语。另外，报考中外合作也有外语单科成绩要求，不同专业有不同要求。

19　兰州财经大学

学科实力：★★★☆☆
就业指数：★★★☆☆
升学指数：★★★☆☆
报考难度：★★☆☆☆

（1）学校介绍

1952 年	公办	财经	省政府	本科	甘肃　兰州市	7/13 个	1 个

　　兰州财经大学起源于 1952 年成立的甘肃省人民政府行政干部学校，经历多次变迁更名后在 2015 年更名为现在的兰州财经大学。兰州财经大学是黄河上游甘肃、青海、宁夏三省唯一的财经类大学，在西北地区影响颇深，培养了大量的经管人才。

　　兰州财经大学办学特色鲜明，尤其是商科相关专业，在全国有一定的知名度和影响力。它的学科优势明显，现有统计学博士学位授权一级学科和应用经济学、统计学、理论经济学、工商管理、管理科学与工程、设计学、马克思主义理论等七个一级学科硕士点，在甘肃高校中最早获得 MBA 专业学位培养单位资格。

（2）学科评估（第四轮）

专业评级	数量	专业
C	4	C+：统计学 C：应用经济学 C-：理论经济学、工商管理

注：最新学科评估资讯及专业资讯，可通过优志愿查询。

（3）特色专业

专业层次	数量	专业
国家级	3	统计学、会计学、市场营销
省级（直辖市）	16	统计学、财务管理、会计学、市场营销、金融学、工商管理、国际经济与贸易、审计学、人力资源管理、电子商务、视觉传达设计、贸易经济、金融工程、经济统计学、税收学、投资学

注：具体专业介绍可通过优志愿查询。

（4）报考建议

　　兰州财经大学师资力量雄厚、专业性强，统计学、会计学是院校的热门王牌专业，在西北地区认可度很高，适合本省考生或打算在西北地区发展的考生优先报考，毕业生就业情况也相对较好。

　　由于地理位置相对偏远，学校录取分数不高，本省考生超过特殊类型资格线就有机会录取到经管类专业，也有部分财经类专业的分数相对较低，中分段考生也有机会被录取，性价比很高，毕竟学校教学实力有一定的保障，本院校就有硕博点，有不错的升学优势。

20　河北工程大学

学科实力：★★★⯪☆
就业指数：★★★⯪☆
升学指数：★★★☆☆
报考难度：★★☆☆☆

（1）学校介绍

| 1952年 | 公办 | 理工 | 省政府 | 本科 | 河北　邯郸市 | 硕 17/13个 |

河北工程大学是河北省人民政府与水利部共建高校，坐落在拥有"中国成语典故之都"美称的河北省邯郸市。学校前身由华北水利水电邯郸分部、河北建筑科技学院、邯郸医学高等专科学校、邯郸农业高等专科学校合并成为河北工程学院，2006 年更名为现在的河北工程大学。

河北工程大学现如今学科门类齐全，院校工程特色鲜明，以工科为特色，多学科全面发展。作为河北省重点骨干大学，很有实力，多个学科在河北省名列前茅，比如院校王牌的土木工程、河北省第一个通过建筑学学士认证的建筑学。和水利部关系颇深的水利水电工程、水文与水资源等专业受河北省水利工程博士后流动站所影响，也都颇具实力。

（2）学科评估（第四轮）

专业评级	数量	专业
C	1	C：计算机科学与技术

注：最新学科评估资讯及专业资讯，可通过优志愿查询。

（3）特色专业

专业层次	数量	专业
国家级	4	资源勘查工程、建筑学、土木工程、采矿工程
省级（直辖市）	8	资源勘查工程、建筑学、采矿工程、土木工程、水利水电工程、水文与水资源工程、计算机科学与技术、通信工程

注：具体专业介绍可通过优志愿查询。

（4）报考建议

河北工程大学在河北省院校里综合实力强，教育资源丰厚。搬到新校区后，学校环境更优美，学习条件优良，硬件方面在河北省名列前茅。校区占地面积4000 多亩，在河北省算是最大的教育项目。新校区建成之后，院校整体实力每年平稳增长，颇具潜力。

该院校在各个省份报考性价比都很高，目前收分情况逐年上升，基本要超过特殊类型批次线才有机会被录取，该分数段的考生可以重点关注。

五、被名字耽误的优秀高校

我们认识一所学校，通常是从它的名字开始的。每年教育部也都会曝光一些未经教育部和地方教育部门审批、没有办学资质的"非正规"大学的名单，这些高校通常会假冒一些正规大学的校名以假乱真，不少学生在志愿填报时因此上当受骗。

当然，也存在一些正规高校，因为校名听上去"不正经"而被不少学生误解，其中不乏几所"985 工程""211 工程""双一流"高校，接下来就为大家盘点一下那些被名字耽误的优秀高校。

1 河海大学	学科实力：★★★★☆
	就业指数：★★★☆☆
	升学指数：★★★★☆
	报考难度：★★★★☆

（1）学校介绍

1915 年	公办	理工	教育部	本科	江苏 南京市	42/19 个	16/2 个

河海大学作为中国第一所培养水利人才的高等学府，因为名字的原因，经常被学生误以为是"三流大学"，甚至以为是北方的大学。实际上，河海大学是国家"双

一流""211 工程"重点建设高校，位于江苏省南京市，源于 1915 年的河海工程专门学校，就此开创了中国水利高等教育的先河。

河海大学以工科为主，水利方面更是独树一帜，能与清华媲美，难怪有"凡是有水处，尽是河海人"的说法。此外，它的师资力量强大，科研实力超群，毕业生近几年更是在招聘会上受到水利单位的"哄抢"，由此可见就业情况也很好。

（2）"双一流"学科

数量	学科
2	水利工程、环境科学与工程

（3）学科评估（第四轮）

专业评级	数量	专业
A	3	A+：水利工程 A-：土木工程、环境科学与工程
B	13	B+：马克思主义理论、工商管理、管理科学与工程 B：社会学、力学、计算机科学与技术、农业工程、软件工程 B-：电气工程、信息与通信工程、测绘科学与技术、地质资源与地质工程、公共管理
C	9	C+：海洋科学 C：法学、地理学、机械工程、材料科学与工程、控制科学与工程 C-：数学、动力工程及工程热物理、交通运输工程

注：最新学科评估资讯及专业资讯，可通过优志愿查询。

（4）报考建议

河海大学在省外的知名度一般，但对于江苏省内的学生来说是仅次于南京大学、东南大学的存在。河海的水利专业非常不错，需要提醒的是，如果考虑报考水利相关专业的话，就要接受未来工作会很辛苦的现实。除工科以外，河海大学也兼顾文科的发展，比如商学院近年来的发展就很不错，其中财务管理和会计专业的分数线相对比较高。

河海大学作为老牌"211工程"大学，还是很推荐报考的。在报考时，要注意河海大学有三个校区，分别为校本部、常州校区、江宁校区，不同的专业对应不同的校区。

2 东华大学	学科实力：★★★★☆
	就业指数：★★★★☆
	升学指数：★★★★☆
	报考难度：★★★★☆

（1）学校介绍

| 1912年 | 公办 | 综合 | 教育部 | 本科 | 上海 长宁区 | 29/17个 | 11/3个 |

东华大学这个名字，很多学生一看就会觉得很奇怪。因为我们更熟悉的是"华东"这个地区简称的名字，大学也有"华东师范大学""华东理工大学"等以"华东"命名的学校，所以"东华大学"听起来很像个民办大学，但实际上东华大学的综合实力是很强的。

东华大学是教育部直属、国家"211工程""双一流"建设高校，学校办学历史可追溯至1912年实业家张謇创办的纺织染传习所。东华大学的专业特色突出，纺织、服装、材料学科领域在我国都有很高的水准，从学科评估结果中也能看出，它在多科协调发展方向上也不甘示弱。此外，东华大学的课外活动比赛多，校园环境优美，又地处国际化大都市上海，是读大学的绝佳城市之一！

（2）"双一流"学科

数量	学科
2	材料科学与工程、纺织科学与工程

92

（3）学科评估（第四轮）

专业评级	数量	专业
A	1	A+：纺织科学与工程
B	10	B+：材料科学与工程、设计学 B：机械工程、控制科学与工程、环境科学与工程、管理科学与工程、工商管理 B-：化学、计算机科学与技术、软件工程
C	9	C+：数学、土木工程 C：科学技术史、化学工程与技术、美术学、艺术学理论 C-：物理学、信息与通信工程、生物医学工程

注：最新学科评估资讯及专业资讯，可通过优志愿查询。

（4）特色专业

专业层次	数量	专业
国家级	10	纺织工程、服装设计与工程、轻化工程、高分子材料与工程、信息管理与信息系统、日语、应用物理学、环境工程、功能材料、能源与环境系统工程

注：具体专业介绍可通过优志愿查询。

（5）报考建议

　　东华大学受到名字的影响，加上本科专业设置不是很全面，导致很多外地学生不愿意报考该校，甚至很多人不知道这所大学的存在，所以报考的竞争压力会小很多。从学科角度来看，除了纺织类、服装类这些全国顶尖的专业外，东华大学的计算机专业也很突出，该学院和国内不少著名的企业都有合作，学生可以直接去实习基地实习。

虽然东华大学的知名度一般，但各方面实力一点也不差，如果你想报考它的优势学科，并且未来也想在上海发展，东华大学非常值得列入报考的选项中。

3　江南大学	学科实力：★★★★⯪ 就业指数：★★★★⯪ 升学指数：★★★★☆ 报考难度：★★★★☆

（1）学校介绍

1902年	公办	综合	教育部	本科	江苏　无锡市	31/16个	10/1个

　　在江苏的学生大多数都知道江南大学，但外省的学生初次听到这个大学名字可能会一头雾水，以为是那种蹭高校热度的民办院校，因为"江南"二字，难免让人觉得是个"名头唬人"的非正规大学。实际上，江南大学实力超群，是一所"211工程""双一流"重点建设高校，源于1902年创建的三江师范学堂，至今已有百余年的历史。

　　江南大学地处江苏无锡，就像它的名字一般，校园环境亦是如诗如画。它的轻工专业是数一数二的，还被誉为"轻工高等教育明珠"，可见其在国内该领域的影响力之大。此外，江南大学的工业设计专业是国内的开山鼻祖，与清华美院（当时的中央工艺美术学院）并称于世，故也有"小清华"之称。

（2）"双一流"学科

数量	学科
2	轻工技术与工程、食品科学与工程

（3）学科评估（第四轮）

专业评级	数量	专业
A	3	A+：轻工技术与工程、食品科学与工程 A-：设计学
B	8	B+：控制科学与工程、化学工程与技术 B：纺织科学与工程、软件工程 B-：马克思主义理论、计算机科学与技术、环境科学与工程、美术学
C	7	C+：教育学、机械工程、药学、工商管理 C：应用经济学、光学工程、材料科学与工程

注：最新学科评估资讯及专业资讯，可通过优志愿查询。

（4）特色专业

专业层次	数量	专业
国家级	17	食品科学与工程、生物工程、工业设计、纺织工程、自动化、化学工程与工艺、制药工程、高分子材料与工程、环境工程、服装设计与工程、生物技术、物联网工程、视觉传达设计、服装与服饰设计、公共艺术、产品设计、数字媒体艺术
省级（直辖市）	15	化学工程与工艺、高分子材料与工程、计算机科学与技术、视觉传达设计、公共艺术、数字媒体艺术、环境设计、包装工程、环境工程、微电子科学与工程、电气工程及其自动化、应用化学、食品质量与安全、教育技术学（师范）、小学教育（师范）

注：具体专业介绍可通过优志愿查询。

（5）报考建议

　　江南大学是一所实力大于名气的高校，在师资力量、科研水平、学科实力等各方面都很强。因为自身集合了不少领域优秀的教师，江大的顶尖学科的数量很多，完全不输"985工程"院校，除了轻工、食品和设计类这些专业，像生物工程、物联网等都是很值得报考的。近年来，该校医学院受到大力扶持，发展情况也很好。值得一提的是，该校竞赛资源丰富，学校会赞助本科生的创新项目，这些经历不仅能锻炼各位有意向的学生，对保研、出国留学、工作都有很大帮助。

总体来说，江南大学作为一所老牌"211工程"院校，因受到名字影响，报考竞争力相对较小，学生如果对它的优势学科感兴趣的话，江南大学是很值得报考的。

4　西北大学

学科实力：★★★★⯨
就业指数：★★★☆☆
升学指数：★★★★☆
报考难度：★★★★☆

（1）学校介绍

1902年	公办	综合	省政府	本科	陕西　西安市	37/18个	24个

西北大学并非因名字"不正经"而被误解，而是因为它常被学生误以为在很偏僻的地区。实际上，西北大学地处陕西省西安市，那里文化气息浓厚，更是新一线城市，是不少学生向往的读大学的地方。

西北大学是国家"双一流""211工程"建设院校，肇始于1902年的陕西大学堂和京师大学堂速成科仕学馆，拥有顶尖的考古学专业，更是有"中华石油英才之母""经济学家的摇篮""作家摇篮"之称，可见其学科实力有多强劲。西北大学的科研实力强，学习氛围浓厚，学校里也经常举办各类讲座，老师的学术水平也很高，而且对学生非常负责。

（2）"双一流"学科

数量	学科
2	考古学、地质学

（3）学科评估（第四轮）

专业评级	数量	专业
A	2	A+：考古学 A-：理论经济学
B	15	B+：世界史、化学、地质学、化学工程与技术、软件工程 B：中国语言文学、中国史、数学、物理学、地理学、生物学、科学技术史、生态学、地质资源与地质工程 B-：计算机科学与技术
C	9	C+：应用经济学、新闻传播学、统计学、城乡规划学 C：外国语言文学 C-：光学工程、电子科学与技术、信息与通信工程、环境科学与工程

注：最新学科评估资讯及专业资讯，可通过优志愿查询。

（4）特色专业

专业层次	数量	专业
国家级	13	地质学、化学、经济学、资源勘查工程、历史学、物理学、中药学、汉语言文学、考古学、资源环境与城乡规划管理、光信息科学与技术、过程装备与控制工程、行政管理
省级（直辖市）	17	地质学、化学、经济学、文物保护技术、历史学、中药学、物理学、过程装备与控制工程、汉语言文学、考古学、资源环境与城乡规划管理、行政管理、数学与应用数学、光信息科学与技术、生物科学、地理信息系统、材料化学

注：具体专业介绍可通过优志愿查询。

（5）报考建议

很多人都觉得西北大学没落了，因为办学经费一直是它的硬伤，更被调侃为"中国最穷的大学"。不过近几年随着陕西省经济的发展，它的办学经费正在逐步提升，虽不及同省市的"985 工程"高校，但还是能够得到基本保障的，想要报考的学生无须担心这点。

关于学科方面，西北大学的文科最强，理科其次，工科相对弱一些，它的人文社会科学在科研领域具有很高的地位，很适合想报考文科的学生。西北大学作为国家重点大学，在当地的认可度是极高的，尤其是它的考古学专业，学校和敦煌有直接的合作，名声在行业内更是无人不知，就业情况非常可观。

5　西北农林科技大学

学科实力：★★★★☆

就业指数：★★★☆☆

升学指数：★★★★☆

报考难度：★★★★☆

（1）学校介绍

| 1934年 | 公办 | 农林 | 教育部 | 本科 | 陕西　咸阳市 | 28/17 个 | 16/2 个 |

"西北""农林"，还有"科技"，如果前两个词只是让学生心生退却，那么再加上"科技"二字，就让人觉得这个学校更像是一所"不正经"的专科学校了。实际上，西北农林科技大学可是一所名副其实的"985 工程"大学。

西北农林科技大学位于陕西省咸阳市杨凌区，杨凌是国家级别的高新园区、中华民族农耕文明发源地之一，学校于 1934 年创建，是西北地区最早的高等农林教育学府。得益于地理位置的优势，西北农林科技大学拥有很多动植物相关的研究所和培育基地，这些得天独厚的"硬件"条件，是其他位于城市里的农林类院校所不能比的。

（2）"双一流"学科

数量	学科
2	植物保护、畜牧学

（3）学科评估（第四轮）

专业评级	数量	专业
A	1	A-：林学
B	15	B+：生物学、生态学、农业工程、食品科学与工程、作物学、园艺学、农业资源与环境、兽医学、畜牧学、植物保护、草学、农林经济管理 B：风景园林学 B-：水利工程、环境科学与工程
C	4	C：社会学、计算机科学与技术 C-：化学工程与技术、轻工技术与工程

注：最新学科评估资讯及专业资讯，可通过优志愿查询。

（4）特色专业

专业层次	数量	专业
国家级	12	林学、食品科学与工程、生物技术、植物保护、动物科学、动物医学、水土保持与荒漠化防治、农林经济管理、园艺、农学、农业水利工程、生物科学

注：具体专业介绍可通过优志愿查询。

（5）报考建议

　　西北农林科技大学有一个"硬伤"就是地理位置偏僻，但随着交通越来越发达，去西安市最快坐高铁45分钟就能到达，地理上的劣势也不再明显。西北农林科技大学的学科实力强，像植物学、农学、林业、园艺等这些专业在行业内都是翘楚，葡萄酒专业更是在亚洲首屈一指，而且保研率也很高，像生物技术、动物医学等专业推免率会更可观。此外，西北农林科技大学是不少省份的定向选调或是普通选调范围内的高校。

西北农林科技大学归根结底是一所"985 工程"大学，如果你喜欢农林、喜欢科研，未来想要从事相关工作，对城市没有很高要求；又或者你未来想进体制内工作，分数不是特别高的情况下，它是一个非常好的选择。

6　长安大学

学科实力：★★★★☆
就业指数：★★★★★
升学指数：★★★★☆
报考难度：★★★☆☆

（1）学校介绍

| 1951年 | 公办 | 理工 | 教育部 | 本科 | 陕西　西安市 | 33/19 个 | 9/1 个 |

长安大学的名字是不是听起来像极了民办高校？但其实了解历史的人都知道，"长安"是"西安"的古称，所以"长安"这个词在现在看来就显得很陌生了。实际上，长安大学是名副其实的"211 工程""双一流"建设高校。2000 年，西安公路交通大学、西安工程学院、西北建筑工程学院三校合并，组建成了如今的长安大学。

公路交通是个"慢工出细活"的领域，长安大学之所以被誉为交通行业的"黄埔军校"，与它这 70 余年来的不断打磨密不可分。但随着时代的变更，传统工科逐渐没落，长安大学在此背景下不断改进，对本校专业进行了改革和升级，打造了不少顺应时代的新工科专业。

（2）"双一流"学科

数量	学科
1	交通运输工程

（3）学科评估（第四轮）

专业评级	数量	专业
B	7	B+：地质资源与地质工程、交通运输工程 B：土木工程、测绘科学与技术 B-：机械工程、环境科学与工程、城乡规划学
C	9	C+：马克思主义理论、计算机科学与技术 C：水利工程、工商管理、公共管理 C-：力学、材料科学与工程、建筑学、软件工程

注：最新学科评估资讯及专业资讯，可通过优志愿查询。

（4）特色专业

专业层次	数量	专业
国家级	10	机械设计制造及其自动化、机械电子工程、交通运输、资源勘查工程（含油气方向）、交通工程、水文与水资源工程、车辆工程、能源与动力工程、汽车服务工程、地质学
省级（直辖市）	5	会计学、地理信息科学、物流工程、汽车服务工程、电气工程及其自动化

注：具体专业介绍可通过优志愿查询。

（5）报考建议

　　长安大学以理工科见长，行业特色明显，像公路交通、道路桥梁、汽车制造这类专业尤其突出。这些专业本科毕业后就能找到合适对口的工作，所以长安大学一直保持着很高的就业率，其中更是有近半数的毕业生去了世界 500 强企业。从资源上看，长安大学为学生提供了很好的平台——"车联网与智能汽车试验场"，这是国内所有高校中独有的。

　　总体来说，长安大学适合理工科强、看重就业的学生报考，尤其是想从事汽车、建筑、机械等行业的学生。

7　集美大学

学科实力：★★★⯪☆
就业指数：★★★★☆
升学指数：★★★☆☆
报考难度：★★★☆☆

（1）学校介绍

1918 年	公办	综合	省政府	本科	福建　厦门市	15/18 个	4 个

　　集美大学经常被误以为是民办大学，但其实"集美"这个名字是由爱国华侨领袖陈嘉庚先生起的，除了指厦门市的集美区，更有"集天下之美"的寓意。学校最早可以追溯到 1918 年创办的集美学校师范部和 1920 年创办的集美学校水产科、商科，迄今已有 100 多年的历史。

　　集美大学校园环境优美，师资力量和科研水平也很不错，综合实力在福建省排名前列，学校的水产类专业在行业内的知名度很高，航海技术、轮机工程等专业也相当出色，还是大陆唯一一获交通运输部海事局批准，具有开展台湾船员适任培训资格的院校。

（2）学科评估（第四轮）

专业评级	数量	专业
C	4	C+：食品科学与工程、水产 C-：体育学、数学

　　注：最新学科评估资讯及专业资讯，可通过优志愿查询。

（3）特色专业

专业层次	数量	专业
国家级	4	轮机工程、财政学、航海技术、水产养殖学
省级（直辖市）	10	水产养殖学、食品科学与工程、轮机工程、财政学、法学、航海技术、计算机科学与技术、会计学、民族传统体育、热能与动力工程

注：具体专业介绍可通过优志愿查询。

（4）报考建议

　　集美大学虽然是一所普通本科院校，但在当地有一定的认可度，王牌专业非常出色。除水产、航海和轮机工程这类比较出名的专业外，集美大学的财经类、计算机类专业也很突出。当然报考相关专业的学生也很多，竞争压力不小。集美大学的前身是大专，因此该校是典型的应用型大学，重视实践能力的培养，加之厦门的地理优势，就业率还是很可观的。

　　升学方面，集美大学是从2017年才开始有保研名额的，所以保研率相对一般，想要读研的学生需要更多地依靠自身的努力才行。当然集美大学的学习氛围相当不错，老师对学生也尽心尽力，这点也很利于考研。

　　总体来说，集美大学的综合实力在全国处于一个中等偏上的水平，学科优势突出，地理位置也很不错，适合中等生报考。

8　中北大学

学科实力：★★★★☆
就业指数：★★★★☆
升学指数：★★★☆☆
报考难度：★★★☆☆

（1）学校介绍

| 1941年 | 公办 | 理工 | 省政府 | 本科 | 山西 太原市 | 硕 25/13个 | 博 7/2个 |

很多学校都会以地区方位命名，然而并没有"中北"这个方位，所以中北大学的名字让很多学生觉得是民办大学，也很难判断它的所在地。其实中北大学位于山西省太原市，学校最早可以追溯到 1941 年八路军总司令部在太行抗日根据地创办的第一所兵工学校，被誉为"人民兵工第一校"。

中北大学是一所极具鲜明国防军工特色的研究型大学，工科实力强，其中兵器类、机械类、测控类专业都十分突出，为我国的航天事业做出了不少贡献。学校的位置虽然比较偏，但面积非常大，环境优美，依山傍水，学习和生活氛围都很好。

（2）学科评估（第四轮）

专业评级	数量	专业
B	5	B+：仪器科学与技术 B：信息与通信工程 B-：机械工程、材料科学与工程、化学工程与技术
C	5	C：数学、计算机科学与技术、安全科学与工程 C-：电子科学与技术、兵器科学与技术

注：最新学科评估资讯及专业资讯，可通过优志愿查询。

（3）特色专业

专业层次	数量	专业
国家级	6	测控技术与仪器、安全工程、电子信息工程、特种能源工程与烟火技术、弹药工程与爆炸技术、材料成型及控制工程
省级（直辖市）	6	武器系统与工程、机械设计制造及其自动化、过程装备与控制工程、高分子材料与工程、通信工程、光电信息科学与工程

注：具体专业介绍可通过优志愿查询。

（4）报考建议

中北大学在山西众多高校中，综合实力名列前茅，在北方有一定的知名度。但在南方，很多学生甚至都不知道这所大学的存在，加之中北大学作为一所军工院校又十分低调，所以报考的竞争压力不大。中北大学的优势学科鲜明，在兵器、航空航天行业都属于佼佼者，毕业生的就业情况良好，大多都是中国兵器集团、航天院下的研究所、公司等。

总体而言，中北大学以工科见长，在"四非"院校里相当有优势，在军工、仪器、航天等工科类行业内有一定的影响力。对于毕业后想要直接就业的学生来说，中北大学是个不错的选择。但由于地理位置相对偏僻，不建议想去大城市的学生报考。

六、中外合作类院校

经中国教育部批准，具有独立法人资格和独立校园的中外合作大学共有 9 所，它们被称为"中外合作大学联盟"。这些独立院校的培养模式灵活，海外项目丰富，接下来就为大家介绍这 9 所大学。

1　宁波诺丁汉大学	学科实力：★★★★☆
	就业指数：★★★★☆
	升学指数：★★★★☆
	报考难度：★★★★☆

（1）学校介绍

2004 年	中外 / 港澳	综合	省教育厅	本科	浙江　宁波市	硕 12 个

　　宁波诺丁汉大学位于浙江省宁波市，成立于 2004 年，由浙江万里学院、英国诺丁汉大学合作创办，毕业生可以拿到双学士学位证书。宁诺的校园环境很好，学校虽然不是很大，设施却非常高级和齐全，教学区的建筑风格和格局也独具英国特色。沿袭了英式教育模式，宁诺以全英语小班授课，师资背景雄厚，外籍教师占比更是高达 70%。学校也很支持培养学生的创新能力，每年都会给社团拨大量资金。

（2）报考建议

宁波诺丁汉大学优势突出，学生发展自由度高，因此学校的生源质量相当好，学校录取分数很高，超过了不少"211工程"院校。其中，英语高考成绩要求至少不得低于115分。所以对报考考生来讲，英语成绩好是前提。

宁诺的学科实力很强，尤其是经济学类、电气类专业都很值得报考。学校在国内，甚至在国际上的认可度都是极高的。选择出国深造的毕业生中，有一部分学生被牛津、剑桥等全球顶尖的高校录取；选择就业的毕业生中，大部分也成功进入了"世界500强"企业和一些中外知名企业。

考生可以直接通过高考统招的方式报考宁诺，浙江省的学生也可以通过"三位一体"综合评价报考。学校的学制按照不同专业会分为两种模式：四年制都在宁波就读，大三的时候有参加海外交流的机会；"2+2"模式的学生在大三时需前往英国诺丁汉大学就读。大陆生就读宁诺的学费是每学年10万元人民币，而"2+2"专业的学生，后两年的学费需要根据英诺学费收取。

宁诺的报考难度大，学费也不低，学校深造率极高，对于想要出国留学的学生来说，是个非常好的跳板。

2　北京师范大学
——香港浸会大学联合国际学院

学科实力：★★★★☆
就业指数：★★★★☆
升学指数：★★★★☆
报考难度：★★★★☆

（1）学校介绍

| 2005 年 | 中外 / 港澳 | 综合 | 省教育厅 | 本科 | 广东　珠海市 |

北京师范大学——香港浸会大学联合国际学院位于广东省珠海市，成立于2005年，由北京师范大学、香港浸会大学合作创办，毕业生可以拿到双学士学位证书。考生可以直接通过高考统招的方式报考北师港浸大，广东省的学生也可以

通过综合评价报考。学校的学制均为 4 年制，普通类专业学费是每学年 9 万元人民币，音乐表演专业学费是每学年 10.8 万元人民币。

香港浸大的传理学院是亚洲顶尖的，北师港浸大能够优先享有它的教学资源，所以新闻学专业同样很强。此外，它的工商管理和会计专业也非常强势。

北师港浸大校园风景宜人，在教学硬件设施方面的资金投入很大，不少专业都有独立的机房和相关器材等，是学习和生活的绝佳之地。

（2）报考建议

北师港浸大在国际上的认可度很高，录取难度也不低，其中高考英语的单科成绩要求不得低于 100 分，不同专业对英语和数学的成绩要求也有细微差别，报考前需要仔细阅读学校的《招生章程》。

目前，北师港浸大已经与国外的 50 多所高校建立了合作关系，以便于学生体验国际化的教育和文化。学校的师资力量和科研实力都很强，提供的是全英语的教学环境，学习任务量大，但周期却很短，所以在这里学习的压力大到可以与一些企业相提并论，需要学生有很强的抗压能力。

该校毕业生的出国率相当高，考进世界名校的也不在少数，对于想出国留学的学生，推荐报考北师港浸大。

3　西交利物浦大学

学科实力：★★★★☆
就业指数：★★★★★
升学指数：★★★★★
报考难度：★★★★☆

（1）学校介绍

| 2006 年 | 中外 / 港澳 | 综合 | 省教育厅 | 本科 | 江苏 苏州市 | 硕 53 个 | 博 16 个 |

西交利物浦大学位于江苏省苏州市，成立于 2006 年，由西安交通大学、英国利物浦大学合作创办，是两所理工科强校之间的强强联合，办学规模大，它的

建筑学、电气工程、商科等都是非常强势的专业。学校地处苏州，交通便利，校园环境优美，硬件设施条件好，相对于国内的传统大学，西浦更强调对学生自主学习能力的培养。

（2）报考建议

西交利物浦大学在社会上的评价褒贬不一，知名度和认可度不算特别高，但仅看本科生的深造情况和硕博生的就业情况，还是相当不错的。学校虽然没有对高考英语的单科成绩设置门槛，但除了公共基础课程外，采用的都是全英语授课，这对学生的英语水平同样有一定要求。

考生可以直接通过高考统招的方式报考西浦，江苏省和广东省的考生也可以通过综合评价报考，2021年该校也开放了自主招生。学校的学制按照不同专业会分为两种模式："4+X"模式都在本部就读；"2+2"模式的学生前两年在西浦学习，后两年需前往英国利物浦大学完成学业。就读西浦的学费是每学年8.8万元人民币，而"2+2"专业的学生，后两年的学费根据英浦学费收取。

值得一提的是，西浦整体是英式的教育模式，自由和开放是最大的特点，这便需要学生非常强的学习自控力。对于未来想出国，但是成绩在中等水平的学生，如果你的家庭条件还不错，有目标也愿意努力，西浦会是一个很好的选择。

4　上海纽约大学

学科实力：★★★★☆
就业指数：★★★★☆
升学指数：★★★★☆
报考难度：★★★★★

（1）学校介绍

2012年　　中外/港澳　　综合　　市教委　　本科　　上海　浦东新区

上海纽约大学位于上海市浦东新区，成立于2012年，由华东师范大学、美国纽约大学合作创办，毕业生可以拿到双学士学位证书。学校的学制都是四年制，第一、二学年学费每年人民币 20 万元，第三、四学年学费每年人民币 23 万元。

上海纽约大学以小而精为特色，师生比保持在 1∶8 以内，小班教学的优势非常明显，授课的教材和内容与美国纽约大学本部直接接轨，采用的是全英语授课。上海纽约大学开设的学科不多，其中金融学类专业尤为突出，所有人均资源比本部更多，师生之间的关系也更紧密。学校的学术氛围浓厚，在学习和生活方面的自由度都很高。

（2）报考建议

上海纽约大学为了保证教学质量，严格把控师生比，每年招生人数控制在 200 多人，近年来申请的学生人数屡创新高，竞争也愈发激烈，报考分数也基本稳定在特殊类型资格线左右，录取难度很高。

考生需通过结合高考、高中学业成绩、"校园日活动"评价的方式报考上海纽约大学，其中"校园日活动"是上纽首创的招生录取重要环节，用于考查学生的语言能力、综合素质、与学校的适配度。

上海纽约大学的师资教学水平是相当顶尖的，教育理念也非常先进和国际化的，但不少学生很难接受这种教学模式，报考前可以详细了解再做决定。得力于地理位置的优势，上海纽约大学坐落于浦东陆家嘴金融贸易区，就业机会多，也更利于培养学生的国际视野。毕业生中选择就业的大部分学生都进入了名企，出国深造的部分学生也被一些世界顶级的大学录取。

5　昆山杜克大学	学科实力：★★★★☆ 就业指数：★★★☆☆ 升学指数：★★★★⯪ 报考难度：★★★★⯪

（1）学校介绍

2013 年	中外／港澳	综合	省教育厅	本科	江苏　昆山市

昆山杜克大学位于江苏省昆山市，成立于 2013 年，由武汉大学、美国杜克大学合作创办，毕业生可以拿到双学士学位证书。

昆山杜克大学是国内"双一流"高校与美国 top10 大学的强强联合，综合实力在中外合作院校中是顶尖的，管理模式和教育理念都很先进。2018 年，学校迎来了首批本科生，遵循通识博雅教育原则，师生比约 1 ：7，全英语小班授课，师资团队非常强，主要由杜克大学教授及昆杜在全球招募的教授组成。

在专业方面，本科阶段开设不到 20 个，而且以理科为主，但这些专业既涵盖跨学科内容，又结合了各领域知识点，对学生未来就业或学术研究都有很大的帮助。另外，学校非常人性化，对学生提出的建议有求必应，这点是大多数学校不能企及的。

（2）报考建议

昆山杜克大学虽然成立时间很短，但在社会上的知名度还是比较不错的。学校采用的是全英语授课，所以对学生的英语能力要求比较高。学生可以在大二时找到自己感兴趣的方向后再确定专业，大三时还能前往美国杜克大学交流学习。

学校对学生的招生方式是通过"5-4-1"模式（50% 高考成绩 +40% 学校自主综合评估 +10% 高中学业水平考试成绩）进行综合评分的，每学年的学费是 17 万元人民币。

总体来说，昆山杜克大学的录取难度比较高，竞争压力较大，学费也不低，适合家里有一定经济基础、英语成绩好、未来有留学计划的同学报考。

6　香港中文大学（深圳校区）

学科实力：★★★★☆
就业指数：★★★★★
升学指数：★★★★★
报考难度：★★★★★

（1）学校介绍

2014 年　　中外／港澳　　综合　　省教育厅　　本科　　广东　深圳市

香港中文大学（深圳校区）位于广东省深圳市，成立于 2014 年，由深圳大学、香港中文大学合作创办，毕业生可以拿到双学士学位证书。

港中深以中英双语为教学语言，专业课为全英语小班授课，师资力量雄厚，具备国际水准，其中 95% 以上的教师来自美国、新加坡及中国香港等地的一些名校，具有在国际一流高校执教或研究的工作经验，吸引了不少学生报考。书院制是港中深的一大特色，目前学校共有四所书院，所有学生分别隶属于其中一所，促进了不同学院和专业师生之间的交流。

（2）报考建议

港中深非常重视本科教育，在以学生为本这件事上，与传统学校大有不同，做到了一所大学能给学生的最大限度的自由，比如选专业、安排课程等，这就很考验学生的自我管理能力和自主学习能力。与之相应地，有很多资源更需要他们主动去争取。当然这种环境并不适用于所有学生，而是更适合具备自我规划能力和执行能力强的学生。

港中深也很适合未来有计划到国外读研的学生，学校与国外一些名校均有合作，也有海外学校的交换名额，能为学生提供不少资源和指导。

考生可以直接通过高考统招、自主招生、外语类保送生招生的方式报考港中深，粤浙沪鲁闽苏六省市学生需通过"631综合测评"报考。就读港中深的学费是每学年 9.5 万元人民币，家庭经济条件不好的同学需要谨慎报考。

7　温州肯恩大学

学科实力：★★★☆☆
就业指数：★★★★☆
升学指数：★★★★★
报考难度：★★★☆☆

（1）学校介绍

2014年　中外/港澳　综合　省教育厅　本科　浙江 温州市　8个　3个

温州肯恩大学位于浙江省温州市，成立于 2014 年，由温州大学、肯恩大学合作创办，毕业生可以拿到双学士学位证书。

温肯建校时间虽短，但深受教育部重视，发展也很快，教师由美国肯恩大学选派和全球招聘，师资力量强。学校采用的是全英语小班教学，90% 以上的课程均使用美国的原版教材，非常注重师生互动，也会安排学生去往美国肯恩大学学习交流。"为不同的学生找不同的发展方向"是温肯大学的办学理念，主要体现在两点：第一，学生可以在入学一年内自由转专业；第二，学生可以自由选择在国内或者美国就读，非常人性化。

（2）报考建议

对于大学来说，良好的生活环境和学习氛围都相当重要，而温肯这两点都能满足，学校环境优美，住宿条件、硬件设施都很完善，学习氛围浓厚，图书馆也经常出现满座的现象，但同时学习的压力也很大。

考生可以直接通过高考统招的方式报考温肯，浙江省的学生也可以通过"三位一体"综合评价报考该校。学校的学制都是四年制，普通类学费每年人民币 6.5 万元，美术类学费每年人民币 6.8 万元。学校采取的是全英语教学，对高考英语单科成绩有要求，每个专业的门槛也不相同，更适合英语水平高的学生报考。

温州肯恩大学的认可度高，尤其是国外的高校，这对于想要申请国外研究生的学生非常有利。

如果想要报考该校，它的金融学、英语、计算机科学与技术等专业都是值得优先选择的专业。

8 深圳北理莫斯科大学

学科实力：★★★☆☆
就业指数：★★★★✦
升学指数：★★★★✦
报考难度：★★★☆☆

（1）学校介绍

2016 年　　中外／港澳　　理工　　省政府　　本科　　广东　深圳市　　9 个　　2 个

深圳北理莫斯科大学位于广东省深圳市，成立于2016年，由北京理工大学、莫斯科罗蒙诺索夫国立大学合作创办，毕业生可以拿到双学士学位证书。

深北莫实行的是以俄语为主，中英语并存的教学模式，国际化教学突出。莫斯科罗蒙诺索夫国立大学成立250多年，是现今俄罗斯第一学府，深北莫有超过80%的老师均由此引进。学校采取1：10师生比的精英班授课方式，确保了每个学生的教学质量。此外，深北莫的校园环境优美，依山傍水，更是获得了中国建设工程鲁班奖，为学生提供了更舒适的学习生活环境。

（2）报考建议

深圳北理莫斯科大学的第一语言是俄语，所有学生在进校的1～2年时间，基本都在以适应和学习俄语为主，这是和其他大学差距最明显的地方。也正因如此，大三、大四的课程安排会很紧张，需要学生有足够强的自律性和抗压能力。

深北莫以理工科见长，电子与计算机工程、数学、材料科学等专业尤为突出。得益于学校所在地深圳云集了信息产业，计算机专业的毕业生的就业情况也非常可观。

最后，如果你想要报考深北莫，对俄语感兴趣是首要条件，同时在学习方面也要有很强的自我驱动力。学生需要通过参加学校的"6：3：1"综合评价模式报考深北莫，学费是每学年4万元人民币。

9　广东以色列理工学院

学科实力：★★★☆☆
就业指数：★★★★☆
升学指数：★★★★☆
报考难度：★★★☆☆

（1）学校介绍

2016年　　中外/港澳　　理工　　省政府　　本科　　广东　汕头市

广东以色列理工学院位于广东省汕头市，成立于 2016 年，由汕头大学、以色列理工学院合作创办，毕业生可以拿到双学士学位证书。

广东以色列理工学院的科研实力和师资力量都很强，汕头市政府为其投入了大量资金来建设高水准的实验室，教师均采取全球招募的方式，其中 60% 的老师来自以色列理工学院。学生从大二开始就能进入老师的科研组或实验室，学术氛围远超国内不少大学。学校采取的是英语小班授课的教学模式，师生比在 1：10，确保了老师对每个学生都能因材施教。

（2）报考建议

广东以色列理工学院在国外的认可度很高，这对未来想出国读研的学生而言非常有利，但学生的就业相对薄弱，这与学校的位置相对比较偏、汕头市的产业不够聚集、企业少、学生能够实习的机会不多有很大关系。学校的教学态度是严格而谨慎的，这带给学生巨大的学习压力，对学生的抗压能力是很大的挑战。

如果你的家庭条件足够好，想学理工科，但分数离"985 工程""211 工程"大学有一定差距，可以考虑报考该校。学校的生物技术、材料科学与工程、化学工程等专业都很优秀。考生可以直接通过高考统招的方式报考该校，其中英语单科成绩须不低于 100 分，部分专业对数学单科成绩也有门槛，学费是每学年 9.5 万元人民币。

第二章

我的专业我做主

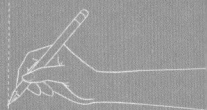

一、13 大学科门类及专业介绍

1　13 大学科门类及专业概要 ✎

　　很多考生和家长在填报专业前，甚至都不知道有哪些专业可以选择，这让他们错失了很多本可以报考的好专业。下面，我们将为大家介绍 13 大学科门类及其专业，为需要的考生和家长提供帮助。

（1）学科门类 1：哲学

一级学科	专业数量	专业
哲学类	4	哲学、逻辑学、宗教学、伦理学

（2）学科门类 2：经济学

序号	一级学科	专业数量	专业
1	经济学类	9	经济学、经济统计学、国民经济管理、资源与环境经济学、商务经济学、能源经济、劳动经济学、经济工程、数字经济
2	财政学类	2	财政学、税收学
3	金融学类	10	金融学、金融工程、保险学、投资学、金融数学、信用管理、经济与金融、精算学、互联网金融、金融科技

序号	一级学科	专业数量	专业
4	经济与贸易类	2	国际经济与贸易、贸易经济

（3）学科门类 3：法学

序号	一级学科	专业数量	专业
1	法学类	7	法学、知识产权、监狱学、信用风险管理与法律防控、国际经贸规则、司法警察学、社区矫正
2	政治学类	7	政治学与行政学、国际政治、外交学、国际事务与国际关系、政治学、经济学与哲学、国际组织与全球治理
3	社会学类	7	社会学、社会工作、人类学、女性学、家政学、老年学、社会政策
4	民族学类	1	民族学
5	马克思主义理论类	4	科学社会主义、中国共产党历史、思想政治教育、马克思主义理论
6	公安学类	22	治安学、侦查学、边防管理、禁毒学、警犬技术、经济犯罪侦查、边防指挥、消防指挥、警卫学、公安情报学、犯罪学、公安管理学、涉外警务、国内安全保卫、警务指挥与战术、技术侦查学、海警执法、公安政治工作、移民管理、出入境管理、反恐警务、消防政治工作

（4）学科门类 4：教育学

序号	一级学科	专业数量	专业
1	教育学类	13	教育学、科学教育、人文教育、教育技术学、艺术教育、学前教育、小学教育、特殊教育、华文教育、教育康复学、卫生教育、认知科学与技术、融合教育
2	体育学类	13	体育教育、运动训练、社会体育指导与管理、武术与民族传统体育、运动人体科学、运动康复、休闲体育、体能训练、冰雪运动、电子竞技运动与管理、智能体育工程、体育旅游、运动能力开发

（5）学科门类 5：文学

序号	一级学科	专业数量	专业
1	中国语言文学类	9	汉语言文学、汉语言、汉语国际教育、中国少数民族语言文学、古典文献学、应用语言学、秘书学、中国语言与文化、手语翻译
2	外国语言文学类	62	英语、俄语、德语、法语、西班牙语、阿拉伯语、日语、波斯语、朝鲜语、菲律宾语、梵语巴利语、印度尼西亚语、印地语、柬埔寨语、老挝语、缅甸语、马来语、蒙古语、僧伽罗语、泰语、乌尔都语、希伯来语、越南语、豪萨语、斯瓦希里语、阿尔巴尼亚语、保加利亚语、波兰语、捷克语、斯洛伐克语、罗马尼亚语、葡萄牙语、瑞典语、塞尔维亚语、土耳其语、希腊语、匈牙利语、意大利语、泰米尔语、普什图语、世界语、孟加拉语、尼泊尔语、克罗地亚语、荷兰语、芬兰语、乌克兰语、挪威语、丹麦语、冰岛语、爱尔兰语、拉脱维亚语、立陶宛语、斯洛文尼亚语、爱沙尼亚语、马耳他语、哈萨克语、乌兹别克语、祖鲁语、拉丁语、翻译、商务英语
3	新闻传播类	8	新闻学、广播电视学、广告学、传播学、编辑出版学、网络与新媒体、数字出版、时尚传播

（6）学科门类 6：历史学

一级学科	专业数量	专业
历史学类	8	历史学、世界史、考古学、文物与博物馆学、文物保护技术、外国语言与外国历史、文化遗产、古文字学

（7）学科门类 7：理学

序号	一级学科	专业数量	专业
1	数学类	4	数学与应用数学、信息与计算科学、数理基础科学、数据计算及应用
2	物理学类	6	物理学、应用物理学、核物理、声学、系统科学与工程、量子信息科学
3	化学类	6	化学、应用化学、化学生物学、分子科学与工程、能源化学、化学测量学与技术
4	天文学类	1	天文学
5	地理科学类	4	地理科学、自然地理与资源环境、人文地理与城乡规划、地理信息科学
6	大气科学类	3	大气科学、应用气象学、气象技术与工程
7	海洋科学类	4	海洋科学、海洋技术、海洋资源与环境、军事海洋学
8	地球物理学类	3	地球物理学、空间科学与技术、防灾减灾科学与工程
9	地质学类	4	地质学、地球化学、地球信息科学与技术、古生物学
10	生物科学类	6	生物科学、生物技术、生物信息学、生态学、整合科学、神经科学
11	心理学类	2	心理学、应用心理学

序号	一级学科	专业数量	专业
12	统计学类	2	统计学、应用统计学

（8）学科门类8：工学

序号	一级学科	专业数量	专业
1	力学类	2	理论与应用力学、工程力学
2	机械类	19	机械工程、机械设计制造及其自动化、材料成型及控制工程、机械电子工程、工业设计、过程装备与控制工程、车辆工程、汽车服务工程、机械工艺技术、微机电系统工程、机电技术教育、汽车维修工程教育、智能制造工程、智能车辆工程、仿生科学与工程、新能源汽车工程、增材制造工程、智能交互设计、应急装备技术与工程
3	仪器类	3	测控技术与仪器、精密仪器、智能感知工程
4	材料类	17	材料物理、材料化学、冶金工程、金属材料工程、无机非金属材料工程、高分子材料与工程、复合材料与工程、材料科学与工程、粉体材料科学与工程、宝石及材料工艺学、焊接技术与工程、功能材料、纳米材料与技术、新能源材料与器件、材料设计科学与工程、复合材料成型控制、智能材料与结构
5	能源动力学类	5	能源与动力工程、能源与环境系统工程、新能源科学与工程、储能科学与工程、能源服务工程
6	电气类	8	电气工程及其自动化、智能电网信息工程、光源与照明、电气工程与智能控制、电机电器智能化、电缆工程、能源互联网工程、智慧能源工程

序号	一级学科	专业数量	专业
7	电子信息类	20	电子信息工程、电子科学与技术、通信工程、微电子科学与工程、光电信息科学与工程、信息工程、广播电视工程、水声工程、电子封装技术、集成电路设计与集成系统、医学信息工程、电磁场与无线技术、电波传播与天线、电子信息科学与技术、电信工程及管理、应用电子技术教育、人工智能、海洋信息工程、柔性电子学、智能测控工程
8	自动化类	8	自动化、轨道交通信号与控制、机器人工程、邮政工程、核电技术与控制工程、智能装备与系统、工业智能、智能工程与创意设计
9	计算机类	18	计算机科学与技术、软件工程、网络工程、信息安全、物联网工程、数字媒体技术、智能科学与技术、空间信息与数字技术、电子与计算机工程、数据科学与大数据技术、网络空间安全、新媒体技术、电影制作、保密技术、服务科学与工程、虚拟现实技术、区块链工程、密码科学与技术
10	土木类	12	土木工程，建筑环境与能源应用工程，给排水科学与工程，建筑电气与智能化，城市地下空间工程，道路桥梁与渡河工程，铁道工程，智能建造，土木、水利与海洋工程，土木、水利与交通工程，城市水系统工程，智能建造与智慧交通
11	水利类	6	水利水电工程、水文与水资源工程、港口航道与海岸工程、水务工程、水利科学与工程、智慧水利
12	测绘类	5	测绘工程、遥感科学与技术、导航工程、地理国情监测、地理空间信息工程
13	化工与制药类	8	制药工程、资源循环科学与工程、能源化学工程、化学工程与工业生物工程、化工安全工程、涂料工程、化学工程与工艺、精细化工

续表

序号	一级学科	专业数量	专业
14	地质类	7	地质工程、勘查技术与工程、资源勘查工程、地下水科学与工程、旅游地学与规划工程、智能地球探测、资源环境大数据工程
15	矿业类	8	矿工程、石油工程、矿物加工工程、油气储运工程、矿物资源工程、海洋油气工程、智能采矿工程、碳储科学与工程
16	纺织类	5	纺织工程、服装设计与工程、非织造材料与工程、服装设计与工艺教育、丝绸设计与工程
17	轻工类	6	轻化工程、包装工程、印刷工程、香料香精技术与工程、化妆品技术与工程、生物质能源与材料
18	交通运输类	12	交通运输、交通工程、航海技术、轮机工程、飞行技术、交通设备与控制工程、救助与打捞工程、船舶电子电气工程、轨道交通电气与控制、邮轮工程与管理、智慧交通、智能运输工程
19	海洋工程类	5	船舶与海洋工程、海洋工程与技术、海洋资源开发技术、海洋机器人、智慧海洋技术
20	航空航天类	11	航空航天工程、飞行器设计与工程、飞行器制造工程、飞行器动力工程、飞行器环境与生命保障工程、飞行器质量与可靠性、飞行器适航技术、飞行器控制与信息工程、无人驾驶航空器系统工程、智能飞行器技术、空天智能电推进技术
21	兵器类	8	武器系统与工程、武器发射工程、探测制导与控制技术、弹药工程与爆炸技术、特种能源技术与工程、装甲车辆工程、信息对抗技术、智能无人系统技术
22	核工程类	4	核工程与核技术、辐射防护与核安全、工程物理、核化工与核燃料工程

序号	一级学科	专业数量	专业
23	农业工程类	7	农业工程、农业机械化及其自动化、农业电气化、农业建筑环境与能源工程、农业水利工程、土地整治工程、农业智能装备工程
24	林业工程类	5	森林工程、木材科学与工程、林产化工、家具设计与工程、木结构建筑与材料
25	环境工程与科学类	7	环境科学与工程、环境工程、环境科学、环境生态工程、环保设备工程、资源环境科学、水质科学与技术
26	生物医学工程类	4	生物医学工程、假肢矫形工程、临床工程技术、康复工程
27	食品科学与工程类	12	食品科学与工程、食品质量与安全、粮食工程、乳品工程、酿酒工程、葡萄与葡萄酒工程、食品营养与检验教育、烹饪与营养教育、食品安全与检测、食品营养与健康、食用菌科学与工程、白酒酿造工程
28	建筑学类	7	建筑学、城乡规划、风景园林、历史建筑保护工程、人居环境科学与技术、城市设计、智慧建筑与建造
29	安全工程与科学类	3	安全工程、应急技术与管理、职业卫生工程
30	生物工程类	3	生物工程、生物制药、合成生物学
31	公安技术类	12	刑事科学技术、消防工程、交通管理工程、安全防范工程、公安视听技术、抢险救援指挥与技术、火灾勘查、网络安全与执法、核生化消防、海警舰艇指挥与技术、数据警务技术、食品药品环境犯罪侦查技术

（9）学科门类9：农学

序号	一级学科	专业数量	专业
1	植物生产类	16	农学、园艺、植物保护、植物科学与技术、种子科学与工程、设施农业科学与工程、茶学、烟草、应用生物科学、农艺教育、园艺教育、智慧农业、菌物科学与工程、农药化肥、生物农药科学与工程、生物育种科学
2	自然保护与环境生态类	6	农业资源与环境、野生动物与自然保护区管理、水土保持与荒漠化防治、生物质科学与工程、土地科学与技术、湿地保护与恢复
3	动物生产类	7	动物科学、蚕学、蜂学、经济动物学、马业科学、饲料工程、智慧牧业科学与工程
4	动物医学类	6	动物医学、动物药学、动植物检疫、实验动物学、中兽医学、兽医公共卫生
5	林学类	5	林学、园林、森林保护、经济林、智慧林业
6	水产类	4	水产养殖学、海洋渔业科学与技术、水族科学与技术、水生动物医学
7	草学类	2	草业科学、草坪科学与工程

（10）学科门类10：医学

序号	一级学科	专业数量	专业
1	基础医学类	3	基础医学、生物医学、生物医学科学
2	临床医学类	10	临床医学、口腔医学、中医学、中医骨伤、针灸推拿、蒙医学、藏医学、维医学、傣医学、哈医学
3	口腔医学类	1	口腔医学
4	公共卫生与预防医学类	6	预防医学、食品卫生与营养学、妇幼保健医学、卫生监督、全球健康学、运动与公共健康

序号	一级学科	专业数量	专业
5	中医学类	13	中医学、针灸推拿学、藏医学、蒙医学、维医学、壮医学、哈医学、傣医学、回医学、中医康复学、中医养生学、中医儿科学、中医骨伤科学
6	中西医结合类	1	中西医临床医学
7	药学类	8	药学、药物制剂、临床药学、药事管理、药物分析、药物化学、海洋药学、化妆品科学与技术
8	中药学类	6	中药学、中药资源与开发、藏药学、蒙药学、中药制药、中医药栽培与鉴定
9	法医学类	1	法医学
10	医学技术类	13	医学检验技术、医学实验技术、医学影像技术、眼视光学、康复治疗学、口腔医学技术、卫生检验与检疫、听力与言语康复学、康复物理治疗、康复作业治疗、智能医学工程、生物医药数据科学、智能影像工程
11	护理学类	2	护理学、助产学

（11）学科门类 11：军事学

序号	一级学科	专业数量	专业
1	军事思想与军事历史类	2	军事思想、军事历史
2	战略学类	4	军事战略学、战争动员学、军种战略学、国防动员学
3	战役学类	2	联合战役学、军种战役学
4	战术学类	2	合同战术学、兵种战术学

续表

序号	一级学科	专业数量	专业
5	军队指挥学类	7	作战指挥学、军事运筹学、军事通信学、军事情报学、密码学、军事教育训练学、非战争军事行动
6	军事管理学类	3	军事组织编制学、军队管理学、军事法制学
7	军队政治工作学类	4	军队政治工作学原理、部队政治工作学、政治机关工作学、军事任务政治工作
8	军事后勤学类	3	军事后勤学、后方专业勤务、军事装备学
9	军事装备学类	5	军事装备论证学、军事装备实验学、军事装备采购学、军事装备保障学、军事装备管理学
10	军队训练学类	3	联合训练学、军兵种训练学、军事教育学

（12）学科门类 12：管理学

序号	一级学科	专业数量	专业
1	管理科学与工程类	11	管理科学、信息管理与信息系统、工程管理、房地产开发与管理、工程造价、保密管理、邮政管理、大数据管理与应用、工程审计、计算金融、应急管理
2	工商管理类	17	工商管理、市场营销、会计学、财务管理、国际商务、人力资源管理、审计学、资产评估、物业管理、文化产业管理、劳动关系、体育经济与管理、财务会计教育、市场营销教育、零售业管理、创业管理、海关稽查

序号	一级学科	专业数量	专业
3	农林经济管理类	2	农林经济管理、农村区域发展
4	公共管理类	18	公共事业管理、行政管理、劳动与社会保障、土地资源管理、城市管理、海关管理、交通管理、海事管理、公共关系学、健康服务与管理、海警后勤管理、医疗产品管理、医疗保险、养老服务管理、海关检验检疫安全、海外安全管理、自然资源登记与管理、慈善管理
5	图书情报与档案管理类	3	图书馆学、档案学、信息资源管理
6	物流管理与工程类	4	物流管理、物流工程、采购管理、供应链管理
7	工业工程类	3	工业工程、标准化工程、质量管理工程
8	电子商务类	3	电子商务、电子商务及法律、跨境电子商务
9	旅游管理类	4	旅游管理、酒店管理、会展经济与管理、旅游管理与服务教育

（13）学科门类13：艺术学

序号	一级学科	专业数量	专业
1	艺术学理论类	3	艺术史论、艺术管理、非物质文化遗产保护
2	音乐与舞蹈学类	12	音乐表演、音乐学、作曲与作曲技术理论、舞蹈表演、舞蹈学、舞蹈编导、舞蹈教育、航空服务艺术与管理、流行音乐、音乐治疗、流行舞蹈、音乐教育
3	戏剧与影视学类	15	表演、戏剧学、电影学、戏剧影视文学、广播电视编导、戏剧影视导演、戏剧影视美术设计、录音艺术、播音与主持艺术、动画、影视摄影与制作、影视技术、戏剧教育、曲艺、音乐剧

续表

序号	一级学科	专业数量	专业
4	美术学类	13	美术学、绘画、雕塑、摄影、书法学、中国画、实验艺术、跨媒体艺术、文物保护与修复、漫画、纤维艺术、科技艺术、美术教育
5	设计学类	13	艺术设计学、视觉传达设计、环境设计、产品设计、服装与服饰设计、公共艺术、工艺美术、数字媒体艺术、艺术与科技、陶瓷艺术设计、新媒体艺术、包装设计、珠宝首饰设计与工艺

2 这些专业报考受限需注意！

　　所有高三考生在高考前都需要进行体检，以便他们在填报志愿时，根据体检结果避开不适合自己报考的专业。那么，到底哪些专业报考受限呢？下面我们将为大家具体分析。另外，学生和家长在报考前需要根据自己的高考体检结果对照《普通高等学校招生体检工作指导意见》和有意愿报考的院校的《招生章程》，确认自己符合所报院校的专业录取条件和特殊要求，避免因不符合条件被退档。

学校不录取患有下列疾病的考生	1. 严重心脏病 (先天性心脏病经手术治愈，或房室间隔缺损分流量少，动脉导管未闭返流血量少，经二级以上医院专科检查确定无须手术者除外)、心肌病、高血压病
	2. 重症支气管扩张、哮喘、恶性肿瘤、慢性肾炎、尿毒症
	3. 严重的血液、内分泌及代谢系统疾病、风湿性疾病
	4. 重症或难治性癫痫或其他神经系统疾病，严重精神病未治愈、精神活性物质滥用和依赖
	5. 慢性肝炎病人并且肝功能不正常者 (肝炎病原携带者但肝功能正常者除外)

学校不录取患有下列疾病的考生	6. 结核病除下列情况外可以不予录取： a. 原发型肺结核、浸润性肺结核已硬结稳定，结核型胸膜炎已治愈或治愈后遗有胸膜肥厚者； b. 一切肺外结核（肾结核、骨结核、腹膜结核等）血行性播散型肺结核治愈后一年以上未复发，经二级以上医院（或结核病防治所）专科检查无变化者； c. 淋巴腺结核已临床治愈无症状者

有关疾病情况对应不予录取专业	
疾病情况	不予录取的专业
轻度色觉异常（俗称色弱）	1. 以颜色波长作为严格技术标准的化学类、化工与制药类、药学类、生物科学类、公安技术类、地质学类各专业、医学类各专业； 2. 生物工程、生物医学工程、动物医学、动物科学、野生动物与自然保护区管理、心理学、应用心理学、生态学、侦察学、特种能源工程与烟火技术、考古学、海洋科学、海洋技术、轮机工程、食品科学与工程、轻化工程、林产化学、农学、园艺、植物保护、茶学、林学、园林、蚕学、农业资源与环境、水产养殖学、海洋渔业科学与技术、材料化学、环境工程、高分子材料与工程、过程装备与控制工程、学前教育、特殊教育、体育教育、运动训练、运动人体科学、民族传统体育各专业
色觉异常 II 度（俗称色盲）	1. 除同轻度色觉异常外，还包括美术学、绘画、艺术设计、摄影、动画、博物馆学、应用物理学、天文学、地理科学、应用气象学、材料物理、矿物加工工程、资源勘探工程、冶金工程、无机非金属材料工程、交通运输、油气储运工程等专业； 2. 专科专业：与以上专业相同或相近专业

续表

疾病情况	不予录取的专业
不能准确识别红、黄、绿、蓝、紫各种颜色中任何一种颜色的导线、字母、数码、几何图形、信号灯	除同轻度色觉异常、色觉异常Ⅱ度两类列出专业外，还包括经济学类、管理科学与工程类、工商管理类、公共管理类、农业经济管理类、图书档案学类各专业

有关疾病情况对应不宜就读的专业	
疾病情况	不宜就读的专业
主要脏器：肺、肝、肾、脾、胃肠等动过较大手术,功能恢复良好,或曾患有心肌炎、胃或十二指肠溃疡、慢性支气管炎、风湿性关节炎等病史, 甲状腺功能亢进已治愈一年的(不继续恶化)	1. 地矿类、水利类、交通运输类、能源动力类、公安学类、体育学类、海洋科学类、大气科学类、水产类、测绘类、海洋工程类、林业工程类、武器类、森林资源类、环境科学类、环境生态类、旅游管理类、草业科学类各专业，及土木工程、消防工程、农业水利工程、农学、法医学、水土保持与荒漠化防治、动物科学各专业； 2. 专科专业：烹饪工艺、西餐工艺、面点工艺、烹饪与营养、表演、舞蹈学、雕塑、考古学、地质学、建筑工程、交通土建工程、工业设备安装工程、铁道与桥梁工程、公路与城市道路工程、公路与桥梁工程、铁道工程、工业与民用建筑工程专业
屈光不正(近视眼或远视眼, 下同)任何一眼矫正到4.8, 镜片度数大于400度	1. 海洋技术、海洋科学、测控技术与仪器、核工程与核技术、生物医学工程、服装设计与工程、飞行器制造工程； 2. 专科专业：与以上相同或相近专业

续表

疾病情况	不宜就读的专业
任何一眼矫正到4.8，镜片度数大于800度	1. 矿类、水利类、土建类、动物生产类、水产类、材料类、能源动力类、化工与制药类、武器类、农业工程类、林业工程类、植物生产类、森林资源类、环境生态类、心理学类、环境与安全类、环境科学类，电子信息科学类、材料科学类、地质学类、大气科学类，及地理科学、测绘工程、交通工程、交通运输、油气储运工程、船舶与海洋工程、生物工程、草业科学、动物医学各专业； 2. 专科专业：与以上相同或相近专业
一眼失明另一眼矫正到4.8，镜片度数大于400度	工学、农学、医学、法学各专业及应用物理学、应用化学、生物技术、地质学、生态学、环境科学、海洋科学、海洋技术、生物科学、应用心理学等专业
两耳听力均在3米以内或一耳听力在5米另一耳全聋	法学各专业，外国语言文学各专业，及外交学、新闻学、侦查学、学前教育、音乐学、录音艺术、土木工程、交通运输、动物科学、动物医学各专业，医学各专业
嗅觉迟钝、口吃、步态异常、驼背，面部疤痕、血管瘤、黑色素痣、白癜风	教育学类、公安学类各专业以及外交学、法学、新闻学、音乐表演、表演各专业

续表

疾病情况	不宜就读的专业
斜视、嗅觉迟钝、口吃	医学类专业
说明：此部分内容供考生在报考专业志愿时参考。学校不得以此为依据，拒绝录取达到相关要求的考生。	

注 意

　　警校、军校招生的专业选择，以高考体检结论为准。想报考这一类高校的同学，务必在高考体检前完成视力矫正等工作。屈光不正经准分子激光手术后半年以上且无并发症，任何一眼裸眼视力达到 4.9，眼底检查正常，除指挥、装甲、测绘、雷达、水面舰艇、潜艇、潜水、空降、特种作战专业外均为合格，警校相关专业也判定合格。

二、报考热门的专业

很多学生和家长在填报志愿的时候都喜欢关注热门专业，认为报考人数比较多的专业，就业相对也会更靠谱一些。同时热门专业开设的院校也比较多，证明了市场需求相对也比较大。

但是需要注意的是，热门专业由于报考人数很多，想上好学校的相关专业会更难，就业竞争也会很激烈。如果报考的院校实力和名气比较小，毕业后的就业竞争力可能也会弱一些。

因此，报考前还是需要了解清楚这些热门专业的学习内容、培养方向以及就业和升学情况，根据学生自己的兴趣、需求以及分数情况综合考虑，选择真正适合学生本人的专业。

（一）计算机类专业 〉

计算机类专业可以称得上是近年来最热门的专业之一。随着网络技术与互联网行业的快速发展，大家对计算机类专业的认知已经逐渐从"修电脑的"变成"工资很高很有前途的专业"。

当前互联网产业正逐渐从消费互联网向产业互联网覆盖，计算机类专业的毕业生的就业方向也从面向互联网企业演变到可以去不同领域的企事业单位以及政府机关就业，前景非常广阔。该专业短期内需求仍然比较大，但近年来由于各类高校都在增加相关专业的招生，未来计算机类专业的就业竞争也会逐渐增加，用人单位对毕业生的要求也会更高。

不过，随着大数据、物联网等新兴技术的发展和应用，计算机类专业中的一些细分专业正有望成为最有发展前景的专业，新的就业岗位不断应运而生，扩展了该类专业毕业生的就业方向，计算机类专业中的一些细分专业也成为未来最有发展前景的专业。

1 计算机科学与技术 ✎

（1）专业介绍

计算机科学与技术是计算机类专业中的主要专业之一，是一个计算机系统与网络兼顾的计算机学科宽口径专业。

作为计算机类专业中开设最早的专业，它涉及的计算机类知识也是最基础、最全面的，既包含计算机的底层硬件原理，又包括计算机系统和软件的开发维护，部分院校还开设大数据、人工智能等相关课程。可以说它是计算机类专业中学习范围最广、内容最多的专业。

（2）主要课程

计算机组成原理、操作系统、数据库原理、计算机网络、编译原理、数据结构、算法设计与分析、离散数学、概率统计、线性代数、电路原理、模拟电子技术、数字逻辑、数值分析、微型计算机技术、高级语言、图形学、人工智能、计算方法以及人机交互、面向对象方法等。

（3）发展前景

就业：

目前计算机科学与技术专业的就业情况可以说是所有专业中最好的之一。它的专业方向是计算机类专业中最广泛的，基本包含所有涉及计算机的岗位。毕业生既可以从事 IT 产品硬件的研发、生产相关工作，如硬件工程师、硬件架构师、硬件测试工程师等，也可以从事计算机软件相关的工作，如算法工程师、软件开发工程师、软件测试工程师等，还可以深入安全领域，成为信息安全工程师。

很多人对于这些与计算机类专业相关的岗位的传统认知是工作强度比较大，常常加班，但其实这主要取决于公司及部门业务需求的实际情况。例如，我们熟知的程序员，开发岗的工作强度相对较大，但薪资待遇往往也能与之匹配，且职业前景较好；

测试岗和运维岗工作强度相对没有那么大，但薪资待遇相比开发也会低一些。

如果技术水平相对比较薄弱，学生毕业后也可以在积累相关实习经验后去产品部门从事产品经理或者产品设计等岗位，技术专业背景往往使这些求职者在跨专业领域更受重视。

也有一些同学和家长会问，女生学习这类专业就业时会不会受到歧视、女生由于身体原因是不是不适合从事这类工作强度较大的岗位。其实只要你技术过硬，从事相关岗位是完全不会有问题的，甚至一些大型互联网企业尤其是外企会注重男女比例的问题。

但以实际就业情况来看，每年都会有相当数量的女生选择去政府机构、科研单位和事业单位。由于女生本身的沟通能力和语言表达能力更强一些，女生也可以选择互联网行业的测试岗和产品部门的产品经理等相关岗位发挥自己的优势。

▌升学：

随着计算机相关专业的毕业生数量增多，竞争也逐渐变得激烈，招聘单位对学校的层次和学历的要求也不断提升，因此升学是该专业的学生提升自己竞争力的一个很好的途径。

计算机科学与技术专业是计算机类专业中最适合考研的专业，因为它本身的学习内容很广泛，可选择的考研方向非常多，无论是计算机科学与技术，还是软件工程，抑或是大数据、人工智能方向，都可以选择报考。学生在本科学习的知识也可以很好地作为基础来承接研究生阶段更深入的学习。

此外，该专业的学科建设周期相对比较长，整体科研环境会相对好一点。因此，如果有明确的读研计划，计算机科学与技术专业是非常好的选择。

（4）推荐院校

北京大学、清华大学、浙江大学、国防科技大学、北京航空航天大学、北京邮电大学、哈尔滨工业大学、上海交通大学、南京大学、华中科技大学、电子科技大学、北京交通大学、北京理工大学、东北大学、吉林大学、同济大学、中国科学技术大学、武汉大学、中南大学、西安交通大学、西北工业大学、西安电子科技大学、解放军信息工程大学。

（5）报考建议

计算机科学与技术专业本身对数学和逻辑能力要求比较高，适合数学成绩和物理成绩较好、善于逻辑推理及分析的学生就读。

因为专业的课程本身比较难，考生要对计算机的学习和研发感兴趣再选择报考，不要盲目因为专业有发展前景就报考，否则没有强大的兴趣爱好作为支撑的话，在后续的学习、工作过程中学生的心理会比较痛苦。

该专业对于学生的实践能力和动手能力以及创新性的要求都很高，报考前应考虑到这一点。由于计算机行业的特点是技术更新换代速度快，这就要求从业人员需要不断补充新知识，因此想报考的学生还需具备很强的学习能力和钻研精神。

2 软件工程 ✏️

（1）专业介绍

随着我国计算机行业的不断发展，2011年9月软件工程成为与计算机科学与技术同级的一级学科。作为计算机类老牌专业，软件工程也随着计算机类专业热度的上升成为近年来最热门的专业之一。

软件工程专业的课程安排主要集中在软件相关领域，包括软件开发和软件管理等内容，硬件相关课程的减少使得学生精力更为集中。该专业希望培养熟练掌握应用技能的同学，其优势就是会给学生更多项目实践机会，这也使得软件工程专业的学生更容易就业。

对于大多数院校来说，软件工程的录取分略低于计算机科学与技术专业，因此它对于想学习计算机类专业的考生来说，也是性价比很高的一个选择。

（2）主要课程

高等数学、线性代数、高等代数、电子技术基础、离散数学、计算机引论、数据结构、C++程序设计、汇编语言程序设计、算法设计与分析、计算机组成原理与体系结构、数据库系统、计算机网络、软件工程、软件测试技术、软件需求与项目管理、软件设计实例分析等。

（3）发展前景

就业：

软件工程专业本身在培养过程中就更偏向于实践，所以毕业生在就业方面的竞争力很强，就业难易度和薪资待遇可以称得上所有专业中最好的之一。

该专业毕业生具有很强的适应能力，可以在各领域企事业单位以及各级政府的信息化主管部门从事软件技术开发和信息处理等工作。不过最常见的还是进入互联网公司、信息咨询公司，以及金融行业如银行、金融机构等从事软件开发和管理维护工作。

由于软件工程专业直接对口的岗位是软件开发及研究人员，也就是我们俗称的程序员，有部分同学和家长会担心工作后是不是需要天天加班？其实是否需要加班是由单位性质决定的，比如公务员或者国企的相关岗位，加班较少，但工资待遇也就没有那么高，而互联网相关企业的程序员加班较多，薪资待遇也是一骑绝尘，几乎碾压其他所有行业，其中最辛苦的开发岗薪资更是遥遥领先。因此，毕业生还是要根据自己对工作岗位和薪资待遇的需求做出自己的选择。

如果打定主意要做程序员的话，大学期间至少要熟练掌握一门热门语言，比如 Java、Python、C++ 等，并且在大学期间多参加实习或者项目实践，这样毕业时才能胜任程序员的工作。

近年来，网上还有一种说法。认为程序员是吃青春饭的。其实程序员并不是到了 35 岁就必然会遭遇裁员的问题。由于互联网行业的程序员加班比较多，导致对于从业人员的体力和脑力都有较高的要求，并且这个行业技术更新换代速度很快，需要从业人员坚持学习。有一部分程序员可能会因为年纪大了，体力和学习能力跟不上，或者因为有了家庭，精力和时间安排上无法适应高强度的工作安排，导致无法继续胜任相关工作，但这并不是必然会出现的情况。

这一行业非常看重技术，如果你技术水平很高，那就不用担心这样的问题。但如果你的技术水平没有那么高，尽早提升自己的综合能力，从技术转向管理、业务也是不错的发展方向。

对于学习该专业的学生来说，也并不是每个人都适合进入互联网公司担任程序员，去政府机关或者金融行业就职也是不错的选择。此外，在互联网行业也可以选择运维岗、测试岗或者产品岗位。对女生来说，公务员、教师和产品岗位都会更有优势。这些也需要同学在大学期间尽早做出规划与安排。

▌升学：

近年来，软件工程专业的毕业生数量不断增多，行业爆发期的红利已经逐渐过去，岗位需求增幅逐渐难以跟上毕业生数量的增幅，中高端职位对于学生的要求越来越高。因此，升学也成为该专业学生提升竞争力的一个不错的方式。

软件工程专业的科研竞争没有计算机科学技术专业那么大，如果想有更多的保研机会，选择该专业也是不错的。另外，如果想读研，可以在本科期间与老师沟通尽早进入各个方向的实验室进行尝试，提前看看自己是否适合读研以及能否适应导师的风格。

此外，出国深造也是软件工程专业的学生一个很好的选择，每年都有很多软件工程专业的毕业生获得国外名校计算机专业的录取资格。由于时代对复合型人才的需要以及计算机技术的广泛应用，转型申请其他相关专业的研究生也不难。打算出国的同学，在本科期间最好尽早进入实验室并尝试发表文章，或进入企业进行实习参与生产实践，英语水平和绩点成绩也需要尽可能提高。

（4）推荐院校

北京航空航天大学、浙江大学、国防科技大学、北京大学、清华大学、华东师范大学、南京大学、武汉大学、天津大学、东北大学、哈尔滨工业大学、同济大学、上海交通大学、苏州大学、中国科学技术大学、四川大学。

（5）报考建议

软件专业本身对于学生的逻辑能力要求比较高，大一的数学和物理基础课的难度也比较大，适合数学成绩和物理成绩较好、思维严谨、善于逻辑推理及分析的学生就读。此外，学好英语对于学生未来的学习也会有很大的优势。

该专业需要长期和代码相伴，如果对此不感兴趣，很可能会在未来长期写代码、改 BUG 的过程中感到枯燥难熬。因此，需要考生对软件应用有兴趣，喜欢刨根问底，愿意研究表象之下的内部逻辑，性格沉稳，不急不躁。

另外，软件工程专业对学生的实践能力要求很高，适合动手能力强、做事有条理、注重细节的同学。计算机行业技术更新换代速度快，想报考的学生需要做好长期学习的准备，并具备很强的自学能力。

最后需要注意的是，软件工程专业的学费相对其他计算机类专业更高，报考前也需要了解相关院校的学费情况再做决定。

3 网络工程 ✏️

（1）专业介绍

网络工程专业是计算机专业非常重要的分支，是计算机专业和通讯技术的一个交叉学科。很多人会对这个专业有一定的误解，认为它是做互联网开发的，其实专业名字中的"网络"是指计算机网络而非互联网。

该专业主要的学习内容分为两类，硬件工程和布线工程，围绕网络设计、网络部署、网络维护等内容展开。例如网络线路的搭建、防火墙和服务器的配置等课程。网络工程涉及面相当广阔，课程也会包括部分软件相关课程。

（2）主要课程

电路与电子学、数字逻辑电路、数据结构、编译原理、操作系统、数据库系统、汇编语言程序设计、计算机组成原理、微机系统与接口技术、通信原理、通信系统、现代交换原理、TCP/IP 原理与技术、计算机网络组网原理、网络编程技术等。

（3）发展前景

▌就业：

由于网络工程专业的技术门槛比较高，整体就业情况总体不错。随着 5G 时代的到来和物联网的发展，相关行业的人才需求不断扩大，整个行业也在走上坡路，发展前景很不错。

网络工程专业对口的岗位以网络系统集成为主，也可以从事网络安全相关的工作。简单说，就是所谓的"网管"。这个"网管"并不是我们理解的网吧管理上下机的网管，而是在网络公司、电信运营商、系统集成商、教育机构、银行以及企事业单位的网络技术部门负责单位的网络部署、运营和维护，一般担任的岗位是网络规划师、网络工程师、售前技术工程师、售后技术工程师、网络管理员等技术性岗位。

该专业总体薪资待遇情况不错，只要技术水平较强，无论在大企业还是小公司，都能达到中等偏上的薪资水平。网络工程师这类岗位的职业寿命较长。如果说软件工程师是"吃青春饭"的工作，那么网络工程师就是"靠经验吃饭"的岗位，越老越吃香。

由于市场需求导致企事业单位对程序员的需求比网络工程师大很多，并且程序员要从事编程这类创造性更强的工作，网络工程师相关岗位的薪资上限没有软件工程师那么高。因此，每年也有很多网络工程专业的学生转行去做软件工程师。如果学生在没有明确自己的工作需求前，本科学习编程相关的课程时也不能放松。

值得提醒的是，网络工程师相关岗位招聘时比较看重证书和学历，建议学生在校期间可以先考取相关证书来增加自己的竞争力。如国家认证的计算机技术与软件专业技术资格（水平）考试中的信息系统项目管理师、网络规划设计师，以及华为、华三、思科三大厂商的认证考试。

▍升学：

该专业没有直接对应的研究生专业，考研时需要跨考到其他计算机类的专业，方向主要集中在计算机应用技术、计算机科学与技术、计算机应用技术、软件工程等。

想要出国深造的话，学生既可以选择计算机类专业，也可以选择一些综合学科，比如信息管理系统、统计学、金融工程。

（4）推荐院校

电子科技大学、西安电子科技大学、华南理工大学、中山大学、北京邮电大学、杭州电子科技大学、浙江工业大学、大连理工大学、南京理工大学、安徽大学、四川大学、苏州大学、中国地质大学（武汉）、暨南大学、西南大学、华南师范大学。

（5）报考建议

网络工程专业对数学和物理的要求都很高，适合理科成绩好的同学报考。该专业对学生的逻辑思维和动手实践能力要求都很高，动手能力弱的同学需要谨慎报考。

此外，兴趣才是第一生产力。该专业适合对网络工程感兴趣、热爱通信基础的学生就读。由于该专业课难度比较大，如果对代码和计算机毫无兴趣、看着就头疼，四年的学习对学生来说可能就是一种煎熬。

4 数据科学与大数据技术 ✎

（1）专业介绍

数据科学与大数据技术专业是 2015 年教育部公布的新增专业。2016 年 3 月，教育部公布的《高校本科专业备案和审批结果》中，北京大学、对外经济贸易大学和中南大学 3 所高校首批获批开设"数据科学与大数据技术"专业。随着大数据时代的到来以及市场对于大数据人才的需求不断扩大，数据科学与大数据技术已经成为高校新增专业数量最多的专业之一。

数据科学与大数据技术专业主要研究计算机科学和大数据处理技术等相关的知识和技能，从大数据应用的三个主要层面（即数据管理、系统开发、海量数据分析与挖掘）出发，对实际问题进行分析和解决。由于该专业交叉性很强，包括数学、统计学、计算机三个学科的课程内容，该专业在各高校的所属学院也不尽相同。随着大数据在人们工作和生活中应用不断普及，该专业的就业前景十分广阔。

（2）主要课程

数学分析、高等代数、普通物理数学与信息科学概论、数据结构、数据科学导论、程序设计导论、程序设计实践、离散数学、概率与统计、算法分析与设计、数据计算智能、数据库系统概论、计算机系统基础、并行体系结构与编程、非结构化大数据分析等。

（3）发展前景

就业：

从近年的数据来看，数据科学与大数据技术专业的就业情况是比较不错的。从社会发展趋势来看，未来社会将逐渐进入数字化和智能化时代，很多传统企业也在通过互联网进行创新转型，大数据技术逐渐在各行各业中落地应用。因此，该专业的发展前景一片光明。

数据科学与大数据技术专业的就业方向主要有三类，分别是大数据系统研发类、大数据应用开发类和大数据分析类。毕业生可以去互联网行业、金融行业或者其他需要大数据相关的企事业单位从事大数据管理、研究、应用开发等方面的工作，也可以去考计算机类的公务员岗位。目前，市场上不同公司大数据相关岗位的薪资情况差距较大，毕业生技术水平也会造成薪资的差距。因此，建议同学在学校就读期间一定要提前做好规划，选择适合自己的职业发展方向，并且通过实习增加自己的实践经历。

此外，在科研资源比较薄弱的大学就读该专业，可能不会有太多的科研实践的机会，这可能会对后续的就业有一定影响。所以普通双非院校的数据科学与大数据技术专业的就业总体情况不如同校的计算机科学与技术和软件工程专业，不过一般前者的录取分数也会比后两类专业低一些。

升学：

从目前互联网行业的人才需求情况来看，依然需要大量以研究生为代表的高端人才，大数据相关行业对学历和院校层次比较重视，读研对于该专业的同学也是比较重要的。

数据科学与大数据技术专业成立时间不长，没有直接对应的研究生专业，学生可以选择计算机类或者统计学类大数据方向的专业，如清华大学的数据科学与信息技术专业、中国人民大学的大数据科学与工程专业、北京大学和中国科学技术大学的数据科学专业等，具体选择可以结合学生自己的发展规划决定。

无论选择哪个方向，只要想读大数据相关的研究生，学生一定要打好数学、统计学和计算机技术知识的基础。

此外，如果同学明确有考研打算，在本科期间选择课题的时候还需要考虑到课题的周期，尽量选择时间在一年左右的课题，时间过长可能会影响后续的考研复习，时间过短则很难有较好的科研成果。

（4）推荐院校

哈尔滨工业大学、中国科学技术大学、北京大学、电子科技大学、同济大学、华中科技大学、华东师范大学、复旦大学、西北工业大学、中国人民大学、北京理工大学、北京邮电大学、武汉大学、西安电子科技大学。

（5）报考建议

由于该专业的学习需要有一定的数学基础，光通识课就有三门数学类的课程，还有统计学和计算机算法相关的课程，因此数学不好的同学一定要谨慎报考，否则学习压力会很大，甚至可能会挂科。熟练掌握英语对于该专业也是非常重要的，在做研究以及查阅相关文献的过程中能看懂英语可以省事很多，否则可能会在学习过程中遇到困难。

数据科学与大数据技术专业的课程需要学生独立编写程序，对代码进行修改和调整，还需要根据数据推演和分析，适合逻辑思维强、善于分析和思考的同学报考。同时，大数据相关的岗位还需要与他人沟通合作，因此需要学生的性格能静能动，有耐心和毅力。

由于大数据相关行业属于新兴行业，发展迅速，核心技术不断更新，学生需要有很强的自主学习能力，才能跟上行业发展的速度。

此外，数据科学与大数据技术专业在每个学校的所属学院不同，培养方向也不同。例如，北京大学将该专业开设在数学学院，学习内容偏重数学；北京邮电大学将该专业开设在计算机学院，更注重计算机网络相关内容的教学；对外经济贸易大学开设在信息学院，学习内容侧重在经济与金融领域。甚至不同的学校给的学位也不同，比如北京大学将该专业设在理学下，授予理学学位；而大部分学校还是将该专业设在工学计算机门类下，授予工学学位。因此，考生可以将大学的优势领域和行业背景纳入选择学校的考虑因素。

5 数字媒体技术 ✏

（1）专业介绍

数字媒体技术专业属于计算机类专业，是一个随着现代媒体传播技术的更新换代而发展起来的综合性边缘学科。2000年，浙江大学率先招生，发展至今，国内已有百余所高校都增设了此专业。

数字媒体技术是通过现代计算和通信手段将抽象的数字形式编码的信息载体与文字、声音、图形、图像等媒体内容结合到一起的技术，因此该专业具有文、理、工等学科的交叉特点，是一门技术和艺术结合性很强的工科专业。专业学习内容较多较杂，学起来也有一定的难度，本科阶段的教育可能会存在多而不精的情况。

（2）主要课程

摄影摄像技术、艺术设计基础、数字媒体技术概率、程序设计基础、数字库设计、网页设计与制作、算法设计与分析、面向对象程序设计等。

（3）发展前景

就业：

数字媒体技术两次上榜就业"绿牌"专业，发展前景不错。该专业的就业方向非常广泛，可以去与数字媒体技术相关的影视、娱乐游戏、出版、图书、新闻等文化媒体行业，也可以选择国家机关、高等院校、电视台及其他数字媒体软件开发和产品设计制作企业就业。

可从事的岗位主要有两个方向：一是程序方向，如游戏开发、硬件工程师、产品经理、网页制作、3D打印开发工程师等岗位；二是创意设计类的岗位，如UI设计师、平面设计师、网站美工、3D建模师、影视后期剪辑等。

从总体情况来看，数字媒体技术专业的薪资水平不如其他计算机类专业那么高，但仍处于中上水平。如果学生本身能力比较强，也有机会获得高薪，比如进入游戏行业或者影视、动漫等媒体行业都是不错的选择。

数字媒体技术专业毕业生就业面临的最大问题就是竞争压力比较大，看似什么都能做，但什么都需要和其他专业的同学竞争。比如，设计方向的工作，就需要和设计类、艺术类专业的同学竞争；计算机方向则需要和计算机科学与技术、软件工程、数据科学与大数据技术的同学竞争，以至于很多毕业生认为自己在就业方面没有特别明显的竞争优势。

因此，该专业的学生在本科期间需要尽早确定哪一模块是自己最感兴趣、最擅长的，选择好自己的主攻方向并且将这个方向需要的技能学精。技能的高低靠的是熟练程度，多多练习才是王道。

升学：

数字媒体技术专业的毕业生想要继续升学，主要可以有三个选择方向。

一是继续就读数字媒体相关专业，如本科专业相对应的数字媒体技术专业或者数字媒体技术与应用、交互式数字媒体技术与应用、数字媒体艺术等专业。

二是计算机类方向，如计算机科学与技术专业、软件工程专业。计算机类专业对于学生数学和编程水平的要求较高，读研期间可以弥补数字媒体技术专业课学习在计算机专业领域的理论和实践的不足，毕业后的薪资待遇和职业选择机会都会更好一些。

三是艺术类方向，如工业设计专业、数字电影技术专业等都是不错的考研选择。选择艺术类方向考研需要学生本身有较强的艺术素养与相关技能。因此，本科期间学生可以多参与一些项目，多做作品，提高自己这方面的能力。

（4）推荐院校

浙江大学、电子科技大学、北京邮电大学、哈尔滨工业大学、华中科技大学、厦门大学、山东大学、西北电子科技大学、湖南大学、中国传媒大学、东北大学、北京电影学院、上海大学、兰州大学、北京工业大学。

（5）报考建议

数字媒体技术是技术与艺术相结合的专业，适合逻辑思维能力和艺术素养都比较高的同学报考。

该专业需要学习信息、通信和计算机相关的课程，对数学科目要求较高，适合对数字媒体的研究、开发、运用感兴趣，自学能力和动手能力较强的同学报考。

部分新开设数字媒体技术专业的院校，课程的设置相比数字媒体专业更类似计算机系的设置，学生和家长在报考的时候应该对相应院校的专业历史、课程设置和水平进行了解。

（二）电子信息类专业 〉

电子信息类专业可以分为电子和信息两方面解读，既包含硬件方面的内容，也包含软件方面的内容，涉及内容很广泛。

目前，电子信息相关的产业已经成为支撑经济发展和保障国家安全的重要产业。电子信息类专业也是当下乃至未来世界各国重点发展的热门学科之一，发展前景非常广阔。这类专业的平均薪资水平没有计算机类专业高，但在工科类专业中也排名前列。

1 电子信息工程

（1）专业介绍

电子信息工程是一个电子和信息工程方面的较宽口径的专业，是应用计算机等现代化技术进行电子信息控制和信息处理的学科，主要研究信息的获取与处理，电子设备与信息系统的设计、开发、应用和集成。

随着社会信息化的深入，各行业都需要电子信息工程专业人才，因此电子信息工程专业也一直都是比较热门的理工科专业。该专业与最先进的生产生活方式结合很紧密，覆盖的学科范围也很广，因此要学习的内容很多，并且难度不小。

（2）主要课程

电路理论系列课程、计算机技术系列课程、信息理论与编码、信号与系统、数字信号处理、信息安全导论、电磁场理论、自动控制原理、感测技术等。

（3）发展前景

就业：

电子信息工程专业的就业方向很广阔，可以去联通、移动等电信运营商，或者华为、中兴等通信设备制造商做电子工程师，设计开发电子或通信设备；可以去电子信息相关企业做软件工程师，设计开发与硬件相关的各种软件；也可以去能源、交通、金融、公安、互联网等行业做技术支持／维护工程师，从事电子信息设备的应用、维护与管理工作；还可以去 IT 项目主管、策划一些大的系统；或者继续进修成为教师或从事科研工作；比较外向的人还可以选择从事相关的商业职位，比如销售工程师。

在专业对口的岗位中，毕业生的主要方向还是软件、硬件和芯片设计。由于电子信息工程专业的学生在本科期间的课程较多，因此需要在打好基础的情况下，尽早选定自己的发展方向并且在自己的方向深耕，才能在就业上占领优势。

由于该专业相关岗位有一定的技术门槛，因此毕业生找工作并不难。但目前开设该专业的学校比较多，本科毕业生想要找到高薪的岗位有一定的难度。很多知名企业在招人时会对学校档次和学历都有要求，这一点在研发类岗位尤为突出，有的企业可能在招聘时表明只招收"985 工程""211 工程"院校的研究生。

总的来说，该专业的工作门槛比计算机类行业低一些，整体薪资情况不如计算机类专业，但工作强度也比计算机行业低。由于专业对口的岗位更注重经验和积累，中年危机的情况也比计算机行业轻一些，整体就业情况还是不错的。

升学：

从学术研究角度来说，电子信息工程专业属于技术性很强的岗位，本科有 1～2 年的课程是以通识教育为主，因此本科生很难开展对专业的深入研究，深造成为很多电子信息工程专业学生的选择。

从就业角度来说，很多国企和名企在招聘时对人才的要求都是研究生学历，因此读研对于该专业的毕业生来说是一个很好的选择。

读研方向可以选择电子科学与技术、信息与通信工程、通信与信息系统、信号与信息处理等。对于成绩一般的学生来说，如果不选择"985 工程"或者"两电一邮"这类以电子信息类专业见长的学校，考研的难度也不算很大。

（4）推荐院校

北京大学、清华大学、电子科技大学、西安电子科技大学、东南大学、北京邮电大学、复旦大学、上海交通大学、南京大学、浙江大学、西安交通大学。

（5）报考建议

电子信息工程专业对理工思维要求很高，需要较好的数学和物理基础，尤其是电学相关的知识。因此，数学和物理不好的同学要谨慎报考。

由于该专业的学习难度比较大，适合对电子信息技术及信息系统感兴趣的考生报考，否则即使被录取也可能因为要学习四年很难且不喜欢的课程而痛苦。

此外，目前电子信息工程专业仍然处于高速发展阶段，不断有新的技术诞生，需要学生有较强的学习能力和实践能力。

大多数理工科院校都开设了这个专业，但是每个院校的培养重点和特色优势都不同，考生在报考前可以提前了解学校的培养方向，根据自己的偏好与需求选择院校。

2 通信工程 ✏️

（1）专业介绍

通信工程是电子工程的一个重要分支，属于弱电工程的范畴，主要研究通信过程中的信息传输和信号处理的原理和应用。它是信息科学技术发展迅速并极具活力的一个领域，尤其是数字移动通信、光纤通信和 Internet 网络。

通信工程专业的学生主要学习通信技术、通信系统和通信网等方面的知识。该专业在高考志愿填报中属于比较热门的一个工科专业，在 5G 时代这个高新类专业热度进一步上涨，具有极广阔的发展前景。

（2）主要课程

电路理论与应用的系列课程、计算机技术系列课程、信号与系统、电磁场理论、数字系统与逻辑设计、数字信号处理、通信原理等。

（3）发展前景

就业：

在工科类行业中，通信工程专业的毕业应届生工资水平排名靠前。该专业的对口就业方向一般是去通信领域中从事研究、设计、制造、运营及在国民经济各部门和国防工业中从事开发、应用通信技术与设备。由于通信工程专业会学习电路理论与应用和计算机技术相关的课程，学生也可以去互联网和新能源行业从事相关工作，以研发为主，少部分学生会选择销售、策划等岗位。此外，毕业生还可以去企事业单位的信息化部门工作。

其中，毕业生常见的就业去向还是去设备商、运营商和服务商相关公司从事通信工程师、硬件工程师、项目经理等工作。其中，中兴、华为这类设备商公司的薪资待遇水平很高，接近互联网公司，但就业竞争激烈，招聘门槛很高，至少得是名校研究生才能进入相关公司，工作中需要承受的压力也比较大。

移动、联通、电信等运营商公司的薪资待遇比设备商公司低一些，需要承受的压力稍小一点儿，但依然对学生的学校层次和学历都有一定要求。服务商企业的相关岗位工资水平相比前两个要低，就业门槛也比较低。

升学：

通信工程专业对口岗位的入行门槛比较高，对学历有一定要求。因此，通信工程专业的学生本科直接就业的比例不高，大多数学生会选择继续深造。

由于该专业具有较高的学习门槛，可以跨考的竞争者数量不多，考研成功率很高。如果学生的目标学校不是名校的话，考研难度并不大。

由于近年互联网行业热度很高，且通信工程类专业本身就有计算机相关的专业课程，每年毕业生中都会有相对数量的学生选择跨考或者留学时申请转去计算机类专业。

（4）推荐院校

北京邮电大学、电子科技大学、北京大学、清华大学、上海交通大学、国防科技大学、西安电子科技大学、北京交通大学、北京航空航天大学、北京理工大学、哈尔滨工业大学、东南大学、解放军信息工程大学、解放军理工大学。

（5）报考建议

通信工程专业对物理科目要求较高，适合物理成绩好、对通信应用感兴趣、善于分析与设计的学生就读。

由于通信工程的二级学科在本科阶段专业差异不大，以通识性课程为主，选择院校时相比专业方向，更需要在意的是学校的档次和学科实力，如部分理工科院校的相关专业可能会比以文科为优势的院校更有优势。

3　人工智能

（1）专业介绍

人工智能专业是中国高校人才计划设立的专业，旨在培养中国人工智能产业的应用型人才，推动人工智能一级学科建设，是一门研究、开发用于模拟、延伸和扩展人的智能的理论、方法、技术及应用系统的新的技术科学。由于很多人认为人工智能专业高端大气，非常看好这个专业。该专业是近年来高校新增专业中最多的专业，报考热度也很高。

该专业是计算机科学的一个分支，它企图了解智能的实质，并生产出一种新的能以人类智能相似的方式做出反应的智能机器，该领域的研究包括机器人、语言识别、图像识别、自然语言处理和专家系统等。

随着人工智能技术的发展，人工智能变得越来越普遍，从我们身边的扫地机器人、AI 音响到最前沿的科学研究中，都有人工智能的影子。近年来，我国出台多个政策扶持人工智能产业的发展，该专业的发展前景也是非常广阔的。

（2）主要课程

高等数学、线性代数、概率和数理统计、认知心理学、认知机器人、一门计算机语言（Java/C++/Python 之类）和算法。

（3）发展前景

▎就业：

人工智能专业相关岗位对于技术和学历的要求很高，该专业的学生本科就业情况不是很好，本科生很难找到不错的工作，超过 3/4 的学生本科毕业后不会选择直接就业而是继续读研或者读博。

毕业生主要选择的方向有：去企业做研发类岗位，如算法工程师或研究员、产品经理、数据挖掘工程师等；去研究所做科研人员；考公务员进入国家部委科技部门等相关单位工作，博士毕业生还可以选择留校当老师。

需要注意的是，目前很多大学都开设了人工智能专业，但是目前该领域的发展仍处于初级阶段，投入市场的应用都属于弱人工智能，强人工智能仅处于概念阶段，导致了其应用领域比较有限，与人工智能强关联的岗位需求很少，毕业生的 就业情况两极分化情况严重。很多毕业生只能转去应用领域的相关岗位，这类岗位需要他们与计算机科学与技术和软件工程专业的学生竞争，竞争比较激烈。因此，建议该专业学生一定要掌握好计算机语言和算法相关内容。

▎升学：

人工智能行业的入行门槛不低，相关领域的诸多研究方向对于人才素养和知识水平的要求也比较高，本科阶段很难完成。因此，大部分学生都会在本科毕业后选择继续深造。该专业本身比较偏向科研，很适合读研。

算法是人工智能的核心组成部分，这使专业对学生的数学能力要求很高。学生有升学规划，一定在本科阶段打好扎实的数理基础。此外，该专业的后续研究和学习还需要查看大量外文文献，熟练掌握英语对该专业的学习来说十分重要。

人工智能是全球各国的研究重点之一。因此一部分专业学生会选择出国留学。但近年来计算机和人工智能过于火爆，去国外顶尖学校人工智能专业的申请难度越来越大，建议考生在本科阶段尽可能提高自己的绩点，抓住机会多参与相关的实践和科研工作。

此外，人工智能本科阶段的课程涵盖范围很广，有大量计算机和算法相关的课程，学生想在研究生阶段转到计算机相关专业也不是特别困难。

（4）推荐院校

电子科技大学、西安电子科技大学、北京大学、清华大学、东南大学、北京邮电大学、复旦大学、上海交通大学、南京大学、浙江大学、西安交通大学。

（5）报考建议

人工智能专业对于数理、心理学和计算机科目要求都比较高，适合拥有很好的数理基础和较强的逻辑思维能力的学生报考。

要和大家强调，目前大众对于人工智能的认知和当前人工智能的发展之间存在一定差距，学生报考的时候需要根据自己的实际情况谨慎选择，不要因为专业热门就盲目跟风。

人工智能技术尚不成熟，需要学生有很强的创新和探索的能力，还需要有科研人员必备的吃苦耐劳、终身学习的品质。该专业的相关岗位对于学历要求很高，没有读研打算的学生，不建议报考该专业。

需要注意的是，人工智能专业属于工科门类下的电子信息类，而不是计算机类。有人可能会认为人工智能专业主要学习的是智能算法，事实上从教育部设立专业的建议培养目标角度看，它的研究和培训方向更偏向硬件、信号、系统层面，如自动控制、机器人等内容。

此外，如果想学习人工智能相关专业，本科还可以考虑与其相近的专业，如计算机科学与技术专业、电子信息工程专业、信息与计算科学，在研究生或者博士生阶段再转入人工智能专业进一步研究。

（三）医学类专业 〉

社会地位高，工作稳定，薪资待遇都很不错，再加上不少人怀有"济世救人"的梦想，医学类专业一直都是考生们报考的热门。虽然医学类专业的分数门槛较高，一些专业的学制较长，在就业时对学历要求也比较苛刻，但依然抵挡不了考生和家长对它的热爱。市场上对医学类专业人才的需求量一直都很大，就业方向多，毕业生就业情况相对来讲不错，值得考生报考。

1 临床医学 🖊

（1）专业介绍

临床医学是医学门类中最核心也是最基础的专业，是一门研究疾病的病因、诊断、治疗和预后，提高临床治疗水平，促进人体健康的科学，被考生们广泛关注。

"临床"即"亲临病床"之意，是直接面对疾病、患者，对患者实施治疗的科学。它根据患者的临床表现，从整体出发结合研究疾病的病因、发病机理和病理过程，进而确定诊断，通过预防和治疗在最大限度上减弱疾病、减轻患者的痛苦、恢复病人健康、保护劳动力。

（2）主要课程

人体解剖学、组织学与胚胎学、生物化学、神经生物学、生理学、医学微生物学、医学免疫学、病理学、药理学、人体形态学实验、医学生物学实验、医学机能学实验、病原生物学与免疫学实验、诊断学、内科学、外科学、妇产科学、儿科学、循证医学、卫生法学、医学伦理学、医学心理学、医患沟通与技巧、马克思主义基本原理、思想道德修养、英语、高等数学、医用物理学、化学等。

（3）发展前景

┃ 就业：

由于学科的特殊性，医学类专业的就业面窄是不争的事实，尤其是临床医学专业，虽然每年的毕业生很多，但就业率却不是很高。

这种情况的主要原因有两点：一是目前我国的大医院基本都是公立医院，编制有限，但大部分人都想进入大城市的大医院工作，导致就业竞争压力直线升高；同时，私立医院在中国的发展又相对滞后，无法消化每年大量的毕业生。二是医生的培养成本很高，而医药行业又是出了名的"越老越吃香"，部分医院宁可返聘退休医生，也不愿意招收新人从头开始培养，极大加剧了毕业生的就业难度。

虽然就业情况没有想象中的那么好，但医生的稳定性是毋庸置疑的，毕竟这是一个永远都不可能消失的职业。在现代社会，随着人们工作压力、生活压力的不断增大，人的患病率也有所增加，现有的医疗系统还不能满足更多患者的需要，只要每一位毕业生不断努力、找准定位，还是能够找到一份适合自己的工作的。

▍升学：

由于行业的特殊性，市面上大部分医学类相关岗位对学历都有很高的要求；加之该专业光靠本科阶段的学习，并不能很好地满足临床诊断所需的知识能力储备和技能要求，考研也是大部分临床医学类专业学生需要面对的一个问题。

该专业的考研难度不低，尤其是如果学生想要考名校，需要从大一开始就把每一门专业课的知识学扎实。该专业主要考研方向包括内科学、外科学、急诊医学、临床医学、肿瘤学、眼科学、老年医学、神经病学、神经病与精神卫生学、麻醉学等。

（4）推荐院校

上海交通大学、浙江大学、北京协和医学院、复旦大学、北京大学、中山大学、华中科技大学、中南大学、四川大学、首都医科大学、山东大学、第四军医大学、第二军医大学、中国医科大学、哈尔滨医科大学、南京医科大学、重庆医科大学、吉林大学、同济大学、武汉大学等。

（5）报考建议

医学类专业的特点之一是培养周期长，如果只是想要一个回报率高、本科毕业后能尽快工作回报家里的专业，临床医学就不是一个很好的选择。由于该专业的课业负担较重，再加上医生是个需要不断学习和积累经验的职业，这要求考生能够从学习中找到乐趣，拥有持之以恒的耐心和毅力。

除此之外，医学类专业对于考生的身体条件也有要求。例如，首都医科大学各专业对考生视力的要求是：眼睛的近视矫正视力不低于4.8，双眼矫正视力镜片度数差不大于200度，各眼矫正视力镜片度数不超过800度，无色盲、色弱，无斜视、弱视。医学类专业学习与就业的特殊性，学校一般会要求考生检验肝功能与乙肝病毒表面抗原。新生入校后要进行身体复查，不适合学习者，学校有权取消其入学资格。所以，考生在报考时，一定要看清《普通高等学校招生体检工作指导意见》和各高校招生章程中的具体要求。

在医学类专业的学习及工作中多有对人体和动物躯体进行操作的情况，常常会有一些血腥场面，有晕血、晕针及心理承受能力较弱的考生在报考时应做好心理准备。

2 口腔医学 ✎

（1）专业介绍

口腔医学专业是一门研究牙齿及其周围口腔颌面部软、硬组织的发生、发育，及其疾病的病因、发病机理、诊断与治疗等的实践性、综合性、交叉性很强的临床医学科学，以研究口腔器官、面部软组织、颌面诸骨、颞下颌关节、唾液腺以及颈部某些疾病的防治为主要内容。

学生主要学习国内外口腔医学最新研究动态和技术进展，涉及药物学、药物临床验证、齿科化学材料研究、生物力学、口腔解剖学、生理学、组织病理学、齿科器械评价、牙病预防及诊断治疗新技术、新方法等各个方面。

（2）主要课程

人体解剖学、组织学与胚胎学、生物化学、细胞生物学、生理学、医学微生物学、医学免疫学、病理学、病理生理学、药理学、人体形态学实验、医学生物学实验、医学机能学实验、病原生物学与免疫学实验、诊断学、外科学、内科学、耳鼻咽喉头颈外科学、口腔解剖生理学、口腔组织病理学、口腔颌面医学影像诊断学、牙体牙髓病学、牙周病学、口腔黏膜病学、儿童口腔医学、口腔颌面外科学、口腔修复学、口腔正畸学、预防口腔医学，卫生法学、医学伦理学、医学心理学，马克思主义基本原理、思想道德修养、医患沟通与技巧，英语、高等数学、医用物理学、化学等。

（3）发展前景

就业：

口腔医学专业就业前景好、收入高，医患纠纷少，且对医院的依赖度较低，一直都是医学类专业中的热门。学生如果不是对工作单位和条件要求过高的话，就业一般不成问题。

毕业生主要就业方向是去公立医院的口腔科或口腔医疗机构、城市社区医院工作。口腔医生是"越老越吃香"的职业，毕业生的薪资会随着年龄、技术及经验的增加越来越高。

此外，毕业生也可以选择创业，开设私人诊所，如果经营得当，收入将会非常丰厚。

升学：

相较于临床医学，口腔医学专业的毕业生就业选择面更广，但在目前大城市与农村地区口腔专业人才就业情况几乎两极化的现状下，为了能提高自身竞争优势，也为了满足日后的工作需求，不少口腔专业学生都选择了考研。口腔医学专业的考研方向主要有口腔医学、口腔临床医学和口腔基础医学。

（4）推荐院校

北京大学、四川大学、空军军医大学、上海交通大学、南京医科大学、武汉大学、中山大学、首都医科大学、中国医科大学、浙江大学、山东大学、天津医科大学、吉林大学、哈尔滨医科大学、同济大学等。

（5）报考建议

医学行业的特殊性导致几乎所有跟医学有关的专业都得做好一辈子学习的准备，口腔医学专业也不例外。学生如果想要报考该专业，需要做好不停磨炼专业技能、学习相关知识的准备。

口腔医学专业对考生的视力、听力、嗅觉及语言表达能力均有要求。因此，色弱、色盲、斜视、嗅觉迟钝、口吃等情况都不宜就读该专业。而且由于治疗椅及绝大部分的医疗器械多为右手使用而设计，个别院校对于有"左利"俗称"左撇子"习惯的考生有一些限制要求。建议考生在报考时，要看清《普通高等学校招生体检工作指导意见》和各高校《招生章程》中的具体要求。

3 中医学 🖊

（1）专业介绍

中医常常被人称为国医，是中国传统医学的简称，是一个和西医相对而言的概念，至今已有数千年的历史。中医学是一门在传统哲学理论（即在阴阳五行理论）的指导下研究人体的生理病理、疾病诊断与防治以及养生康复的医学科学。

（2）主要课程

中医基础理论、中医诊断学、中药学、方剂学、内经选读、伤寒论选读、金匮要略选读、温病学、中医内科学、中医外科学、中医妇科学、中医儿科学、针灸学、人体解剖学、组织学与胚胎学、生理学、生物化学、病理学、药理学、检体诊断学、实验诊断学、影像诊断学、西医内科学、西医外科学、英语等。

（3）发展前景

▎就业：

中医学专业的毕业生主要就业方向是到各级中医院、中医科研机构及各级综合性医院等部门从事中医临床医疗工作和科学研究工作。在中华文化的传承下，大家对于中医并不陌生，但在现阶段的中国，中医市场还未完全开拓。综合性医院中，中医科室数量相对较少已经成了大家默认的事实。虽然有主打中医的医院，但数量不算多，导致中医专业毕业生就业竞争压力比较大。

随着国家对中医学加强重视，一系列政策扶持陆续出台，未来市场上对于中医专业人才的需求也会变得更加旺盛。那些掌握与中医学有关的现代科学技术和现代医学基本知识，了解中医学科和现代医学发展方向的中医学人才，会特别受欢迎。如果毕业生转向全科，愿意去偏远的中小城市、县城或者乡村就业，这方面的人才也会有很大的发展空间。

▎升学：

由于中医学涉及的知识较多，为了满足日后的工作需求，也为了磨炼自己的专业技能，并能够顺利在越来越激烈的社会竞争中占有一席之地，建议各位中医专业的学生继续读研学习。

中医学的考研方向有中医学、中西医结合、中药学这三个一级学科，考生可以凭借自己的兴趣爱好或者个人未来规划进行选择。

（4）推荐院校

北京中医药大学、上海中医药大学、南京中医药大学、天津中医药大学、黑龙江中医药大学、广州中医药大学、成都中医药大学、辽宁中医药大学、浙江中医药大学等。

（5）报考建议

中医学是少有的文理兼招的医学类专业，文科生如果想要学医，可以选择报考该专业。在填报时需要注意，一定得查清报考院校在考生生源地的选科限制。

该专业对于学生的记忆力、理解力和实践能力要求较高，如果学生选择中医学专业，就得做好"活到老，学到老"的准备。

与其他医学类专业一样，中医学专业对考生的身体条件也有一定的要求，考生需要认真阅读所报高校的《招生章程》，看该校中医学专业对身体条件有无特殊要求，以免疏漏。

4 麻醉学

（1）专业介绍

麻醉学不仅是人们印象中的"打一针，睡一觉"，而且是一门研究临床麻醉、生命机能调控、重症监测治疗和疼痛诊疗的科学，通常用于手术或急救过程中。在科学技术飞速发展的今天，现代麻醉学已不再局限于手术室内为手术患者提供麻醉和镇痛，现已发展成为一门研究临床麻醉学、危重病医学与疼痛诊疗学的围手术期（围绕手术的一个全过程）医学。

换言之，麻醉不仅要保证手术期间病人的舒适，更重要的是在手术期间和麻醉恢复期对由多种因素（手术、麻醉、原发疾病等）引起的重要生命功能的变化进行监测、诊断，并由此进行治疗、预防及紧急处理麻醉和手术中可能出现的异常，以免发生并发症及严重的后遗症，保证围手术期患者的安全。

（2）主要课程

人体解剖学、生理学、药理学、内科学、外科学、临床麻醉学、急救医学、疼痛诊疗学、麻醉药理学、麻醉设备学、麻醉生理学、麻醉解剖学等。

（3）发展前景

就业：

由于开设的院校少，对人才的需求量又很大，麻醉学专业的就业前景还是比较广阔的。学生在毕业后可到医疗卫生单位的麻醉科、急诊科、急救中心、重症监测治疗病房、药物依赖戒断及疼痛诊疗等领域从事临床麻醉、急救和复苏、术后监测、生理机能调控等方面的工作。

值得提醒的是，麻醉科医师要有扎实的专业知识才能胜任，还须具备生理、药理、内科、外科、妇儿等基础和临床医学的多学科知识。因此，学生一定要在本科期间学好专业课。

升学：

从目前市场上的招聘情况来看，级别较高的医院，如二甲医院、三甲医院对麻醉学专业毕业生的学历有一定的要求，再加上规培政策的实施，越来越多的麻醉毕业生加入了考研大军的行列。

麻醉学专业的考研方向主要有麻醉学、临床医学和外科学。

（4）推荐院校

中南大学、天津医科大学、南方医科大学、中国人民解放军海军军医大学、中国医科大学、兰州大学、郑州大学、哈尔滨医科大学、南昌大学、大连医科大学、广西医科大学、温州医科大学等。

（5）报考建议

麻醉学属于特设专业和国家控制布点专业，并非每所医学类院校都开设它的本科专业。目前，我国有 54 所高校麻醉学专业在本科阶段招生，在学制的设置上各个院校可能会有不同，比如有些高校的麻醉学专业是五年制的，有些高校则是四年制的，各位考生和家长可以根据自己的需求进行选择。

由于麻醉学专业属于医学类，身体素质不符合医学类专业报考要求的考生，如色弱、色盲、口吃、听力障碍等，同样也不适合报考麻醉学专业。考生报考前需要认真阅读所报高校的《招生章程》，确定自己是否符合该专业的报考要求。

（四）经济学类专业 〉

大众对经济学类专业的评价一直有争议。有的人觉得这类专业听名字就很高级，而且经济是国家的命脉，可以学习乃至从事相关工作非常不错。正是这个原因，经济学类专业一直都是考生报考的热门。而有的人则认为这类专业大部分是通过"噱头"来赚钱的，其实创造的价值并不大。下面就来为大家详细讲解，经济学类专业是否值得报考。

1 金融学

（1）专业介绍

提起金融，人们常会将它与经济、货币和银行联系在一起。实际上，金融的内涵更为广泛，涉及银行、保险、证券市场、国家财政、国际贸易等诸多领域。金融是一种商业活动，商品就是货币本身。广义的金融，包括与货币有关的一切经济活动，和日常生活息息相关。从利率调整到物价上涨，从买房贷款到百姓存款，金融渗透在生活中的各个角落。

金融学专业是以融通货币和货币资金的经济活动为研究对象，具体研究个人、机构、政府如何获取、支出与管理资金及其他金融资产的学科专业。金融学专业是从经济学中分化出来的，基本修业年限为4年，授予经济学学士学位。

（2）主要课程

西方经济学、国际金融学、货币银行学、金融市场学、世界经济概论、金融工程学、国际保险、信托与租赁、公司金融、证券投资学、商业银行经营与管理、金融统计分析、国际结算、国际经济法、国际贸易理论与实务、金融专业英语等。

（3）发展前景
就业：

作为报考最热门的专业之一，金融学专业每年都会有数以万计的毕业生流入市场找工作，但最后真正能进入金融行业工作的占比却不会很大。一方面是因为金融行业对从业人员的学历及学校层次要求都很高，普通院校的本科毕业生想要找到一份理想的工作非常困难。另一方面，金融行业由于其与其他行业的交叉性，也很喜欢招收具有其他专业背景的毕业生，这在一定程度上挤占了金融专业毕业生的就业空间。

在这样的背景下，如果毕业生能够考取一些资格认证，比如特许金融分析师（CFA）、特许财富管理师（CWM）、基金经理、精算师、证券经纪人、股票分析师等，可以为求职的选择和薪资待遇的提高增加一份筹码。

金融学专业的毕业生就业主要面向银行及各大金融机构。

其中银行的工作最为稳定，待遇福利也很不错，但有一定的业绩指标。

证券公司、信托投资公司、金融控股集团等风险性金融公司是大部分毕业生比较喜欢的求职方向。人们听说的百万年薪的金融人通常就是来自这类公司。由于薪资待遇很高，这类岗位对学历和院校层次的门槛也很高，不是名校研究生很难会选择，同时从业人员的工作压力和强度非常大，适合对市场风向灵敏、决断力较强的毕业生进入发展。

同样，也有不少毕业生选择进入会计师事务所、资产管理公司、金融租赁及担 保公司工作，如果毕业生之前有在银行、证券的工作经验，那么从事这类工作会比较有优势。

金融专业也很适合考公，每年有大量的行政部门，比如社保局、财政局、审计局、海关等会招收该专业的毕业生。

此外，学生也可以考虑进入保险公司或保险经纪公司工作。如果毕业生热爱研究，也可选择继续深造或者留校工作。

升学：

由于金融行业整体薪资待遇很不错，它一直是一个对学历和院校层次要求很高的行业。可以说如果想进入金融行业工作，不读研基本是不可能的。由于该专业的报考热度一直居高不下，就业竞争也越来越激烈，市场上相关岗位尤其是证券业、银行业，对于毕业院校的要求相当苛刻。因此，想继续在这一行业发展，建议学生考一个名校的研究生，考研方向主要有金融、金融学、应用经济学等。

此外，家庭经济条件较好的同学也可以选择出国留学。由于该行业对有出国深造经历的学生有一定偏好，一个国外名校的商科研究生学历能很大程度地提高学生的履历含金量。

（4）推荐院校

北京大学、复旦大学、中国人民大学、南京大学、浙江大学、北京师范大学、武汉大学、同济大学、南开大学、上海财经大学、北京师范大学、中央财经大学、中山大学等。

（5）报考建议

金融学专业对数学的要求非常高，适合对经济有浓厚兴趣、对数字敏感且有较强逻辑能力的学生就读。如果考生没有较好的数学学科基础，切勿一味跟风追热，即使被录取，也很难在大学期间获得一个非常好的成绩。

此外，由于金融行业竞争极其激烈，如果学生成绩一般，被名校录取的概率很低，或者没有读研的打算，那么一定要谨慎报考这个专业，否则在就业时可能会遇到一定的困难。

2　经济学

（1）专业介绍

经济学是一门研究人类经济活动的规律即价值的创造、转化、实现规律的学科，其核心思想是资源的优化配置与优化再生，即研究有限的资源如何在不同用途中配置以保证社会做出最优的经济发展决策。经济学者需要通过分析研究，找出经济发展的客观规律，以采取相应措施来刺激或保持经济增长而避免经济衰退。

该专业以理论经济学为主，兼有应用经济学的属性，也具有很强的应用性与实践性；旨在培养出具有扎实的专业基础知识和基本理论、有国际视野和创新创业能力的高素质经济学专门人才。

（2）主要课程

政治经济学、西方经济学、统计学、国际经济学、货币银行学、财政学、经济学说史、发展经济学、企业管理、市场营销、国际金融、国际贸易、线性代数、高等数学、概率论与数理统计等。

（3）发展前景

就业：

经济学专业所学涉及甚广，这意味着有更多的选择，就业面广，市场上对于经济学专业人才的需求量也较大。带来的影响是具体技能的学习相对薄弱，很难找到对口工作。同时，由于开设这门专业的学校实在太多，导致毕业生供给远远超出需求，因此对于该专业学生来讲，就业竞争还是较为激烈的。与金融学专业一样，经济学专业毕业生在就业时也存在着明显的"鄙视链"。本科阶段找工作困难较大，学历和学校层次越高，找工作优势越大。

毕业生的主要就业方向是进入综合经济管理部门、政策研究部门、金融机构和企业从事经济分析、预测、规划和经济管理工作。

对于自身分析能力有自信的毕业生，可以选择从事经济预测、分析人员方向的工作，这一岗位分布在各个行业中，但一般只有较大的公司和政府经济决策部门才会设置。这也就意味着这类岗位会对应聘者的个人能力要求很高，同时还需要有一定的从业经验。有此意向的考生一定要在大学期间多多把握实习机会，积累经验。

如果学生外语较好，可以选择从事对外贸易方向的工作。外贸就业机会主要集中在温州、义乌等地，对从业者的沟通能力及个人素质要求较高。这类工作薪酬一般采用"底薪＋提成"的模式，起薪不高，如果想要拿高薪，需要靠积累客户资源来尽可能多地获得外贸提成。

从事市场营销工作也是经济学专业的一大就业方向，其要求毕业生有良好的沟通能力、创新能力及积极的进取心，能够吃苦耐劳。虽然这类岗位工作压力很大，但发展上限很高，通过晋升有机会获得很高的薪资。

由于经济和管理的一脉相承，从事管理类职业也是不少该专业毕业生的就业选择方向。刚出校门的大学生能找到的管理职位大多都为一线管理岗位，想要升上去就得不断积累经验，并通过相关资格认证考试。

经济学专业也非常适合考公，公务员招录人数最多的专业中排名前五，但由于学生数量较多，数学基础也都比较好，有此意愿还是需要尽早开始复习。追求稳定的毕业生还可选择去各类院校任教或者考取会计资格证书从事会计工作。想要挑战的同学也可以选择参加证券业从业人员资格考试进入证券行业工作。

升学：

目前，各类企事业单位对本科毕业生需求已经相对饱和，对具备硕士及以上学历的高端经济学人才需求更为迫切。因此，不少想在金融行业立足的学生选择了考研深造来提升自己。

经济学专业在研究生阶段有理论经济学与应用经济学两个一级学科,下面又有若干二级学科。从整体考研难度来看,理论经济学相对于应用经济学更容易一些。

家庭比较富裕的同学也可以选择出国深造,由于经济与金融相关的行业都对有海外留学经历的学生有一定偏好,就读国外名校的商科可以有效地增加就业砝码。

(4)推荐院校

清华大学、北京大学、上海交通大学、复旦大学、中国人民大学、浙江大学、南京大学、上海财经大学、电子科技大学、哈尔滨工业大学、南开大学、武汉大学、中山大学、中央财经大学、北京师范大学、西安交通大学、华中科技大学、厦门大学等。

(5)报考建议

经济学专业对考生的数学基础有较高的要求,适合数学成绩好、具备较强抽象思维能力和逻辑思维能力的学生报考。

另外,经济学是一门与现实问题紧密结合的学科,需要有敏锐的现实洞察力。如果学生对现实经济问题缺乏兴趣,观察力不足,就难以深入掌握和体会经济学理论的强大分析能力,从而容易失去对经济学理论学习的兴趣。

该专业对视力有一定要求,不能准确识别红、黄、绿、蓝、紫各种颜色中任何一种颜色的导线、按键、信号灯、几何图形的考生,不能被经济学类专业录取,不符合要求的考生勿报。

3 精算学 🖊

(1)专业介绍

精算,简单来讲就是依据经济学的基本原理,运用现代数学、统计学、金融学及法学等各种科学有效的方法,对各种经济活动中未来的风险进行分析、评估和管理,是现代保险、金融、投资实现稳健经营的基础。

该专业主要培养具有坚实的经济学、管理学和数学理论基础,掌握风险管理与保险的基本知识,熟悉最新的精算与风险管理的理论和方法,具备从事精算及风险管理工作技能的高素质人才。

（2）主要课程

微观经济学、宏观经济学、货币银行学、会计学、统计学概论、概率论和数理统计、保险原理、金融数学、寿险精算、精算模型、非寿险精算、精算管理、随机过程、回归分析、统计软件、时间序列分析等。

（3）发展前景
| 就业：

精算学常被各大榜单列入未来就业缺口大的专业，可见其发展前景相当不错。随着现代经济的发展，精算学专业的应用领域已经从保险向投资、社会保障、企业风险管理等全方位拓展，毕业生的就业选择面因此大大拓宽。

大部分毕业生都选择去了保险公司工作，主要从事产品定价、投资组合管理、再保险购买、内部合规审计、应对外部监管、集团风险管理等工作。该方向是毕业生的主要去向，毕竟精算就是为保险行业量身打造的。

由于保险是一个需要严格监管的行业，监管机构也需要精算专业人才去审核保险公司的定价模型，但这类岗位对应聘者的个人能力及学历有较高的要求，竞争压力很大。

咨询公司有时会需要一些精算背景的人才，有部分毕业生也会选择这一方向。但甲方公司与乙方公司在工作量与工作节奏方面差别明显，考生选择时需要注意这一点。此外，基金和投资机构等金融行业也是该专业毕业生的从业方向。

| 升学：

相比之前，精算专业的就业面已经拓宽了不少，但对于该专业的学生来讲，本科阶段就业还是比较有压力的。各大保险公司的精算师岗位的学历门槛都不低，而金融相关岗位更是已经饱和。因此，要想找到一份好的工作，还是建议读研深造。

除了可以报考精算学研究生外，学生还能选择保险学和应用统计学的风险管理与精算学方向。如果想要跨专业，经济学或 MBA、金融学、金融工程和数量经济学等也是值得推荐选择的方向。

（4）推荐院校

南开大学、中央财经大学、对外经济贸易大学、湖南大学、西南财经大学、江西财经大学、北京工商大学、上海立信会计金融学院、西交利物浦大学、山东财经大学等。

（5）报考建议

　　该专业对数学科目的要求较高，且适合逻辑思维严密、善于思考的学生就读。如果考生有较强的语言表达能力，对时事政策敏感，并且具有扎实的数学基础，想要学习应用数学知识去解决实际问题，那么欢迎报考精算学专业。此外，在部分新高考省份，报考该专业还要求考生必须选修物理。因此，建议考生在填报志愿前看清各院校的报考要求。

4　财政学

（1）专业介绍

　　财政，指的是政府资金的支出、收入安排和管理。民众把税款交给政府，让政府提供国防、治安等公共产品，与此相关的收入组织、支出安排等活动，就是财政活动。

　　财政学专业主要研究以政府为主体的国民收入分配活动的规律，以及相适应的财政政策、财政制度和法律，为国家财政、税务以及其他党政机关培养从事财政经济管理工作的公务人员，为科研机构、高等院校培养从事财政经济的教学科研人员，为注册会计师事务所等企业、社会组织培养从事财税服务的管理人员。

（2）主要课程

　　政治经济学、西方经济学、货币银行学、国际经济学、财政学、国家预算、税收管理、国际税收、国有资产管理等。

（3）发展前景
┃就业：

　　财政学专业的就业面相对较窄，市场上可容纳毕业生的对口岗位较少，竞争较为激烈。但从市场行情来看，高端财政学专业人才依旧非常吃香。

　　财政学是一个非常适合考公的专业，在每年公务员招录人数最多的专业中排名前十。有不少财政学专业的毕业生都会选择政府部门的财政管理领域，从事规划、审计、资产管理等方面的工作。但考公这条路竞争异常激烈，各级政府在招录公务员时也在逐渐提高学历门槛，建议有此意向的学生提前做好准备。

此外，对外贸易方向也是该专业毕业生选择的就业方向之一，尤其是在沿海城市，对外贸人才的需求量更大。主要岗位有单证员、外贸业务员等，对从业人员的英语水平也有一定要求。

最后，税务筹划也是个不错的选择方向。各大企业都需要及时了解税务动态，结合公司情况做好税务筹划，在未来几十年里，市场上对于这方面人才的需求量只会越来越大。当然，从事这类工作要求通过注册会计师考试，这就需要学生在校期间就开始着手准备。

升学：

财政学的整体情况就是本科生就业困难，但有一定经验的名校研究生的工作机会比较多，薪资水平也很不错。因此，强烈建议该专业的学生继续升学，无论是在国内读研还是出国留学都能有效帮助该专业的学生提高就业竞争力，增加履历含金量。

财政学专业的考研方向主要有财政学、工商管理、公共管理、税务等专业。

（4）推荐院校

北京大学、复旦大学、中国人民大学、浙江大学、上海财经大学、南开大学、武汉大学、西安交通大学、对外经济贸易大学、厦门大学、中央财经大学、四川大学、山东大学、华中科技大学、湖南大学、吉林大学、西南财经大学、中南财经政法大学、中央民族大学、暨南大学等。

（5）报考建议

学习财政学专业的学生，最好有较好的数理分析基础。无论是税收征收还是预算安排或者支出监督，都要与数字打交道，要静得下心，沉得住气。如果一见数字"头就大"，那么选择这个专业时还需慎重。

财政学专业有明确的培养目标和要求，考生应注意是否与自己的学习兴趣、就业偏好和职业发展规划相适应。如果学生想成为财政经济管理方面的公务人员，要求胸怀天下，立志为社会公共利益贡献自己的力量，需要具有从事公共管理的高尚敬业精神。

（五）统计学类专业 ❯

　　统计学在日常生活中被广泛应用，比如购物软件的商品推荐、志愿填报时的数据分析又或是各类政府报告中的数据收集和分析。小到家庭、企业，大到政府部门、国家都离不开统计学。

　　随着计算机和大数据的火热发展，统计学专业的热度近年不断上升。目前，统计学类专业主要包括一般统计和经济统计两类专业方向，分别对应了目前薪资水平最高的互联网行业和金融行业的人才需求，这使得统计学类专业成为近年最热门的学科之一。

1　统计学 ✎

（1）专业介绍

　　统计学是应用数学的一个分支，是一门融合自然科学和社会科学的交叉性很强的融合学科。统计学主要通过利用概率论建立数学模型，收集、整理和分析数据，做出总结和预测，为相关决策提供依据和参考。

　　由于统计学的实用性，统计学专业已经从金融行业发展到科研、教育、管理、互联网、日常消费等各行各业，是一个前途广阔的"万金油"专业。

（2）主要课程

　　数学分析、几何代数、数学实验、常微分方程、复变函数、实变与泛函、概率论、数理统计、抽样调查、随机过程、多元统计、计算机应用基础、程序设计语言、数据分析及统计软件、回归分析、可靠性数学、实验设计与质量控制、计量经济学、经济预测与决策、金融数学、证券投资的统计分析、数值分析、数据结构与算法、数据库管理系统、计算机网络系统、系统分析与软件设计等。

（3）发展前景

▎就业：

　　总体来说，统计学专业毕业生的就业方向比较宽广，主要就业流向有四大类。

第一类是政府机关，如统计局、财政局。这类岗位胜在稳定，工作压力也比很多私企小，薪酬待遇不算很高，属于中上水平。近年来，这类岗位的竞争越来越大，需要考生在大三就开始尽早准备公务员考试，或者通过读研后报考仅研究生可报的岗位，减少竞争对手数量。

第二类是银行、保险公司、证券公司、"四大"会计师事务所等金融行业或市场调查公司、咨询公司、各公司的市场研究部门。很多经济方向的学生会选择这个方向就业。由于金融行业的薪资水平很高，竞争也非常激烈，相关岗位对学历和学校以及实习经历的要求都很高，毕业生在这类岗位就业的压力也会比较大，抗压能力不好的学生需要谨慎考虑。

第三类是互联网行业中数据分析师岗位。这类岗位的薪资待遇虽然比不上开发和运维等程序员岗位，但总体水平还是比较高的。它对毕业生编程和数据分析的能力要求较高，学生可以通过实习和项目实践提高这方面的能力。

第四类是工业相关的企事业单位的质量检测部门。这类岗位薪资水平比较一般，但相对应的，竞争和压力也稍小一些。

▌升学：

很多统计学相关的热门岗位竞争很激烈，对毕业生的学历、科研能力和经验的要求都比较高。因此，很多统计学专业的学生也会考虑继续读研。该专业的学生在研究生阶段既可以继续选择攻读统计学专业，也可以选择经济学或者大数据相关专业。

统计学专业在美国、法国等发达国家起步较早，是这些国家的强势学科，部分统计学专业的学生也会选择出国留学。对于想要出国留学的同学来说，尽可能提高绩点、学好英语和增加实践经历都是非常重要的。

（4）推荐院校

北京大学、中国人民大学、南开大学、东北师范大学、华东师范大学、厦门大学、北京师范大学、东北财经大学、上海财经大学、浙江工商大学、中国科学技术大学、江西财经大学。

（5）报考建议

统计学专业对数学要求较高，适合数学基础好、对数字敏感、逻辑推理能力强的学生报考。学生需要使用统计软件收集、整理和分析数据，有时还需要编程进行辅助。因此，学生需要不抵触计算机编程方面的学习且具有细心、耐心的品质。

目前，高校开设的统计学主要分数理统计和经济两个方向。数理统计授予理学学位，一般在数学学院或者统计学院，也有一些计算机强校将其设在计算机学院下，理工类院校优势明显；经济方向则授予经济学学位，一般设在金融学院或经济学院，财经类院校有较大优势。因此，考生报考前可以根据自己的偏好和需求选择院校。

2 应用统计学 ✏️

（1）专业介绍

应用统计学专业是研究现象总体数量关系的方法论科学，包括社会现象和自然现象。该专业主要研究统计学的基本理论和方法，运用计算机技术和对大量数据进行处理和分析，用以解决各个领域内的实际问题。

应用统计学与统计学专业在本科阶段的差距较小，应用统计学的招生规模略大于统计学，在研究生阶段应用统计学更偏向培养专业型人才，而统计学专业更倾向培养研究型人才。

（2）主要课程

数学基础课、概率论、数理统计、运筹学、描述统计、抽样调查原理、多元统计分析、计算机基础、应用随机过程等。

（3）发展前景

就业：

应用统计学的就业率和薪资待遇总体情况不错，就业方向主要包括政府机关，如统计局、财政局、银行、保险公司、证券公司、"四大"会计师事务所等金融行业或市场调查公司、咨询公司、各公司的市场研究部门、互联网行业中数据分析师相关岗位、工业企业的质量检测部门等企事业单位。

应用统计学和统计学的就业情况差别很小，如果学生想去企业工作，专业基本没有差别。企业招聘时更关注学生的综合素养、院校层次和实习经验。对于想考公务员的学生来说，统计学专业比应用统计学优势略大一些，因为会有少数岗位要求仅招收统计学专业。

▌升学：

统计学相关的热门岗位竞争激烈，尤其是金融和互联网行业招聘时都要求相关岗位有硕士学历，很多学生都会选择继续读研。

应用统计学的本科生在考研时既可以选择应用统计学专业，也可以选择统计学专业。应用统计学的研究生专业属于专硕，统计学属于学硕，学生可以根据自己的意愿选择专业。如果学生有读博的打算，统计学硕士是更适合的选择；没有读博需求的学生则可以选择应用统计学硕士。

想转专业的学生，也可以考虑与统计学密切相关的经济学或大数据相关专业。

（4）推荐院校

中国人民大学、北京大学、北京师范大学、浙江工商大学、东北财经大学、上海财经大学、江西财经大学、东北师范大学、中山大学、中央财经大学、中南财经政法大学、上海对外经贸大学。

（5）报考建议

应用统计学专业对数学的要求较高，适合数学基础好、对数字敏感、逻辑推理能力强的学生报考。该专业学生需要使用统计软件和计算机编程技术，因此学生需要不抵触计算机编程方面的学习。学生还得关注大量数据指标，需要具有耐心、细心的品质。

目前，应用统计学主要分数理统计和经济两个方向，考生报考前可以根据自己的偏好和需求选择适合的专业方向和院校。如果有考公务员需求的考生，更推荐统计学专业。

（六）法学类专业 〉

近年来，法学专业多次登上就业蓝皮书的红牌专业，即失业量大，就业率低、月收入和就业满意度综合较低的专业，但是法学专业依然是文科生最爱报考的专业之一。一方面是因为开设法学专业的院校很多，每年招生人数非常多，并且文理兼招；另一方面则是因为法学专业不需要学高数，很适合文科生报考。其实，法学专业是典型的符合"二八定律"的专业，即少数人挣大钱，多数人挣小钱，就业上限和下限差距很大。

1 法学 ✏

（1）专业介绍

法学专业是研究与法相关问题的专门学问，是法学门类下的一级学科，下设法学理论、法律史、宪法学与行政法学、刑法学、民商法学、诉讼法学、经济法学（含：劳动社会保障法学）、环境与资源保护法学、国际法学（含：国际公法、国际私法、国际经济法）、军事法学等 10 个二级学科。需要注意的是，法学专业与法学学位、法学类专业都有区别，只有法学一级学科以及其下设的 10 个二级学科才是我们传统认知中的法学专业。

对于法学学生来说，想从事法律相关岗位的工作，必须通过国家统一法律职业资格考试，即被称为"天下第一考"的司法考试。无论是法官、检察官、律师、公证员、法律顾问、仲裁员（法律类）还是政府部门中从事行政处罚决定审核、行政复议、行政裁决的人员都必须通过法律职业资格考试。自 2018 年法考改革以来，考试的通过率在 10%～15%，考生需要充分掌握法律知识并且能做到灵活运用，才有可能通过司法考试。

（2）主要课程

法理学、中国法制史、宪法、行政法与行政诉讼法、民法、商法、知识产权法、经济法、刑法、民事诉讼法、刑事诉讼法、国际法、国际私法、国际经济法。

（3）发展前景

就业：

随着法学毕业生人数的大幅增加，以及相关法律行业从业人员的饱和，法学专业近些年就业形势严峻。无论是普通高校还是"985 工程"名校，法学专业的就业率都排名倒数，甚至五院四系的本科生就业率也不尽如人意。

法学专业的学生主要有四类法学相关的就业方向。

第一类是律师。律师的薪资收入两极化情况严重，律师的收入与学历、从业经验、当地经济发展水平、个人能力与人脉都有关系。并且律师需要面临大量加班和出差的情况，工作强度和压力都很大，对于从业人员的口才和职业技能的要求也非常高。

第二类是考公务员，进入与法律关联性很强的公安机关、检察院和法院系统等司法机关从事法律工作。每年也有很多其他政府机关会招收法学生，如税务局、工商局等。法学专业是每年公务员考试招录人数最多的专业之一。这类岗位的薪资一般在所在地区的中上水平，上限不是很高，但福利待遇很好，工作稳定，对毕业生来说是一个不错的选择。尤其是对于普通学校的法学生来说，公务员基本上是最好的就业选择了。

第三类是企业法务岗位。相关工作主要包括起草、审核与管理合同、处理案件和提供法律咨询工作。一般只有比较大型的公司才会有法务部。所以这类岗位的数量不是很多。这类岗位一般更偏向民商法、国际法与知识产权方向的法学生，竞争比较激烈，所以学生的实习经历、英语听说读写能力、学历和学校层次都很重要。

第四类是做老师。如果学生获得法学博士学历，并且学术能力很强，可以去高校担任专业课老师。如果学术能力一般或只有研究生学历，也可以考虑从事高校行政岗的老师，如辅导员。此外，如果考试能力和语言表达能力很强，也可以考虑去培训机构担任司法考试培训老师。

上述这类与法学关联性比较大的工作岗位对于学生的学历和学校层次要求都比较高，一般需要"985工程"名校或者五院四系的研究生，并且需要通过司法考试。因此，每年也有很多法学生会选择转行，比如新闻传播、人力资源、市场营销、秘书等岗位。

升学：

由于法学专业就业竞争压力的不断增大，继续升学已经成为法学专业的一大趋势。各高校保研难度越来越大，考研人数更是激增，甚至每年还有很多第二次、第三次考试的学生，加上法学专业本身涉及的知识点数量很多，法学考研难度相当于第二次高考。想在国内继续读研的考生，应尽早开始准备。

国内法学专业在研究生阶段分为法学硕士和法律硕士。前者是学术性硕士，更偏向于理论研究，适合想要读博或者走学术型路线的学生报考，无论学生本科是不是法学专业都可以报考；后者是专业型硕士，更偏向于实践应用。对于律师、公务员等就业方向来说，学硕和专硕的区别不是很大。法律硕士又分为法律硕士（非法学）和法律硕士（法学）两种，本科不是法学专业的学生仅可以报考法律硕士（非法学）。因此，含金量相对较低，竞争力优势较小。

出国留学也是法学生继续升学的一个途径，尤其对不想考研的学生来说，不失为一个提升学历的好方法。部分国家的法学硕士学时较短，如英国只有一年时间，可以有效降低学生读研的时间成本。出国留学可以提高学生的英语水平，增加海外留学背景，为学生进入高端律所提高一定竞争力。但国外大学的法学专业学费比较高，可能需要 30 万～ 100 万人民币不等，对普通家庭来说经济负担较重，不如国内升学性价比高。需要注意的是，西方国家的英美法系和中国的大陆法系之间有巨大差异，如果去英美法系国家留学，一般会选择国际法相关方向。

（4）推荐院校

中国政法大学、中国人民大学、武汉大学、西南政法大学、华东政法大学、北京大学、清华大学、中南财经政法大学、上海交通大学、吉林大学、浙江大学、南京大学、厦门大学、对外经济贸易大学、西北政法大学。

（5）报考建议

法学专业对于学生的逻辑思维能力有较高的要求，适合逻辑思维强、善于文字表达、沟通交流能力强的学生就读。此外，法学是一个文理兼招的专业，文科生的背诵能力和理科生的逻辑思维都能发挥一定的优势。英语听说读写能力对于法学专业的学生来说也很重要。

由于法学专业要学习的知识量很多，对考生的学习能力要求较高。并且每年法律条文都会有一定的修改，因此报考法学专业就代表着学生需要做好终身学习的准备。

由于就业竞争压力很大，如果学生的分数不能考上"985 工程"高校或者五院四系这类法学强校，或者没有读研打算，那么不建议学生报考法学专业。

此外，法学的方向很多，考生可以根据自己的需求和偏好的就业方向选择适合的专业方向，想去企业做法务相关工作则更适合选择民商法或者国际法而不是刑法。

2　知识产权 ✎

（1）专业介绍

知识产权专业主要研究法律、知识产权等方面的基本知识和技能，培养能在律师事务所、专利事务所、商标事务所、版权局、商标局、专利局等企事业单位进行知识产权服务的人才。工作内容可能涉及知识产权的代理、转让、登记、鉴定、评估、认证、咨询、检索，如在公、检、法等部门可能会进行专门的知识产权司法审判及其他法律事务的处理。

知识产权专业本科的学习以法学以及知识产权方向相关的课程为主，辅以部分管理类以及理工类课程。

（2）主要课程

法理学、宪法学、民法学、刑法学、刑事诉讼法、行政法与行政诉讼法、国际私法、国际法、著作权法（版权法）、专利法、商标法、知识产权国际公约、专利文献检索、知识产权损害赔偿、合同法、知识产权法原理、网络环境下的知识产权保护、企业知识产权战略、反不正当竞争法、知识产权代理实务等。

（3）发展前景

┃ 就业：

随着我国对知识产权的保护和重视程度越来越高，行业非常有发展前景。但是我国知识产权行业仍然处于起步阶段，本科阶段的学习无法完全满足该行业对于从业人员的需求，整体就业情况不太理想。

知识产权专业的就业方向主要有两类，一类是进入知识产权行业发展，另一类是法学方向。

①知识产权方向：知识产权行业主要包括专利、著作权和商标权三大核心领域，以及商业机密、集成电路图、外观专利设计等小众领域。

其中，专利领域无论是去代理机构还是去企业的法务部门做专利相关的知识产权工作，都必须有代理人资格证，报考条件是理工科专业的专科及以上学历，除非知识产权本科生辅修理工科类专业拿到双学位，否则无法从事相关工作。从目前行业现状来看，理工科的本科生在研究生阶段再攻读知识产权硕士，会比没有理工科学历的知识产权专业毕业生有明显优势。

而著作权和商标权这两类领域的技术门槛相对较低，竞争比较激烈，甚至这类业务也可以直接被法学专业的律师或公司法务部门处理，本科生就业优势不大。学生可以考虑读研提高学历以及通过实习增加实践经验来提高竞争力。

②法学方向：知识产权专业的本科阶段会学习大量法学基础知识，学位也是法学学位。因此，毕业生可以考虑法学专业的就业方向，如使用法学学位报考公

务员。需要注意的是，法学专业本身竞争就比较大、就业情况不理想，律师、企业法务、法官等岗位对学历和学校要求较高。想从事法学方向的岗位，需要继续攻读法学专业的研究生才有机会。

▍升学：

无论是知识产权行业还是法学行业对于学历都有一定的要求，因此很多学生会选择继续升学。

如果想从事知识产权行业，读研可以选择理工科硕士以满足专利代理的理工学历需求，也可以继续攻读知识产权专业。

如果想转法学方向，学生可以考法学相关的专业。知识产权专业本科的专业课就有法学专业的基础专业课，转方向难度不是很大。但是近年来法学专业的考研人数大幅上涨，考"985 工程"名校以及五院四系的法学专业不是一件容易的事，需要学生打好法学专业课的基础，建议学生尽早开始准备复习。

（4）推荐院校

华东政法大学、华南理工大学、西南政法大学、中南财经政法大学、暨南大学、湘潭大学、安徽大学、重庆大学、苏州大学、烟台大学、湖南师范大学、兰州大学、郑州大学。

（5）报考建议

知识产权专业对学生外语水平、逻辑思维能力和文字表达能力都有较高的要求。此外，由于专利方向需要理工学历，理工科成绩好的学生就读更有优势，最好本科就读期间辅修一个理工科双学位。

该专业本科要学习的内容较多，包含法学、管理学以及部分理工科知识，适合学习能力较强的学生报考。

虽然知识产权专业会包括法理学、刑法学、民法学等必修法学专业课，但不如法学专业的多，对于明确自己想做律师或者法官等工作的学生，与其报考知识产权不如直接报考法学专业。

报考知识产权专业可以优先考虑政法类院校或者理工类院校，在政法类院校更有利于考生学好法学基础知识，有助于学生未来继续攻读法学相关的研究生；而在理工类院校对于学生学习理工相关课程更有优势，便于学生取得理工双学位，学生未来在专利代理方面的工作会更有优势。

（七）文学类专业 〉

　　由于文学类专业报考一般不设科目要求，很受偏文科学生的青睐，每年文学类专业的报考热度都很高。对于充满文艺情怀的学生来说，文学类专业是他们的梦想专业。

　　文学类专业主要有中国语言文学类、新闻传播学类和外国语言文学类三类。前两类在日常生活中会常常出现，无论是读书还是看新闻，都能接触相关专业的从业人员，这使很多学生对文学类专业心生向往。

1　汉语言文学 ✏️

（1）专业介绍

　　汉语言文学专业是中国大学史上最早开设的专业之一，也是中文系最常开设的专业。提到汉语言文学专业，很多人第一反应就是作家。然而基本上大多数学校的汉语言文学专业的老师都会告诉学生"我们中文系不培养作家"，而是以"语言"和"文学"作为研究对象，日常的学习更偏向于培养批评家和分析家。

　　同时，汉语言专业的学生还要学习一些历史、哲学、艺术方面的课程，以便于学生提高文学素养以及更好地了解和分析不同时期的语言和文学作品。

　　该专业属于"万金油"专业，整体就业方向多样，但平均薪资水平一般不高。

（2）主要课程

　　语言学概论、古代汉语、现代汉语、文学概论、中国古代文学史、中国现代文学史、马克思主义文论、比较文学、中国古典文献学、外国文学史、民间文学、汉语史、语言学史等。

（3）发展前景

┃就业：

　　汉语言文学专业的就业形式比较平稳，不算很热门也不算很冷门。该专业被认为是培养"笔杆子"的专业，学生经过四年学习后一般文字和语言表达能力都比较不错，可以选择的就业方向非常广泛。由于专业培养的能力没有很高的技术门槛，相关岗位竞争比较激烈，甚至需要和很多跨专业的毕业生一起竞争，因此该专业对学生本人的综合素质要求比较高。

汉语言文学专业的就业方向主要有六类。

①教师：成为语文老师是很多学生报考该专业的原因。教师岗位就业稳定还有寒暑假，是非常不错的选择。需要注意的是，大多数中学招聘时都要求求职者有全日制研究生及以上学历，除了汉语言文学的免费师范生和愿意去小学当老师的学生，其他想做老师的同学需要继续攻读研究生。此外，教师还需要有教师资格证。因此，考生可以在大三就开始准备教资考试。

②媒体：到报社、出版社、杂志社、电视台、广播电台等媒体单位从事编辑、记者、主持人及其他相关岗位是汉语言文学专业的学生最常选择的就业方向之一。这类岗位对于文字撰写能力和学历的要求都比较高，一般都是研究生起招，除非学生有非常优秀的作品或者得奖经历才可能降低要求。这类岗位一般是国企或者事业单位，福利待遇不错，社会地位也比较高。

③考公务员或者事业编：考编也是汉语言文学专业学生每年的热门选择之一，在每年公务员招录人数最多的专业中排名前五。并且编制考试的申论主要考验学生的阅读理解和写作能力，汉语言文学专业的学生参加这类考试很有优势。

④企事业单位的行政文秘岗位：很多企事业单位的行政文秘岗位对于学生的文字功底要求很高，因此会比较偏向招收汉语言文学相关专业的学生。

⑤互联网行业的文案岗，如品牌文案、新媒体运营、文案策划。各类企事业单位现在都有新媒体运营和市场宣传相关的岗位，这类岗位对策划和写作能力的要求很高，汉语言文学专业的学生在这一方面很有优势。互联网企业尤其是大厂的相关岗位，薪资相比传统企业更高一些。如果学生想进入互联网相关企业，建议在大学期间多参加一些社团与学生会的策划和运营项目，尽可能多地累积一些实习经验。

⑥自由职业，如作家、博主等：随着自媒体和网络文学的发展，学生能尝试自由职业的途径和方向也增多了。如果学生本人的创意很强，可以在大学期间就尝试开始自由职业。如果比较顺利，可以在毕业后继续成为一名全职作家或者博主。

▎升学：

由于教师岗位对学历有一定的要求，如果有此意愿，读研是非常必要的选择。学生可以选择本专业或者教师学相关的硕士专业，如果想成为大学教师的话，甚至需要攻读博士。

如果想进入传媒行业工作，尤其是出版社、报社等单位，也可以通过读研达到入行的学历门槛，提高自身竞争力。选择专业时，既可以选择汉语言文学专业，也可以跨专业考研去传媒类专业，如新闻学、传播学、广告学等。

如果想从事文学或者语言学方面的研究工作，那么本科阶段对于学科知识的掌握程度比较浅，无法满足工作需求，因此也需要通过读研更进一步深入学习。学生可以根据自己的偏好和需求在研究生阶段选择具体的研究方向，如民间文学、古代文学、文艺理论等。

近年来，汉语言文学专业考研人数不断增多，加上汉语言文学专业的学生考试水平也比较高，考研的分数越来越高，难度不断增加，有考研打算的学生可以在大三就尽早开始相关的复习与准备工作。

（4）推荐院校

北京大学、北京师范大学、复旦大学、华东师范大学、南京大学、浙江大学、山东大学、四川大学、中国人民大学、首都师范大学、南开大学、南京师范大学、武汉大学、中山大学。

（5）报考建议

汉语言文学专业对学生的文学素养要求较高，适合语文成绩好、对文学研究感兴趣、审美能力好的学生报考。

报考汉语言文学专业意味着需要大量的阅读和写作，适合文笔好、记忆力好、有毅力的学生就读。另外，写作也需要学生思维活跃，有一定的创新性。

有很多同学和家长会把汉语言文学专业和汉语言专业混淆，其实两者的差别很大，汉语言文学专业主要研究中国文学作品，而汉语言专业主要研究汉语，包括汉语发展的历史、现状以及语言学理论。由于两者名字比较相近，考生报考前一定要注意区别。

2 汉语国际教育 ✏️

（1）专业介绍

汉语国际教育专业在 2010 年开始招生，是由原本的对外汉语、中国语言文化和中国学专业合并而成的，主要涉及汉语及语言学的学习、国际文学的基本理论和基本知识。

该专业的教学目标是培养学生可以流利地使用一种外语进行教学和交流。通俗地说，就是教外国人学汉语。在我国青海、西藏、新疆等少数民族较多的地区，也需要汉语培训教师教当地将汉语作为第二语言的少数民族学习汉语。

（2）主要课程

中国语言文学、外国语言文学、基础英语、英语写作、英汉翻译、现代汉语、古代汉语、中国文学、外国文学、中国文化通论、西方文化与礼仪、国外汉学研究、语言学概论、对外汉语教学概论等。

（3）发展前景

┃就业：

由于近年来受疫情的影响，以及一部分国家孔子学院的关闭，汉语国际教育专业的对口岗位数量大幅下降。目前，汉语国际教育专业毕业生的常见就业方向有下面几类。

①汉语教师：汉语国际教育专业最直接也是最对口的就业方向就是教外国人说汉语。每年教育部中外语言交流合作中心（原国家汉办）或国侨办都会有一些出国任教的岗位，但这类岗位对于学生的学历以及综合素养要求比较高。学生需要考取国际汉语教师资格证。

此外，该专业的学生也可以到对外汉语教育机构担任汉语教师，录取难度会相对低一些。汉语教师这类岗位在国外的数量会远超国内，但不是每个人都能接受常驻国外。国内教外国人汉语的相关工作岗位很少，外国的工作经验在国内也很难沿用。

②中小学语文或者英语老师：汉语国际教育专业的主要课程集中在汉语和英语两方面。因此，很多学生会转行做中小学教师。由于该专业在研究生阶段属于教育学大类，可以不用参加国家教师资格证考试，只要通过学校的合格考试，就能获得教师资格证，节省大量备考时间，难度也大大降低。

汉语国际教育专业偏向语文学科，英语课程的数量和难度没有英语专业那么高，当英语老师的难度会比当语文老师更难一些。

另外，也有一些学生会选择去国际学校做老师。这类岗位通常没有编制，对指标的考核也会更严格，对学历以及双语水平的要求都比较高，但薪资待遇不错。

③企事业单位文职工作：很多学生不愿意选择出国工作，而国内教汉语的市场

又比较小，因此很多汉语言文学专业的学生最终选择了转行，运用自己的语文写作和英语技能到企事业单位从事文职工作。也会有一部分学生会选择考编，汉语国际教育专业本科阶段属于中国语言文学类，对于考编来说还是比较有优势的。

▌升学：

汉语国际教育对口岗位比较少，且教师相关岗位对学历的要求都比较高。因此该专业的很多学生会选择考研。汉语国际教育专业的学生可以选择的考研方向包括汉语国际教育、语言学及应用语言学、汉语言文字学、中国语言文学等。

值得注意的是，汉语国际教育专业在本科阶段属中国语言文学类专业，授予文学学士学位，汉语国际教育硕士专业属于教育学一级学科下，授予教育学学位。教育学学位可以免国家考试获得教师资格证，但是在考公务员时对应的岗位很少，学生可以根据自己的需求进行选择。

（4）推荐院校

南京大学、北京语言大学、华东师范大学、浙江大学、上海外国语大学、四川大学、首都师范大学、南开大学、湘潭大学、黑龙江大学、山东大学、上海师范大学。

（5）报考建议

汉语国际教育对语文和英语科目的要求比较高，适合语言学习能力和表达能力较强、乐于与人交流沟通、对教育行业有兴趣的学生报考。

该专业的学习和工作需要涉及与外国人的沟通交流，适合对不同文化好奇并且包容度高的学生学习。

此外，该专业的大量对口岗位可能需要出国工作，学生报考前需要考虑清楚自己是否能接受，对于不能接受长期异国生活工作的学生，不建议报考该专业。

3　新闻学 ✏

（1）专业介绍

新闻学是研究新闻事业和新闻工作规律的科学，是我国文科专业中开设院校最多的专业之一，招生时该专业文理兼招，报考人数很多。新闻学专业主要学习新闻理论、新闻发展史和新闻业务，同时涉及政治学、经济学、计算机基础等方面的课程，并且该专业通常对英语有严格的要求。

该专业学习的内容多而杂，涉猎范围非常广泛，专业的实践性很强，学生需要在学习后能熟练掌握采访、写作、编辑、评论、摄影等业务知识与技能，并且有丰富的实践经历。近年来，随着互联网行业的发展，新媒体行业发展迅猛，为其创造了更多的发展方向和机会，专业热度进一步上涨。

（2）主要课程

新闻学概论、中国新闻事业史、外国新闻事业、新闻采访与写作、新闻编辑与评论、马列新闻论著选读、中国历代文学作品选读、大众传播学、新闻法规与新闻职业道德、新闻摄影、广播电视学、新闻事业管理、广告学与公共关系学等。

（3）发展前景

就业：

由于学习新闻学专业的人数较多，并且专业的技术性相比理工类专业不算很强，该专业的就业竞争非常激烈，甚至需要和很多跨专业的人一起竞争对口岗位。因此，整体就业情况不是很理想。虽然就业竞争大，但新闻学专业的就业方向是很广泛的，可以选择的岗位很多。

新闻学学生最为对口的就是媒体行业，毕业生既可以从事传统媒体行业的记者、编辑、主持人、评论员、影视节目制作人员等岗位，也可以从事新媒体行业的网络编辑、新媒体运营、博主等。

传统媒体行业的工作稳定性和社会地位比较高，岗位较少，竞争非常激烈，对于毕业生的学历和实习经历要求都非常高。以报社为例，普遍要求研究生学历，对于毕业生写作能力的要求也很高。

新媒体领域随着互联网的发展，有非常多的岗位，对于学历的要求偏低，也没有严格的专业限制，很多其他专业的毕业生都可以转行来相关岗位。这类岗位对求职者的能力要求更多元，除了基础的写作能力，可能还要求他们掌握作图、修图、视频拍摄与制作、数据分析等多方面的技能。新媒体领域的起步薪资与门槛较低，岗位稳定性不强，但工作的自由度更高，未来发展的可能性更多，发展空间更大。

此外，新闻学专业的学生也可以考取编制，部分事业单位和政府机关的宣传部门也会招收新闻学专业的学生。需要注意的是，目前大部分报社、出版社和电视台已经取消了事业编制。因此，有编岗位的数量相对不多，编制考试的竞争相对较大。

┃升学：

由于新闻学专业本科的课程"博而不精"，就业竞争又很激烈，一部分学生会选择继续深造，提高自己的竞争力。尤其对想进入知名媒体就业的学生来说，研究生学历更是必不可少的。该专业可以选择的考研方向包括新闻与传播、新闻学、新闻传播学、传播学。学生研究生毕业后继续读博还可以走学术路线留校任职。

对于想学习更多技能或者提高技术水平的同学，读研可能不是最佳选择，直接就业或者通过自学和大量实践练习更加高效。研究生的实操机会并不算太多，很多研究生的实操能力可能并不如实践经验丰富的本科生。因此，学生考研前一定要考虑清楚自己想要发展的方向和深造的目的。

（4）推荐院校

中国人民大学、中国传媒大学、复旦大学、华中科技大学、清华大学、上海交通大学、武汉大学、暨南大学、北京大学、华东师范大学、上海大学、南京大学、南京师范大学、浙江大学、厦门大学、四川大学。

（5）报考建议

新闻学专业对于学生文学素养要求较高，适合写作能力较强、对新闻学感兴趣的学生就读。新闻报道是新闻学专业的核心技能，因此该专业需要学生有较强的独立思考能力、判断力以及沟通能力，同理心也是在新闻采访过程中必备的特质。

此外，新闻专业的工作可能会涉及很多不同的知识，比如体育板块的新闻工作者需要非常了解体育行业，采访某个科技企业老板则需要对该企业的金融和科技知识有所了解。因此，想报考该专业的学生需要有快速且体系化学习其他学科的能力。

由于开设该专业的院校很多，水平参差不齐，考生报考时可以选择新闻学专业实力较强的院校，一般是文科实力较强的"双一流"院校，或者在某个行业极有优势的院校，如上海体育学院的新闻学专业在体育新闻方向认可度很高，就业很不错。

最后，不建议分数不高只能去普通非重点本科院校的学生选择新闻学专业，否则可能不会有明显的就业优势。

（八）传统工科类专业 〉

在高考志愿填报时，工科专业一直都备受广大考生和家长的关注。传统的工科类专业是新工科建设提出后，对土木工程、电气工程、机械工程、化学工程等传统的工科专业的总称。这些专业的历史较长，国内开设的院校数量众多，行业发展也相对比较成熟。

虽说目前传统工科的势头已经不如新工科，但市场上对于传统工科类人才的需求一直都在。下面我们将详细讲解传统工科类中的热门专业，为需要的考生和家长提供帮助。

1　电气工程及其自动化 ✎

（1）专业介绍

在高考志愿填报时，电气类专业一直都是考生们报考的热门，由于其综合性较强，和人们的生活息息相关，小到一个电器开关，大到航天器的研究，都离不开它。电气工程及其自动化就是其中最具代表性的一个专业。

电气工程是以电能、电气设备和电气技术为手段来创造、维持与改善限定空间和环境的一门科学，涵盖电能的转换、利用和研究三个方面。它的涉及范围较广，不同的大学在课程设置上都会有各自的侧重点，传统的电气工程专业主要培养的是在电能的发、送、配、用四个阶段的设计、安装和维护人才。

简单来说，电气工程及其自动化就是培养电气工程师的专业。如发电机的维护、变压器的安装检测、输电线路的设计、安装后的调试，都是电气工程师的工作内容。

（2）主要课程

电气工程、控制科学与工程、计算机科学与技术、电路理论、信息电子技术、电力电子技术、自动控制原理、微机原理与应用、电气工程基础、电机学、电器学、电力系统分析、电机设计、高低压电器、电机控制、智能化电器原理与应用、电力系统继电保护、电力系统综合自动化、建筑供配电等。

（3）发展前景

▎就业：

学科背景决定就业前景，而电气工程及其自动化专业作为一门基础学科，具有交叉学科的性质，与很多热门行业有着紧密联系。一般来讲，几乎所有的制造类企业都会需要电气工程及其自动化专业人才。因此，即使是传统的工科专业，市场上对于电气类专业人才的需求量仍然较大，毕业生找工作相对比较容易，薪资待遇在中等偏上水平。

该专业对口的就业领域当然是国家电力系统，主要指国家电网公司、区域电网公司、各省电力公司、五大发电集团公司、电力设计院、各省设计院、电力勘测设计院、各城市供电公司、地区县级供电公司等。这些单位是毕业生们最好的就业选择，毕竟工作稳定，福利也很不错。但对应地，这类单位一般门槛较高，对毕业生的学历及学校层次要求很高，所以想进电力系统，需要学生有很强的个人能力。

除此之外，毕业生也可以在航空、航天、民航、电力、通讯电子及其他各行业从事电气工程及相关领域的技术开发、工程设计、系统运行、试验分析、科学研究和经营管理等工作。

由于这是一门实践性很强的学科，在任何行业和单位，都需要毕业生有较强的专业能力和现场经验，那些具有过硬理论基础和技术能力的毕业生更受企业的青睐，未来发展空间也会更广阔。

▎升学：

作为工科专业中的"万金油"，该专业就业面很广，总体就业情况良好，但不同学历造成毕业生的就业去向却大相径庭。由于电力行业对学历要求较高，学生如果没有名校光环加持，想要进入国家电网这样的头部公司非常困难。学生如果想获得一份满意的好工作，还是建议继续升学。该专业的主要读研方向有电气工程、电力电子与电力传动、电力系统及其自动化、控制工程等。

（4）推荐院校

清华大学、华中科技大学、西安交通大学、浙江大学、重庆大学、华北电力大学、哈尔滨工业大学、天津大学、西南交通大学、上海交通大学、海军工程大学、南京航空航天大学、沈阳工业大学等。

（5）报考建议

这个专业需要考生具备扎实的数学、物理基础和较强的综合素质。部分院校对于考生的身体素质也有一定要求，如华北电力大学的《招生章程》中就写明，电气工程及其自动化专业不适宜辨色能力异常（色盲、色弱）的考生报考。有的学校在专业简介中也有报考提示，一眼失明或一眼矫正到4.8，镜片度数大于400度、色盲、不能准确识别单颜色导线等的学生不宜报考该专业。考生在报考时，应该仔细阅读所报院校的《招生章程》，查看是否有特殊要求，以免发生疏漏。

由于开设该专业的院校很多，不同院校的培养侧重点有很大差异，考生在报考前得注意查询清楚目标院校对该专业的培养方向是否与自己的规划相符。此外，部分高校是按大类招生，考生在填报专业志愿时只需选择大类招生专业名称"电气信息类"，入学后经过一年半的大类基础学习，学生可根据自己的学习成绩、兴趣爱好申请选择专业进行学习。对于报考大类招生的学生来说，大一的成绩至关重要，会直接影响到有没有机会进入心仪的专业学习。

2　机械设计制造及其自动化 ✏️

（1）专业介绍

机械设计制造及其自动化专业属于机械大类，被称为工科专业里的"万金油"，报考热度一直都很高，是主要研究各种工业机械装备及机电产品从设计、制造、运行控制到生产过程的企业管理的综合技术学科。

该专业的任务是运用先进制造技术的理论与方法解决现代工程领域中的复杂技术问题，以实现产品智能化的设计与制造。机械制造及其自动化专业已成为装备制造业、汽车工业、材料工业、机电产品等工业技术的龙头，在机电一体化各技术领域发挥着日益重要的作用。

（2）主要课程

工程图学、理论力学、材料力学、机械原理、机械设计基础、气动与液压技术、电工与电子技术、微型计算机原理及应用、机械工程材料、机械CAD/CAM、数控技术、机电一体化设计等。

（3）发展前景

▌就业：

机械行业是国家的基础行业，很多行业的发展都离不开它的支撑，可以说是国民经济的"装备部"。无论是什么行业，只要使用了生产设备、拥有自己的生产线，就一定会有机械专业人才的用武之地。总体来说，机械设计制造及其自动化专业的就业面非常广。

该专业学生在毕业后可去工业生产一线从事机械维修、保养和管理的现场技术支持工作。这类岗位对应聘者有一定技术能力和实践经验的要求。

毕业生可以从事新产品的设计、开发、生产等工作，比如新产品（零件）机械部分的安装、调试、改进、图纸的绘制等。这类工作对毕业生的要求比较高，大多数单位招聘时一般会要求毕业生是名牌大学毕业或硕士学历。

学生还可以从事相关行业机械类产品的销售和客服工作。如果学生能接受这类性质的工作，机械方面的专业知识能让毕业生在工作中更有优势。

虽然可就业的方向很多，但由于我国已经过了重工业化时代，整体就业形势远不如过去，毕业生刚开始工作时的工资待遇不会很高，工作强度可能也会比较大。学生如果报考该专业要做好心理准备。

▌升学：

机械设计制造及其自动化是一级学科机械工程专业下的二级学科，专业涉及机械行业中的设计制造、科技开发、应用研究、运行管理和经营销售等诸多方向，是社会需求很大的一个行业。但由于开设的院校众多，毕业生人数庞大，加上传统工科类专业发展大不如前，有晋升空间的高薪岗位竞争极其激烈。在此背景下，学生想提高自身优势加大竞争力，升学考研是个不错的选择。

该专业的研究方向有数控技术与数控系统、智能制造技术、测试技术与故障诊断、加工过程自动化、计算机集成制造系统（CIMS）等，考生可以根据自身情况及未来规划做出选择。

（4）推荐院校

同济大学、西北工业大学、上海交通大学、西安交通大学、浙江大学、清华大学、华中科技大学、大连理工大学、哈尔滨工业大学、南京航空航天大学、吉林大学、北京航空航天大学、重庆大学等。

（5）报考建议

由于该专业是典型的工科专业，对考生的数学及物理成绩要求较高，适合理科成绩好、动手能力强的学生报考。

此外，工科类专业中的男女比例一直都不是很平衡，加上毕业后的工作环境及强度对女生来讲都不是很友好，女生报考需要谨慎考虑。

3　能源与动力工程

（1）专业介绍

能源与动力工程属于工科中的能源动力类，主要致力于传统能源的利用、新能源的开发以及如何更高效地利用能源。能源包括水、煤、石油等传统能源，也包括核能、风能、生物能等新能源，以及未来将广泛应用的氢能。动力方面则包括内燃机、锅炉、航空发动机、制冷及相关测试技术。

能源与动力工程专业主要分成工程热物理过程及其自动控制、动力机械及其自动化、流体机械及其自动控制和电厂热能工程及其自动化四个专业方向。

（2）主要课程

工程力学、机械设计基础、机械制图、电工与电子技术、工程热力学、流体力学、传热学、控制理论、测试技术、燃烧学等。

（3）发展前景

┃就业：

能源与动力工程专业被誉为"未来就业面最宽的专业"之一，主要因为能源动力是经济和社会发展的重要物质基础。一般来说，一个国家的国民生产总值和它的能源消费量大致成正比。能源动力工程直接关系到国民经济的发展和人民生活水平的高低，所以相关专业的就业率也长期居于高位。

与人们印象中的"烧锅炉""挖煤"不同，现在的能源动力工程不仅涵盖锅炉、热力发电机，还包括汽轮机、燃气轮机等流体机械，以及水利机械、空调工程、制冷及低温工程等，该专业毕业生可以选择汽车类、航天类、核电类、动力设备、空调制冷等企业就业。

如果学习的专业方向是热力发动机、内燃机等，一汽、北汽等汽车厂都是很不错的选择。大多数汽车厂都有发动机生产部门和研发部门，对相关人才有一定需求。此外，学生也可以选择发动机设计公司。生产柴油机、农业机械等企业也是毕业生常见的就业去向。

▍升学：

虽说能源与动力工程专业的就业面很广，总体就业率也很高，但如果毕业生要想进入比较好的工作单位，例如国家电网、研究所等，还是建议考研。这类企业的部分技术和研发岗可能会对学历有一定要求，同时学历也会影响定薪定职级。对于女生来讲，大部分要求本科学历的岗位环境不是特别友好，攻读研究生则更有机会找到适合的工作。

该专业可以选择的考研方向主要包括动力工程及工程热物理、动力工程、热能工程和工程热物理。

（4）推荐院校

清华大学、上海交通大学、北京航空航天大学、哈尔滨工业大学、同济大学、华中科技大学、北京理工大学、西安交通大学、中山大学、中南大学、中国科学院大学、武汉理工大学、北京科技大学、天津大学、西北工业大学、武汉大学等。

（5）报考建议

能源动力类专业对考生的身体条件有一定的要求，根据《普通高等学校招生体检工作指导意见》可以得知，主要脏器：肺、肝、肾、脾、胃肠等动过较大手术，功能恢复良好，或曾患有心肌炎、胃或十二指肠溃疡、慢性支气管炎、风湿性关节炎等病史，甲状腺功能亢进已治愈一年的；任何一眼矫正到 4.8 镜片度数大于 800 度的，都不宜就读能源动力类。还有部分学校在报考要求中也有提示，如不适宜辨色能力异常（色盲、色弱）的考生报考。

由于该专业的方向较广，大部分高校会根据自己的专业方向和优势特色设置课程：有的偏重电力、锅炉，有的侧重内燃机、汽车发动机，有的偏重制冷与低温。建议考生在报考前做好功课，查看报考院校的专业侧重方向是否符合自己对未来的规划，避免后悔"入坑"情况的出现。但无论侧重哪个方向，该专业对于物理的要求都很高，不擅长物理的同学要谨慎报考。

4 自动化 ✎

（1）专业介绍

自动化是指机器设备、系统或生产、管理过程在没有人或较少人的直接参与下，按照人的要求，经过自动检测、信息处理、分析判断、操纵控制，实现预期目标的过程。采用自动化技术不仅可以把人从繁重的体力劳动、部分脑力劳动以及恶劣、危险的工作环境中解放出来，而且能扩展人的器官功能，极大地提高劳动生产率，增强人类认识世界和改造世界的能力。因此，自动化是工业、农业、国防和科学技术现代化的重要条件和显著标志。

自动化专业主要研究自动控制的原理和方法、自动化单元技术和集成技术及其在各类控制系统中的应用。它以自动控制理论为基础，以电子技术、电力电子技术、传感技术、计算机、网络信息技术为主要工具，面向各个部门、各个行业和各个领域。

（2）主要课程

电路、信号与系统、PLC 编程应用、模拟电子技术、数字电子技术、自动控制原理、现代控制理论、微机原理及应用、软件技术基础、电机与拖动、电力电子技术、计算机控制技术、系统仿真、计算机网络、运动控制、过程控制、单片机与嵌入式系统原理、计算机辅助设计、专业英语、智能控制、C 语言程序设计、C++ 语言等。

（3）发展前景

┃就业：

自动化专业与现代化工业、农业、国防、民生都息息相关，由于其涉及范围广，与其他学科交叉甚多，因此该专业毕业生的就业选择面也广，未来发展空间较大。学生转专业和转行都相对比较容易。

目前，该专业比较热门的工作方向有人工智能与机器人控制，适合电机学相关知识扎实、具有基本的嵌入式开发能力的学生。这类岗位的工作内容需要软硬件结合，对学历有一定要求。

此外，嵌入式方向是本科毕业生选择最多的方向之一。这个方向的工作内容虽然既涉及软件也涉及硬件，但更考验毕业生的硬件能力，要求掌握各型号的单片机，对基本控制算法也能熟练运用，以后的职业发展方向主要是硬件工程师。

如果对自己能力没有把握的学生，能接受相对艰苦的工作环境，也可以选择到工业现场车间进行工作。这类岗位一般要从学徒工做起，积累经验后可以应聘企业的高级岗位。这个方向适合对自动化有足够热爱、能沉下心锻炼自己、具有不断学习能力的学生。

只要不过分挑剔，自动化专业的毕业生找到一份工作不成问题，但本科毕业生刚开始工作时的工资不会太高。该行业的待遇与实际经验紧密相关，工作几年后获评为中级工程师或高级工程师，待遇薪资都会有大幅度的提升。

▍升学：

自动化专业在本科阶段的学习更偏向于理论基础，并不能很好地满足毕业生在工作阶段所需的知识和技能需求，加上目前的就业趋势，企事业单位对于毕业生学历要求逐渐变高。因此，想要获得一份令人满意的工作，还是推荐各位考生考研。

该专业在本科阶段称为"自动化"专业，研究生阶段称为"控制科学与工程"专业。控制科学与工程是研究生阶段工科门类下的一级学科，下设控制科学与工程，控制理论与控制工程，模式识别与智能系统，检测技术与自动化装置，导航、制导与控制，系统工程 6 个二级学科。选择考研方向时，可根据自身的兴趣爱好以及职业规划等情况进行选择。

（4）推荐院校

清华大学、东北大学、哈尔滨工业大学、北京航空航天大学、上海交通大学、浙江大学、华中科技大学、西安交通大学、北京理工大学、东南大学、南京理工大学、中南大学、同济大学、山东大学、西北工业大学等。

（5）报考建议

自动化是典型的理工科专业，在大学阶段学习的知识比较全面，课程与课时都多于很多工科专业。在不少院校，该专业的课程安排得很满，课业压力也比较大，对理工科基础较差的考生来讲，学习起来比较吃力，报考时要慎重。

此外，由于该专业涉及面实在太广，在学习过程中势必无法达到更精准深入的培养，需要学生自己在大一时就确定好方向，自己在课堂之余花时间和精力去学习钻研，适合自学能力和行动力较强的学生。

（九）数学类专业 〉

数学，作为人类历史上最伟大的学科之一，兼备逻辑美与形式美，是人类对自然法则的高度概括和总结，让不少学者与科学家们都心驰神往。作为基础且又至关重要的一门学科，大多数综合类与理工类院校都会开设数学类专业，考生报考的热度也是经久不衰。虽然身为学科，数学类专业站在一个比较尴尬的位置：既没有直接对口的就业渠道，其深奥程度又让不少怀揣数学梦想的学子们望而却步。但数学对人的影响是潜移默化的，在学习数学时所练成的逻辑思维能力，是不管身处哪个行业都需要的。

数学类专业属于理学，学制四年，毕业后拿理学学位，下设 3 个二级学科：数学与应用数学、信息与计算科学和数理基础科学。其中，数学与应用数学、信息与计算科学两个专业开设院校很多，而数理基础科学开设院校十分有限。

数学与应用数学 ✎

（1）专业介绍

数学与应用数学专业被称为是自然科学的基础，由基础数学和应用数学两部分构成。其中，基础数学研究的是数学学科的基本理论和基本方法，属纯数学的范畴，比如数论、符号运算规律、抽象代数等就是基础数学的研究对象，而应用数学研究的是由实际问题产生的数学理论和数学方法，具有明显的实际背景，比如数理统计、运筹学、最优化理论、数学物理方程等都是应用数学的研究对象。

在现代，数学不仅作为一个解决问题的工具，而且已成为时代文化的一个重要组成部分，一些数学概念、语言已渗透到日常生活中，一些数学原理已成为人们的必备知识。

（2）主要课程

分析学、代数学、几何学、概率论、物理学、数学模型、数学实验、计算机基础、数值方法、数学史等，以及根据应用方向选择的基本课程等。

（3）发展前景

┃就业：

数学与应用数学在大众认知中的就业方向就是数学老师，但其实该专业可以从业的方向不只这一种。由于该专业与其他相关专业联系紧密，以它为依托的专业非常广泛，因而报考该专业较之其他专业来说回旋余地更大，重新择业改行也容易得多。

本科阶段，学生主要学习数学专业的各种基础知识，同时也学习一些与计算机、信息、金融等有关的课程。因此，如果学生综合能力很强，可以从事科研机构、政府机关、企业的相关技术工作和管理工作，或在生产、经营及管理部门从事实际应用、开发研究工作。此外，毕业生也可以从事与计算相关的工作。

但需要注意的是，此专业本科阶段的学习除了数学基础外，其他的方向可以说是"广而不精"。因此，虽然该专业的就业方向很广泛，但学生想在本科毕业就找到一份薪资待遇和工作内容都令人满意的工作是有很大难度的。以该专业作为本科专业打好基础，再攻读某一细分方向的研究生，就业薪资待遇就会有一个质的飞跃。

┃升学：

数学作为所有理科类专业的基础，已经有上万年的发展历史了，如果学生想要继续在这一领域有所突破极其困难，不读博基本没有可能。一般来讲，数学与应用数学的研究方向划分是根据院校自身的科研条件和师资力量来确立的，可以说是"各自为政"。它的主要研究方向包括：应用数学、基础数学、学科教学（数学）、计算数学等。

如果学生想要以数学为基础转行至其他领域发展，也建议通过读研更深入地学习相关知识。可以考虑的方向有统计、金融、经济、计算机等。

（4）推荐院校

北京大学、清华大学、复旦大学、浙江大学、南开大学、四川大学、新疆大学、大连理工大学、西安交通大学、上海交通大学、兰州大学、山东大学、同济大学、湖南大学、东南大学、中国科学技术大学、北京理工大学等。

（5）报考建议

该专业对于考生的数学基础有一定的要求，需要考生对数学有足够的热爱，善于攻克数学难题。学习和研究数学需要较强的逻辑推理能力和空间想象能力，还需要良好的抽象思维能力、直觉能力和丰富的想象力。

数学是基础学科，所以在选择数学专业的时候，最好能有进一步深造的计划。另外，虽然数学专业理论强、实际应用偏少，但是在研究生阶段可以转到经济金融类、计算机等方向，考生如果有这些想法，可以尽早着手了解这些方向，学习相关的知识。

三、就业竞争激烈的专业

有些专业，报考的人数众多，但市场上的需求岗位却无法容纳众多的毕业生，这就造成了就业竞争激烈的情况。这些竞争激烈的专业中，有些是因为各种因素导致行业发展受阻；有些则是因为专业涉及知识面过于广泛、专业性不强，加上行业入行门槛不高，导致毕业生找工作没有优势。因此，考生在报考前要做好全面了解，以防在志愿填报时出现因盲报而"踩坑"的情况。

下面，我们将为大家介绍近年来就业竞争比较激烈的几大专业。

1 生物科学 ✎

（1）专业介绍

生物科学，又称生命科学，是自然科学的一大门类，也是生物类专业中最基础的学科。生物科学专业很神秘，知识体系庞杂繁复，广泛研究生命的所有方面，包括生命起源、演化、分布、构造、发育、行为与环境的互动关系等。该专业重在探索自然的规律、揭示生命的本质和奥秘。

人类面临的一系列重大问题，很大程度都依赖于生物科学和生物技术的发展。因此，生物科学一直是现代科学发展的核心之一。

（2）主要课程

细胞生物学、遗传学、生物化学、动物学、微生物学、解剖与生理学、免疫学、生物统计学、生物信息学、神经生物学实验、感染与免疫前沿进展、微积分、线性代数、概率论、无机及分析化学、有机化学、物理化学、大学物理、普通生物学、生物化学、细胞生物学等。

（3）发展前景

▌就业：

虽然生命科学行业的发展前景一片光明，但目前生物科学专业的毕业生就业形势十分艰难。由于国内生物科学研究能带动的下游产业有限，该专业对口岗位不多，就业面很窄，但每年毕业的学生数量很多，这就导致了相关行业对于应聘者的要求不断提高。如果毕业生只拥有本科学历，就业难度还是比较高的。

在大众认知中，该专业毕业生比较稳健的出路就是去初高中当生物学科的老师。其实，现在想进入学校当老师至少需要研究生学历，考编的竞争也很大。

该专业的绝大多数毕业生都进入了生物医药行业。如果学生只有本科学历，一般只能从事试验员、检验检测员或车间生产等流水线工作，或者转行做医药销售。如果学生有研究生学历，则可以在医药公司或者科研机构做科研助理，但薪资待遇相对较低。

只有获得博士学位，才有机会进入科研机构或者药企进行真正的科研研究，但这类科研成果的转化周期较长，这使该专业毕业生与同等学历其他专业的毕业生相比，薪资待遇不太理想。学生也可以选择博士毕业后，在高校留任当教师，可以利用高校资源进行研究，工作相对稳定，福利待遇也比较不错。

▌升学：

生物科学比较依赖研究生学历，因为本科涉猎的学习内容比较宽泛，对实际科研、应用能力的培养较少。如果走学术这条路，务必要考研，只有读研究生，才能给予你更多选择的权利，将来才能成生物领域领军人才。当然走学术这条路，也要看大方向，看趋势，看导师，不是光有理想就可以的。

读研对想在生物科学行业发展的学生来说，是必需的选择。因为该专业涉及的内容过于宽泛，本科阶段仅完成了理论方面的教学，对实际科研和应用能力的培养较少，学生很难从事实验和研发相关的工作。如果学生想走学术方向，学历越高，就业可选择的范围也就越广。该专业可以选择的考研方向包括生物化学与分子生物学、学科教学（生物）、植物学、细胞生物学等。生物信息学、生物医学这类与其他学科融合的交叉学科也是很值得推荐的考研方向。

（4）推荐院校

北京大学、清华大学、上海交通大学、中国科学技术大学、南京大学、武汉大学、中国农业大学、华中农业大学、浙江大学、复旦大学、华中科技大学、南开大学、厦门大学、中山大学、四川大学、东北师范大学。

（5）报考建议

如果能接受生物科学专业严峻的就业情况，笃定想要报考该专业的话，考生可以在高中阶段参加五大学科竞赛，并且尽量参加强基计划，这样有助于学生在未来升学的道路一马平川。

目前，国内开设生物科学专业的院校众多，在专业培养上也各有千秋，比如中国农业大学的生物工程专业（食品生物工程方向）很有优势，东北林业大学生物科学偏向于生物信息学和遗传学方向，内蒙古大学的生物学是国家重点学科，以畜牧、生态学与环境科学为特色，考生需要根据自身规划来挑选适合自己的方向。

此外，志愿填报时注意不要把生物科学、生物技术及生物工程三个专业混淆。生物科学属于最基础的学科，研究重点在探索自然规律、揭示生命的本质；生物技术则是利用生物科学揭示的规律，来改造生物的一种手段，如经常提到的转基因技术、发酵技术、器官移植技术等；生物工程是把生物技术通过工艺、工程的设计实现产业化、商品化。三者之间环环相扣，但就业方向有较大区别。

2 化学 ✏️

（1）专业介绍

化学是理学下化学类分支专业，也是化学相关联专业的基础学科，主要研究的是物质的结构、组成、性质以及变化规律的基础自然科学，希望借助物质间的化学反应制造出新材料、新能源，从而解决人类不断增长的吃、穿、住、行方面的需求。

化学专业学制一般为 4 年，毕业授予理学学士学位。该专业主要培养具备化学基础知识、基本理论和基本技能，能在化学及与化学相关科学技术和其他领域从事科研、教学技术及相关管理工作的高级专门人才。

（2）主要课程

无机化学、分析化学（含仪器分析）、有机化学、物理化学（含结构化学）、化学工程基础等。

（3）发展前景

▎就业：

化学专业的就业率一直低迷，这也是它被称为"天坑专业"的主要原因之一。因为化学相关工作技术含量都偏高，对于工作人员的技术水平、科研水平都有较高要求。这对刚毕业的本科毕业生来讲，岗位工作难度较大。

除此之外，毕业生工作后的薪资不是很高。再加上化学专业的学习难度较大，实验课程多，有可能会接触到有毒有害的物质，这也让一部分学生在报考时望而却步。因此，对于想要毕业后能快速找到工作回报家里的考生来讲，不推荐报考化学专业。

化学教师是该专业非常不错的就业去向，追求稳定就业的考生尤为适合这个工作。对此有意向的考生，报考时可以优先考虑化学（师范）专业。

如果对科研学术感兴趣，也可考虑走科研路线从事教授或各大化工企业研究所的化工实验室研究员等工作，这就需要考生有绝对的学科优势，并且做好了在化学这条路上不断升学深造的打算。

此外，由于化学专业本科就业机会相对较少，毕业生一般都是去各类医药厂、精细化工厂、重化工等从事一线技术工作，实际工作环境和待遇会跟预期有所不符，如果想要找到一份理想的工作，还是建议考生继续升学深造。

▎升学：

化学专业考研是非常必要的。因为该专业的就业方向都对学历和专业知识的掌握程度有一定要求，而本科学习并不是很深入，接触到的科研资源较少，考研就成为化学专业毕业生最优的发展路线。

化学专业可以选择最适合的考研方向包括有机化学、无机化学、分析化学、物理化学等。学生也可以选择和化学关联比较多的一些专业，比如医药、食品、材料等相关专业，或生物材料与医药化学、食品安全与药物化学、新能源材料等。

（4）推荐院校

北京大学、清华大学、中国科学技术大学、南开大学、吉林大学、复旦大学、厦门大学、上海交通大学、南京大学、浙江大学、福州大学、武汉大学、湖南大学、中山大学、四川大学。

（5）报考建议

化学专业适合化学成绩好并且对化学感兴趣、动手能力强的学生报考。因为实验都是会失败的，100 次的失败可能也换不来 1 次的成功，所以该专业需要学生性格沉稳细心，有不断探索的精神。此外，该专业的学习和工作中有可能会接触到有毒有害的物质，这要求考生在报考前得做好一定的心理准备。

该专业对于学生的身体条件有一定的要求：比如色觉异常、色盲、色弱等不能报考化学专业。建议想要报考化学专业的学生提前做好过敏原测试，以防在学习中出现接触化学实验器材或药物有不适的情况，这在高中时是不容易发现的。

我国高考政策改革推出了"强基计划"，也就是基础学科强化培养，很多顶尖"985 工程"院校都有化学专业的强基计划招生。如果考虑走科研或者教学路线，那么强基计划是想冲刺名校的中高分段考生不错的选择。

3 环境工程

（1）专业介绍

环境工程专业属于工科学科中环境科学与工程下设的一个二级学科，是工科类专业，学生毕业后授予工学学士学位。它其实是环境科学的一个分支，主要研究如何保护和合理利用自然资源，利用科学的手段解决环境问题，改善环境质量，促进环境保护。

该专业与生态学、环境卫生学和环境医学，以及环境物理学和环境化学都有着密切关系，主要任务是研究保护和改善环境质量的理论、技术原理和工程措施。

（2）主要课程

水污染控制工程、大气污染控制工程、工程制图、环境规划与管理、环境生物化学、环境土壤学、环境微生物学、固废处理与处置、环境影响评价、高等数学、线性代数、概率论、大学物理、无机化学、分析化学、有机化学、物理化学、大学计算机基础、物理性污染控制、专业英语等。

（3）发展前景

就业：

虽然环境行业的发展备受全球各国的重视，但环境工程专业的就业率始终不高。其主要原因是现阶段国内相关行业的发展还未成熟，专门从事环境类业务的企业并不多，可招聘毕业生的对口岗位相对较少，就业形势比较严峻。环境工程专业的薪资待遇也不是很高，即使研究生毕业，与其他工科类专业的毕业生相比也有一定差距。因此，想报考该专业的考生还是得做好心理准备。

很多学生在毕业后进入环保公司从事规划、研发及设计等工作，或者到工程类企业从事排水工程、废弃物处理等工作，当然也可以去化工类企业，从事研发、生产制造等工作，也有很多毕业生想去设计院所工作，但这类工作的门槛相对较高，需要提升自己的能力，而且对学历有很高的要求。

此外，毕业生还可以选择报考公务员或者事业单位，如果能进入政府机关的环境规划、环境保护等部门从事规划、设计、管理等工作，将是一个非常好的出路。但考编的难度近年来日益增加，需要考生有较强的考试能力，并且在大学期间尽早开始准备。

升学：

目前，该专业的就业竞争比较激烈，各类企事业单位对于应聘者学历和学校层次的要求越来越高，同时，学历越高待遇福利一般也越优厚。因此，该专业学生考研率非常高。该专业可选择的考研方向包括环境科学与工程、环境工程、环境科学等。

如果家庭条件能够满足，考生也可以考虑出国留学。部分发达国家的相关专业开设更早，有一些比较前沿的研究和技术很值得学习。

总的来讲，该专业的学生要在本科阶段打好基础，研究生阶段进行更深入的学习，将来才会有更好的发展。

（4）推荐院校

清华大学、同济大学、哈尔滨工业大学、北京大学、南京大学、浙江大学、北京师范大学、南开大学、天津大学、华南理工大学、中山大学、大连理工大学、华中科技大学等。

（5）报考建议

由于环境工程专业就业形势不太理想，考生选择该专业前一定要谨慎考虑。如果真的有报考意向，那就得提前做好升学规划，该专业研究生学历的发展前景会比本科毕业好很多。由于环境工程是一门交叉学科，学习本专业的同时，其他相关学科也都应该有所涉及，这能帮助学生提高分析、设计、制图、监测等方面的能力，成为真正的应用型人才。

该专业对于学生的身体方面有一定的要求，比如色盲、色弱或高度近视都不能报考，具体要求大家可以查看教育部发布的《普通高等学校招生体检工作指导意见》中的相关规定。

此外，报考时需要注意区分环境工程和环境科学两个专业。两者都是同一大类中的专业，很多课程都是相通的，但环境工程的专业课程更偏工科。两者的本质也有区别，环境工程重在技术，环境科学重在研究。

4 材料科学与工程 🖊

（1）专业介绍

在现代科学技术中，材料科学是国民经济发展的三大支柱之一。材料科学与工程专业是研究材料成分、结构、加工工艺与其性能和应用的学科，主要研究方向有金属材料、无机非金属材料、高分子材料、耐磨材料、表面强化、材料加工工程等。

材料科学与工程是一门理工相互结合的专业，本科学制 4 年，毕业授予工学或理学学士学位。该专业的学生主要学习材料科学与工程的基础理论，学习与掌握材料的制备、组成、组织结构与性能之间关系的基本规律，通过训练掌握材料设计和制备工艺设计、提高材料的性能和产品的质量、开发研究新材料和新工艺方面的基本能力。

（2）主要课程

物理化学、材料物理化学、量子与统计力学、固体物理、材料学导论、材料科学基础、材料物理、材料化学、材料力学、材料工艺与设备、钢的热处理等。

（3）发展前景

▌就业：

大学圈一直流传着生化环材"四大天坑"的说法。这主要是因为该专业的学习难度高，目前市场上对口的岗位竞争激烈，对毕业生的学历要求也非常高，导致不少本科生在毕业后面临着"毕业即失业"的情况，很多人因此选择了转行。因此，如果对材料行业抱有足够的热爱、对自身能力有充分的自信，可以通过读研读博来提高自己的就业竞争力。

对自身学术水平有一定自信的学生可以选择设计研发方向的工作，这是材料科学与工程对口就业的方向之一。这类岗位可从事的行业包括汽车、服装、家电、半导体、建材等，毕业生可在众多领域中选择发展前景较好的行业。值得了解的是，无论国企还是私企的设计研发岗位，对毕业生的技术水平都有很高的要求，需要解决的问题都是有一定难度系数的。

当然也有部分学生选择了质量检测方向，毕业生可以去企事业单位的质检部担任质量工程师、检测员、检测工程师等岗位，或者通过公务员考试进入政府相关部门从事质量监督等工作。这类岗位相比研发岗位的难度低一些，但需要应聘者对质量把控有足够的要求和责任心。

如果觉得自身学历或者岗位竞争力不够，那么材料科学与工程毕业生也可以选择基础岗位慢慢磨炼，从事各种材料的加工和生产工作。由于这些岗位专业知识对口，如果学生能接受相对艰苦的就业环境，就能找到不少一线工作。

如果毕业生性格外向、善于沟通，也可以从事材料知识相关的营销工作。因为很多公司的材料销售会涉及大量机械、物理、化学等相关知识，这些岗位对于应聘者来讲也有一定的门槛。

▌升学：

材料科学与工程考研是十分必要的，并且考研难度不算很大。该专业本科学习的内容不是很深入，接触到的科研资源较少，行业内大部分岗位都对学历有一定要求。因此，考研读博是材料毕业生最佳的发展路线。

该专业对口的考研方向主要有材料科学与工程、材料工程、材料学、材料加工工程、材料物理与化学等。

（4）推荐院校

清华大学、北京航空航天大学、武汉理工大学、北京科技大学、哈尔滨工业大学、上海交通大学、浙江大学、西北工业大学、北京理工大学、北京化工大学、天津大学、东北大学、中国科学技术大学、中南大学、华南理工大学、四川大学、西安交通大学。

（5）报考建议

材料科学与工程专业本科能从事的岗位和工厂打交道居多，因此男生报考人数要比女生多一些。

该专业学习难度较大，尤其是对物理和化学学科的要求较高，不擅长这两个学科的考生不建议报考。

该专业在各类院校的教学特色有所不同，比如化工类强校可能以化工材料培养为主，农林类院校侧重林木方向，航空航天类院校主要研究航天材料方向，服装学院则在服装材料方面会重点培养。由于不同的学习方向会导致截然不同的课程设置和就业方向，考生可以根据自身的爱好和想发展的方向去选择对应院校。

5 电子商务 ✐

（1）专业介绍

电子商务专业简称电商专业，在 2000 年被正式批准设立。该专业是融合计算机科学、市场营销学、管理学、经济学、法学和现代物流于一体的新型交叉学科，随着网络购物、社交电商、云服务的兴起，逐渐受到广大家长和考生的关注。

电商专业主要培养掌握计算机信息技术、市场营销、国际贸易、管理等基本理论知识和基础知识，来提高企业管理水平能力的创新型复合型电子商务高级专门人才。

（2）主要课程

计算机网络原理、电子商务概论、网络营销基础与实践、电子商务与国际贸易、电子商务信函写作、电子商务营销写作实务、营销策划、网页配色、网页设计、数据结构、Java 语言、Web 标准与网站重构、Flash Action Script 动画设计、UI 设计、电子商务网站建设等。

（3）发展前景

就业：

虽然现在网购已经在人们的生活中占据了重要地位，但与之对应的电子商务专业却逐渐成为考生们需要谨慎报考的大学专业。主要是因为该专业虽然覆盖面广，专业性却不是很高，学生在经过本科阶段的 4 年学习后无法比其他跨行业的从业人员有明显优势。再加上电商行业的入行门槛低，很多岗位对应聘者的学历甚至所学专业都没有过多要求，竞争者数量过多，导致不少毕业生选择了转行。

毕业生可从事的岗位主要包括电商平台网站前端设计、网站后台建设和维护、电商网站运营如网络编辑、网络客户服务、网站策划、网站数据监控和数据挖掘、网站 CRM、网络营销如 SEO、SEM、网络广告投放、网络整合营销、企业营销策划、电子商务运营、带货主播等。

总的来说，电子商务专业就业面很广泛，既可以从事相关技术类工作，也可以往市场管理、带货主播等方向发展，但具体的就业方向主要依靠学生自身的技能和综合素养。这种极其考验个人能力的行业，也导致了相关行业的薪资待遇差距非常大。如果学生本身有非常强的能力，还是有机会在火热的电商行业中大展宏图的。

升学：

在竞争激烈的专业中，不少学生将考研深造作为提升自身竞争优势的一种方法，电子商务专业学生也不例外。

需要注意的是，该专业在不同院校的学习内容和学位都有所区别，一般分为三种情况。

一些院校会授予学生工学学士学位，这些学生适合选择计算机网络作为考研方向，比如数据库技术及应用软件工程技术等。

有部分院校会授予学生管理学学士学位，这些学生适合选择管理类相关方向，比如管理科学与工程、企业管理、工商管理等。

此外，还有部分院校会授予经济学学士学位，这些学生适合选择经济学方向，比如产业经济学、金融学、数字经济学、国际贸易学等作为考研方向。

（4）推荐院校

南京大学、西安交通大学、中山大学、上海财经大学、厦门大学、对外经济贸易大学、武汉大学、湖南大学、北京交通大学、中央财经大学、东北财经大学、哈尔滨工业大学、华南理工大学、南开大学。

（5）报考建议

电子商务专业非常注重经验，如果考生想要报考该专业，可以在本科期间就结合所学进行实践。学习过程中，掌握一到两门技能也是非常重要的。例如网站设计、编程技能都是非常有利于就业的技能。

由于该专业在不同院校的毕业学位不同，教学科目培养方向也有区别，报考该专业的考生一定要注意院校的选择。比如像对外经贸大学、上海财经大学这种财经类院校，会更注重培养学生的商业思维，而像北京邮电大学、华南理工大学这种理工类强校，就会在以社会需求为导向的情况下，综合计算机、大数据、信息科学相关知识培养网站相关设计与维护方面的人才。

此外，电商行业主要集中在江浙沪等地区，而部分互联网平台在北京、深圳等地区。因此，考生可以优先选择处于这些地区的院校，以此获得更多的就业机会。

6 国际经济与贸易 ✏️

（1）专业介绍

国际经济与贸易专业简称"国贸"，是国家为了培养从事外贸工作的专业人才设置的。随着经济全球化的发展，中国与其他国家的经济贸易往来日益频繁，对于相关人才需求量大大增加，各地高校纷纷开设了国际经济与贸易专业。

国贸专业是一个属于经济学门类中经济与贸易专业类的专业，学生毕业后符合学位授予条件的授予经济学学士学位。该专业主要培养掌握马克思主义经济学基本原理和国际经济、国际贸易的基本理论，了解主要国家与地区的社会经济情况，具有国际贸易业务操作能力，能在涉外经济贸易部门、外资企业及政府机构从事实际业务、管理、调研和宣传策划工作的高素质复合型涉外经贸人才。除培养经济学和国际贸易的基本知识外，该专业还非常注重外语尤其是英语的培养。

（2）主要课程

政治经济学、西方经济学、国际经济学、计量经济学、世界经济概论、国际贸易理论与实务、国际金融、国际结算、货币银行学、财政学、会计学、统计学。

（3）发展前景

▌就业：

国际经济与贸易专业对口就业方向主要有对外贸易、进出口业务、市场营销，或者外资企业、政府事业单位的外贸管理等相关工作；也有很大一部分毕业生最后从事的职业是销售人员和行政人员；除此之外，国际经济与贸易的学生会学习会计、统计、财务管理等知识，也可以选择往银行、金融等相关方向就业。

由于该专业毕业生规模较多，竞争很大，每年仅有一半左右毕业生能从事对口工作。相关行业从业人员需要不断累积行业经验和人脉资源。随着工作年限和经验增加，薪资待遇会随之提高，但收入和业务能力挂钩，也是适合从业人员累积一定的资源后自主创业的专业。

值得提醒的是，有部分追求稳定和编制的学生和家长会误认为该专业是经济学门类，可以比较容易地考取公务员或者事业单位。但事实上，该专业属于经济学大类下的经济与贸易类，而不属于经济学类，可以报考的编制内岗位并不多，考取编制的难度很大，甚至在部分省份只能考三不限岗位。因此，不建议想要考编的同学报考该专业。

▌升学：

国际经济与贸易专业是毕业生人数规模最大的专业之一，竞争一直非常激烈，院校和学历就成为就业主要竞争优势之一。因此，每年会有很多考生继续升学深造以提高自己的竞争力。由于国际经济与贸易专业自身学科覆盖面广泛，可选择的考研方向也很多，比如应用经济学、西方经济学、产业经济学、金融学、管理学等相关专业。

（4）推荐院校

北京大学、中国人民大学、中央财经大学、对外经济贸易大学、东北财经大学、上海财经大学、厦门大学、清华大学、南开大学、复旦大学、江西财经大学、山东大学、中南财经政法大学、西南财经大学、西安交通大学。

（5）报考建议

国际经济与贸易专业没有性别限制，男女比例相对均衡。该专业学习难度比较大，对政治、数学和外语科目要求较高，适合对经济有浓厚兴趣、善于商业交流合作的学生就读。学生在就读期间可以尽量锻炼英语的听、说、读、写、翻译以及交流能力，如果有精力，也可以提前规划小语种辅修。

对想选择国际经济与贸易的学生来说，选择院校尤为重要，尽可能选择实力强、层次高的高校。此外，虽然每所院校专业名称相同，但教学特点各有风格，需要根据该专业培养侧重点以及院校地理位置等多种因素综合考虑。

比如名牌强校很多侧重专业课基础教育，财经类会附加金融经济等优势学科，有的院校开设本科双学位培养模式。中国人民大学的国际经济与贸易专业实力非常强，特色是强化外语教育，对外语水平要求很高。复旦大学相关专业是英文授课，教学侧重点与国际经济贸易发展现状接轨。还有很多外国语学院的该专业会为学生开设第二外语，可以选修法语、日语等。

院校的地理位置也很重要，比如如果院校所在地区的外贸、进出口贸易等公司较多，对于以后就业机会和发展更加有利。

7　会计学 ✏️

（1）专业介绍

会计学专业属于管理学中工商管理大类，本科标准学制 4 年，毕业后授予管理学学士学位。该专业以会计学、审计学、财务管理为基础，结合经济学、管理学的理论知识，主要研究会计信息的收集、记录、报告、解释、分析等，注重培养学生的实践能力，侧重于实务操作，如企业资金流动的记录、资金数目的核对、财务报表的核算等。

（2）主要课程

中级财务会计、高级财务会计、财务管理、管理学、宏观经济学、微观经济学、管理信息系统、统计学、会计学、财务管理、市场营销、经济法、财务会计、成本会计、管理会计、审计学等。

（3）发展前景

就业：

虽说每个企业都会需要会计学相关人才，但由于开设相关专业的院校和招收学生的数量很多，导致目前该行业的本科人才已经处于饱和状态，就业竞争非常激烈。

因为会计工作的特殊性，该行业的从业人员需要不断考证，不仅有中级、高级这样技术职称考试，还有 CPA（注册会计师）、ACCA（特许公认会计师公会）、CFA（特许金融分析师）、CMA（美国注册管理会计师）等诸多考试。这些证书与薪资直接挂钩，也使很多考生无法达到理想的工资水平。

同时，会计行业对于高层次人才仍然有较大缺口，如果学生能不断磨炼专业技能成为行业"高精尖"人才的话，在市场上还是非常吃香的，但对学生的学历和个人能力都有很高的要求。

会计专业毕业生的主要就业方向是去企业从事财务相关工作，如出纳、会计、会计主管、财务分析、财务管理等。想本科毕业后直接去企业从事具体财务工作的学生，除了要多学习专业知识，还一定要考取相关证书，以提升专业能力；另外，毕业之前也可以多参与实习，毕竟会计行业非常注重从业人员的工作经验。除了企业外，也有部分毕业生选择去银行、证券和其他金融机构从事会计工作。

当然也有喜欢挑战的毕业生，选择去会计事务所从事审计工作。这类岗位的工作节奏较快，工作量很大，对学生的院校层次也有一定要求，但薪资待遇很不错。

会计学专业还有一个很受欢迎的就业去向是去考公务员。在公务员或事业单位招考中，专业要求是"财会类"的岗位数量较多，使会计专业成为比较适合考公务员的岗位。

▍升学：

在低端人才过饱和，高端人才稀缺的情况下，市场对于会计学专业毕业生的要求也在不断提升。因此，也有越来越多的毕业生选择继续升学，这也是该专业的学生提升自己竞争力的一个很好的途径。

该专业的学生可以往会计、工商管理等方向进行考研，在研究生阶段进行更深入的学习。

（4）推荐院校

中国人民大学、清华大学、上海交通大学、中山大学、北京大学、对外经济贸易大学、南开大学、复旦大学、上海财经大学、南京大学、厦门大学、西安交通大学、北京交通大学、中央财经大学、大连理工大学、东北财经大学、吉林大学、浙江大学、山东大学、武汉大学、华中科技大学、湖南大学、四川大学、西南财经大学。

（5）报考建议

虽说报考会计专业的女生人数远远大于男生，但并不意味着男生就不适合报考这个专业。该专业需要考生拥有较强的分析、判断及决策能力，也要求学生足够认真细致，这些能力与品质是不分性别的。

不管是男生还是女生，都得注意提高自己的专业技能，很多单位在招聘时都要求应聘者必须持有相关证书，如初级、中级、高级会计职称资格证书 /CPA/ACCA 等。因此，报考该专业的学生得做好不停考证的准备。

此外，市场上对于应聘者的专业技能、从业经验、会计信息化应用能力等方面的要求越来越高，所以对于该专业学生来讲，提高自身综合素质是非常重要的。

8 市场营销 ✎

（1）专业介绍

市场营销专业属于工商管理类专业，本科学制为 4 年，是建立在经济科学、管理科学和现代信息技术等基础上的一个交叉学科，毕业后授予管理学学士学位。

市场营销是研究企业市场营销活动、非营利组织营销及其规律性的管理学科专业，主要培养具有大数据和互联网思维，系统掌握经济、管理、法律、市场营销等方面扎实理论基础和实务技能，能在企事业单位从事营销管理、客户资源管理、营销策划、市场调查和咨询等工作，具有创新意识、创业精神、数字化思维和社会责任的高素质、应用型、复合型、创新型市场营销专业人才。

（2）主要课程

管理学、微观经济学、宏观经济学、管理信息系统、统计学、运筹学、会计学、财务管理、市场营销、经济法、消费者行为学、消费心理学、国际市场营销、市场调查、基础会计、金融概论、企业销售策划、商业银行实务、人力资源管理学、市场调查与预测、分销渠道管理、银行营销、服务营销、客户关系管理、定价管理、现代推销技术、营销创新、广告理论与实务、财政与税收、公共关系学、广告沟通、促销管理以及商务礼仪和商务谈判等。

（3）发展前景

┃就业：

市场营销专业的一大特点就是学习内容杂且多，学习内容难度低，就业面广，非常好跨行就业。相应地，它的缺点也显而易见，那就是缺乏不可替代性，没有一个专精的技能，这也导致了该专业的毕业生求职时没有明显优势，很难找到理想的工作。因此，该专业的学生大学期间一定要多积累一些实习经验，以此增加履历的含金量。

市场营销专业的对口方向之一就是从事市场研究或运营管理相关工作，如市场调研、市场数据分析、广告策划、项目管理、财会、企业顾问、人事部门等。因为该专业毕业生熟悉经济学的应用数值经济学的理论，具有分析、预测、统筹、规划等能力，所以市场管理相关岗位都可以胜任。由于市场营销也有会计、人力资源和广告等课程，如果学生能取得相关资格证书，也可以从事企业运营相关岗位。

此外，销售类岗位也是市场营销专业的学生常见的毕业去向。由于大部分管理和运营岗位对应聘者能力和经验的要求较高，刚毕业的大学生会因为这方面的不足被很多企业拒之门外，销售岗位变成了他们退而求其次的选择。销售岗位的薪资待遇和业绩挂钩，竞争非常激烈。但销售岗位可以帮助学生增加一线工作经验，培养判断市场风向的能力，为学生成为好的管理者奠定基础。

▌升学：

市场营销专业的就业竞争非常激烈，因此部分岗位对于应聘者的院校层次和学历要求也很高，升学读研就成为毕业生提升就业竞争力的主要手段之一。

由于市场营销专业涉及的知识面非常广泛，对于想要考研的学生来讲，可选择的考研方向也非常多，既可以选择与管理相关的市场企业管理、营销管理、会计、管理科学与工程、工商管理等，也可以选择与经济相关的经济学、国际商务、国际贸易学等。

（4）推荐院校

北京大学、对外经济贸易大学、上海财经大学、中央财经大学、中国人民大学、武汉大学、重庆大学、华中科技大学、同济大学、湖南大学、中山大学、西南财经大学、南京大学、复旦大学。

（5）报考建议

市场营销专业男生女生都可报考，性别比例相对均衡。一般院校招生没有学科限制，只要对该专业感兴趣就可以填报。

因为市场营销专业对口岗位大部分涉及营销，也有不少学生毕业后选择从事销售等工作。因此，该专业适合对自己有足够自信、情商较高、比较擅长与人沟通的学生报考。

院校平台对于该专业的学生来说非常重要。无论是高考还是考研，如果想报考该专业，尽可能选择名气较大的院校，更有助于学生未来就业。

9　历史学 🖊

（1）专业介绍

历史学是一门以人类过去的生活轨迹为研究对象的学科，主要研究人类发展演变的轨迹、不同地域和社会时期的文化生活、不同民族的发展轨迹以及先人所遗留下来的古籍、文献、历法、制度等，通过分析研究总结，为今天的社会生活所借鉴。历史学作为人文社科类专业，它的存在和发展对一个国家、一个民族，都有重大的意义。

该专业主要培养学生具有一定的马克思主义基本理论素养和系统的专业基本知识，进一步培养具有潜能的史学专门人才。

（2）主要课程

中国通史、世界通史、史学理论、中国史学史、西方史学史、考古学通论、中外关系史、文化人类学、历史地理学、文献学、古代汉语、中外历史文化原典导读、中国断代史、专题史、历史学科教学研究等。

（3）发展前景

▌就业：

历史学专业近年来就业形势比较严峻，这主要是因为它的专业面较窄，市场上对口的岗位不多，但每年报考的人数却非常多，几乎各个层次的院校都有开设这门专业。工作机会少，竞争者多，导致该专业连年不被推荐报考。

成为历史老师是大多数报考该专业的学生想选择的就业方向，但是在双减政策出台后，该专业的毕业生想从事教育行业的难度大幅增加。此外，考生需要考取教师资格证，有些院校招聘时还会对户籍、学历等提出不同的要求。如果非常想做历史老师可以考虑报考历史学（师范）专业。

不少毕业生会选择考公务员，但需要历史学专业的公务员岗位非常少，考生可以退而求其次考取事业单位，比如博物馆的工作人员，但博物馆的招聘岗位对应聘者的学历及身高形象有一定的要求。

也有部分毕业生选择进入企业从事文案及行政等工作，但该就业方向对于历史学专业学生来讲不是非常对口，竞争优势不大。

当然如果能获得研究生以上学历，也可以选择进入研究所从事史学研究工作，但这类机构的招聘门槛很高，竞争也比较大。

▌升学：

选择就读历史学专业，考研似乎是必经之路，否则基本没有什么求职的竞争优势。从整体就业范围来看，研究生毕业后相对于本科生来说就业门径更宽一些。

历史学专业考研方向有中国史、世界史、文物与博物馆、考古学等。目前，全国招收历史学类硕士研究生的高校和科研院所超过 100 所，其中招收中国史学硕的院校最多。

（4）推荐院校

北京师范大学、复旦大学、北京大学、南京大学、中国人民大学、南开大学、华中师范大学、中山大学、清华大学、首都师范大学、华东师范大学、厦门大学、山东大学、武汉大学、四川大学、陕西师范大学。

（5）报考建议

历史学专业整体就业情况不理想，因此除非考生非常想当历史老师或者有研究历史的志向，否则一定要谨慎报考该专业。如果考生坚持选择就读历史学专业，那么不仅需要对历史有足够的热爱，还需要提前做好升学读研的准备。如果只是单纯喜欢历史，更建议将历史当作兴趣而不是就读的专业。

另外，在选择院校的时候，要考虑院校层次、所在省市、学科实力等因素，大家可以尽量选择历史学科实力较强的院校，优先师范类院校和综合类院校。

10　土木工程

（1）专业介绍

土木工程是建造各类土地工程设施的科学技术的统称。所谓的土木工程就是指一切和水、土、文化有关的基础建设的计划、建造和维修，是整个国家的基础产业和支柱产业。通俗来讲，打地基、盖高楼、逢山开路、遇水架桥、抗震防灾、工程管理都属于土木工程的范畴。

土木工程专业主要培养掌握工程力学、流体力学、岩土力学和市政工程学科的基本理论和基本知识，具备从事土木工程的项目规划、设计、研究开发、施工及管理的能力，能在各类基础建设的设计、研究、施工、教育、管理、投资、开发部门从事技术或管理工作的高级工程技术人才。

（2）主要课程

高等数学、线性代数、概率论、画法几何、工程制图、大学物理、工程力学、结构力学、工程造价、高层建筑设计、建筑结构抗震设计、房屋建筑学、建筑制图、混凝土结构设计、钢结构设计、建筑工程 CAD、材料力学、施工组织与管理、工程项目管理、土力学与地基基础、工程造价与计价原理、建筑设备、水力学等。

（3）发展前景

▎就业：

土木工程是曾经报考的热门专业，但随着房地产行业"黄金时期"的结束，毕业生就业情况日渐趋下，该专业的热度也大幅下降。此外，由于全国高校中开设土木工程专业的学校实在太多，整个行业毕业生供大于求，竞争压力巨大。

大部分毕业生会往工程技术的方向发展，在房地产开发企业、中铁建设集团、中国建筑集团等施工单位从事施工员、结构工程师等工作。学生从事这类岗位可以直观地了解各项施工工序，为将来承包工程或者转设计岗储备经验。但这类岗位的工作环境相对艰苦，大多数工程是在野外施工的，即便是在城市工作也会有一定的噪声和粉尘，学生需要做好心理准备。

有很多毕业生会选择往工程监理方向发展，主要工作内容是对施工质量问题、安全技术问题进行评价、审查和监管。这类岗位的入行门槛比较高，薪资待遇不错，就业前景也很好，但需要从业人员常驻工地，工作和生活环境相对艰苦。

此外，毕业生也可选择往工程设计的方向发展。这个方向的大部分岗位要求应聘者有研究生以上学历，一般是在建筑设计院、勘察设计院、房地产公司等进行设计制图的工作，工作环境较好，福利待遇也很丰厚，但需要面临经常加班的情况。

最后，土木工程专业毕业生还可以往工程造价方向发展，主要是计算开工到竣工的全部工程量和全程的预算。这类岗位的工作环境较好，对体力的要求也没有那么高，需要从业人员有一定的沟通能力和数字的敏感度，很适合学土木的女孩选择。

▎升学：

即使本科学历也能满足大部分岗位的工作需求，但在如今行业竞争激烈的情况下，学历已经成为该专业的毕业生获得一份好工作的敲门砖。此外，由于土木工程是一个实践性很强的专业，学生在研究生阶段能积累更多的项目实践经验，未来可选择的就业范围也会更广，比如去设计院或者大型国企的相关岗位一般需要硕士以上学历。

该专业的毕业生可以选择的考研方向主要有建筑与土木工程、土木工程、结构工程、岩土工程等。

（4）推荐院校

同济大学、东南大学、清华大学、北京工业大学、哈尔滨工业大学、浙江大学、天津大学、大连理工大学、河海大学、湖南大学、中南大学、西南交通大学、解放军理工大学。

（5）报考建议

土木工程专业涉及大量的力学知识，适合有较好的数学和物理基础的考生报考。此外，读研和考证是这个专业提高就业竞争力和薪资待遇的有效方法，考生需要做好毕业后也一直学习的准备，争取尽快考取全国一级注册建筑师、全国注册土木工程师、全国一二级注册结构工程师等证书。

土木工程专业的大部分对口岗位工作环境比较恶劣，对女生来讲是个不小的挑战。出于安全的考虑，施工单位一般只招收男生，女生可以选择的就业方向相对较窄，以设计院和监理公司为主。因此，建议女生谨慎报考。

很多家长和考生容易把建筑学和土木工程两个专业混为一谈。简单来说，建筑学以设计为核心，关注的是建筑造型美不美观；而土木工程的核心是结构，更多关注建筑物本身是否安全，比如建筑用的材料是什么，承重柱的直径多大，发生地震要如何加固建筑等。在学制上，建筑学是 5 年，而土木工程是 4 年。因此，报考时一定要注意区分。

11 心理学 ✏️

（1）专业介绍

很多人认为，心理学充满了神秘色彩，仿佛他们只要看到你，就能知道你是一个什么样的人，你喜欢什么，甚至你正在想什么。

其实，心理学没有我们想得那么万能。它是一门探讨人类精神世界和行为模式的科学，主要是运用生物学、神经科学、医学、化学、物理、数学和统计学的相关知识进行研究。心理学的主要研究内容涉及知觉、认知、情绪、人格、行为、人际关系、社会关系等许多领域，也与日常生活的许多领域，如家庭、教育、健康等发生关联。

（2）**主要课程**

心理测量、实验心理学、普通心理学、心理统计、生理心理学、人格心理学、社会心理学、认知心理学、发展心理学等。

（3）**发展前景**

就业：

心理学的就业情况可以用"理想很丰满，现实很骨感"来形容。虽然该专业的报考热度较高，但就业率却并不理想。很大一部分原因是该专业的就业面窄，对口岗位较少。并且这些岗位对于应聘者的工作经验要求较高，但应届毕业生一般不具备这样的工作经验和能力，无法满足岗位需求，有不少毕业生因此选择转行。

心理医生是大部分报考该专业的学生想从事的就业方向。然而，心理学专业的学生并不能进医院工作，只能做心理咨询师，为有心理障碍的患者或者健康的人做初步诊断与评估，提供心理疏导等辅助治疗，没有处方权，不能开药。对于病情严重的需要药物治疗的患者，只有精神科的医生才有资格进行治疗。所以，想当心理医生的考生，最好报考临床医学类中的精神医学专业，而不是心理学专业。

当心理健康指导老师则是该专业最好的就业方向之一，工作稳定，还可以享受寒暑假的福利，建议有此意向的学生报考师范院校的心理学（师范）专业。

追求稳定的学生也可以考虑报考公务员，公安系统中的部分单位会招收心理学专业的毕业生，如公安局、监狱、戒毒所等。

此外，还有不少毕业生选择在一些咨询企业、教育机构等从事家庭及婚姻指导、人力资源、客户消费心理分析、产品设计人性化心理分析、职业生涯规划等岗位。

升学：

由于心理学本科阶段所学知识比较基础，如果学生想在心理行业有更深入的发展，可以通过读研更系统地学习专业知识。学生获得研究生学历后能够提高自身的就业竞争力，拓宽就业方向，获得的薪资待遇也会比本科生更高。

心理学专业在考研中非常热门，由于该专业不考数学，很多其他文科专业的学生也会选择跨考至心理学专业，因此该专业学生考研难度不小，需要面临较大的竞争压力。该专业可以读研的方向主要包括心理健康教育、发展与教育心理学、应用心理学、应用心理等。

如果家庭经济条件比较富裕，也可以选择去国外读心理学专业。部分发达国家的心理咨询行业起步较早，专业发展和行业建设情况比国内更领先一些。

（4）推荐院校

北京大学、北京师范大学、华南师范大学、华东师范大学、西南大学、天津师范大学、南京师范大学、浙江大学、华中师范大学、陕西师范大学。

（5）报考建议

心理学的学习和工作过程中需要进行各种实验，这需要通过统计、测量方法对数据进行处理和综合分析。同时，由于心理学研究对象是活生生的人，部分心理行为也会直接或间接地诱发生理反应。所以，该专业适合数学和生物成绩较好，对人的心理现象和规律有浓厚的兴趣、具有较强的逻辑思维和丰富想象能力的同学报考。如果学生不能确定是否真的喜欢心理学，可以先前往网络平台听听课，检验自己是否真的对心理学感兴趣。如果学生真心热爱心理学，想学习该专业，大学期间最好辅修一个相关专业，比如法学等，以此提高毕业后的就业竞争力。

不同的院校办学特色或学校发展定位不同，在专业设置与人才培养方面也具有自己的特色，一般情况下招收心理学的学校主要分为四类。

①师范类院校培养的方向更多偏向于发展教育类方向的学习，如教育心理学、学校心理学等，一般授予教育学学士学位；

②医科类院校主要研究方向为医学心理学，如失眠、抑郁症的起因和治疗；

③政法类院校主要研究方向为犯罪心理学、变态心理学；

④其他综合类院校更侧重于社会学、人力管理方向的学习，如营销心理学、组织行为学、广告心理学，大多数会授予理学学位。

因此，考生在报考时，要先了解院校的培养方式是否符合自身的发展方向。

12　英语

（1）专业介绍

英语是世界上使用最广泛的第一语言，也是欧盟、许多英联邦国家以及国际组织的官方语言，以英语为母语的人数排名世界前三。英语的使用在我们的工作生活中极为普遍，英语专业应运而生。

英语专业属于外国语言文学类，基本修业年限为 4 年，毕业后授予文学学士学位。该专业学科的基础涉及外国语言学、外国文学、翻译学、国别与区域研究、比较文学与跨文化研究等，具有跨学科的特点。英语专业发展至今，已经从单纯的语言技能的培养过渡到了培养复合型人才的阶段，强调应用性和人文性并重。

（2）主要课程

英语精读、英语泛读、英语听力、英语语法、英语口语、英语写作、综合英语、英汉翻译、汉英翻译、语言学概论、英美文学、英语国家文化等。

（3）发展前景

就业：

该专业每年毕业的学生人数众多，而翻译行业需要的人才数量并没有那么大，该专业的学生不得不考虑以英语技能为敲门砖进入其他行业工作。但由于现在很多非英语专业的大学生英语水平也都很高，英语专业的学生在技能方面与其他专业的学生相比没有明显优势。随着"双减"政策的逐步实施，各大培训机构纷纷倒闭，教育行业也失去了容纳如此庞大数量毕业生的能力。因此，该专业的毕业生面临着就业难的情况。

翻译是该专业最对口的就业方向，毕业生可以进入涉外机构、翻译公司、新闻出版、教育、旅游等部门从事翻译、研究、教学和管理工作。虽然市场上的低端人才已经饱和，但对于"高精尖"人才的需求一直存在。高水平的同传和交传薪资较高，而笔译的薪资则相对低一些。这类岗位对于学生的英语能力有很高的要求，除了学历至少要达到研究生以上外，还需要学生经过专业的翻译训练。

喜欢稳定的学生可以在毕业后去中小学、幼儿园等从事教学工作或教育管理的工作。由于目前就业竞争激烈，一般一二线城市的学校都要求教师至少达到研究生学历。有此意愿的学生可以在大三、大四就提前将教师资格证考下来。

此外，考公务员也是该专业的学生非常不错的就业方向。外交部这类对外语人才要求较高的部门竞争极其激烈，基本每年招收相关专业的毕业生数量仅几十个，录取难度非常大。海关、旅游、科研、教育等部门也会招收一定的毕业生，考试难度相对小一些，但薪资待遇也会比外交部稍低一些。

该专业的大部分毕业生进入了贸易公司、涉外机构、外资企业、跨国公司、银行、金融、国贸等单位，从事文职岗位，如文秘、业务人员或行政工作等。如果学生性格外向，沟通能力强，也可以选择从事旅游服务或者外联销售等方面的工作。

升学：

由于就业竞争非常激烈，英语专业的学生大多选择了继续升学。读研这种增加学历的方式能有效提高毕业生就业竞争力，其中本专业可选择的考研方向有翻译理论与实践、英语语言文学、文学方向、比较文学、西方文论、跨文化交际、口译方向、英语教学研究等。部分学生也会为了增加技能、拓宽就业范围而选择跨专业考研，本科阶段的学习让他们在研究生考试的英语科目中具有较大的优势。

此外，英语专业的学生还可以选择出国留学或者交流来增加自己履历的含金量。学生既可以继续申请英语文学、翻译等与英语高度相关的专业，也可以以英语为工具申请商科、文科甚至艺术类专业。有出国想法的学生，应该尽早进行考试准备，除了努力提高自己的绩点外，还需要尽可能参加实践活动和社团活动，以便于申请材料的填写。

（4）推荐院校

北京大学、北京外国语大学、上海外国语大学、黑龙江大学、上海交通大学、南京大学、浙江大学、广东外语外贸大学、清华大学、北京航空航天大学、北京师范大学、对外经济贸易大学、复旦大学、华东师范大学、南京师范大学、山东大学。

（5）报考建议

如果学生想要在就业时能有明显优势，那么英语不是一个很值得推荐报考的专业。由于英语已经不再是英语专业学生的专属技能，不建议学生仅仅因为自己的英语成绩好就报考该专业。该专业的学生在大学就读期间，除了锤炼英语技能外，也可以同时辅修经济学、新闻学、法学等专业，提高自己的就业竞争力。此外，英语专业的学生在选择第二外语时，可以选择一门实用性更强的小语种，为将来就业增加砝码。

目前，我国基本所有的院校都开设了英语专业，可以粗略分五种类型，师范院校、外语院校、综合院校、理工院校和其他类院校，考生可以根据自身情况酌情选择。

一般情况下，师范类的院校强调教学技能，看重发音、口语和演讲能力，想要当老师的建议优先考虑师范院校。

外语类院校的翻译课程居多，师资力量较强，很多授课老师都是资深议员，还有一定的翻译行业人脉，如果特别想从事翻译行业，可以优先选择。

综合类大学则更偏向于研究能力的培养，比如很多院校开设了英美社会与文化、西方近代文明史这类需要阅读大量英文原著的课程。

理工院校的英语专业处于弱势地位，但其中也有少数院校独具特色，比如南航英语专业的民航业务方向，提供民航英语阅读，双语的航空客运与货运课程，对未来想要往这方面发展的考生而言是不错的选择。

四、对口岗位稳定的专业

很多家长希望自己的孩子毕业后有一份发展稳定的工作，不求大富大贵，只求能获得"铁饭碗"，这也是每年报考咨询时最常遇到的问题之一。下面就为大家介绍一些对口岗位稳定的大学专业。这类专业的对口岗位一般是公务员、事业编或者国企，福利待遇优良，不易被裁员，工作安全感很强。

1 财务管理

（1）专业介绍

随着社会经济的发展，财务管理也越来越重要。它是根据财经法规制度，按照财务管理的原则，组织企业财务活动，处理财务关系的一项经济管理工作。对每一家企业来说，财务都是企业的核心，不管企业大小，财务人员都是企业必备的。因此，社会对于相关高层次人才的需求量还是比较大的。

财务管理专业属于管理门类中工商管理类的下设专业，是文理兼收的专业，主要研究如何通过计划、决策、控制、考核、监督等对资金进行管理。专业的学制是 4 年，毕业后授予管理学学士学位。

（2）主要课程

基础会计学、财务会计、财务管理学、高级财务管理、审计学、税法、税务会计与纳税筹划、电子商务概论、项目评估、资产评估、资本运营、投资学。

（3）发展前景

▌就业：

近年来，财务管理在企业经营中的重要性越来越被人们所认识。可以说，市场经济越发达，财务管理越重要，对财务管理的人才需求量也就越大。

目前，财务管理专业毕业生就业率属较高水平，就业去向主要有：通过公务员考试或者事业单位考试进入政府经济管理部门，如税务部门、审计署等从事财务工作；进入金融与证券机构、企事业单位以及资产评估事务所、会计师事务所，如四大会计师事务所，从事会计核算、财务管理、审计、资产评估、管理咨询等工作；到银行、投资公司、证券公司等金融机构从事财务分析、投资分析、资本运作等工作。

从财务圈细分的岗位来看，职业分类很多，如财务经理、财务主管、出纳、财务会计、财务专员、成本会计、财务助理、预算专员、财务分析、风控人员等。如果想将来走到更高的平台，发展更好，就必须不断提高自己的专业技能，学习更多知识，考取相应资格证书，如注册会计师证书，这样才会有更大的竞争优势。

▌升学：

目前，财务管理专业本科学历就可以找到比较对口的就业岗位。但随着毕业生数量的增多，就业竞争逐渐激烈，很多毕业生为找到理想工作，提升就业竞争力，会选择继续深造使自己成为高层次人才。财务管理的考研方向有工商管理、会计学、企业管理等。

（4）推荐院校

中国人民大学、清华大学、上海交通大学、中山大学、北京大学、对外经济贸易大学、南开大学、复旦大学、上海财经大学、南京大学、厦门大学、西安交通大学、北京交通大学、中央财经大学、大连理工大学、东北财经大学、吉林大学、浙江大学、山东大学、武汉大学、华中科技大学、湖南大学、四川大学、西南财经大学。

（5）报考建议

财务管理专业文理都可填报，开设的院校也比较多，选择范围很广。因此，在报考时要注意择校，尽量选择具有专业特色和优势的学校，优先选择名校。

建议考生真的喜欢理财、金融、投资和财务分析才选择填报该专业。因为将来的工作往往会和"钱"打交道，如果不喜欢、不上心、不细致，很容易会出错，造成经济上的损失。

此外，填报时需要注意专业区分，和财务管理较为接近的专业就是会计学。两个专业课程设置重合度较高，但是会计学更注重会计实务，毕业生倾向于记录与计算；财务管理注重分析、管理，毕业生倾向于统计与分析。从就业角度来看，会计的工作重点为做账，财务管理的工作重点则为企业资金管理，两者是有区别的，也具有一定的互补性，报考时注意区别。

2　审计学

（1）专业介绍

审计学属于工商管理类下设的本科专业，学制 4 年，毕业后授予管理学学士学位。审计学是一门专门研究审计理论和方法，探索审计发展规律，对经济活动进行有效监督的社会学科。该专业主要培养学生能够具备管理、经济、法律、会计和审计等多方面的知识和能力。所以，想学好审计学必须让自己成为复合型人才。

（2）主要课程

微观经济学、宏观经济学、管理学原理、管理信息系统、经济法、税法、财务会计、成本会计、财务管理、内部控制审计、财务审计、管理审计、建设项目审计、计算机审计、法务会计等。

（3）发展前景

就业：

审计学专业就业前景很不错。由于经济的快速发展使我国对审计人才有很大的需求量，专业的就业率和对口率都很高，工作稳定，薪资也比较可观。当然将来的发展如何，跟城市、行业、自身能力等因素都有很大的关系。

进入审计局是该专业大部分学生的目标。这类岗位工作稳定、压力较小，薪资水平在公务员中属于中上水平，可谓是"金饭碗"。但由于公务员考试竞争激烈，如果有此规划的考生要早做准备。

毕业生也可以进入大中型企业和跨国公司的审计部门从事内部审计工作，或者在会计师事务所、律师事务所、资产评估公司等中介机构从事审计服务与咨询工作。其中，事务所更适合有高薪梦想的学生。这类岗位的工作节奏很快，工作强度很大，需要经常加班，工作内容也比较有挑战性，需要学生有很强的能力才能胜任。

▌升学：

审计学专业本科学历就能满足大部分对口岗位的要求，但随着毕业生数量的增多，该专业的就业竞争也逐渐变得激烈起来。因此如果想提高自己的就业竞争力，继续读研也是一个很好的方式。审计学的考研方向主要有会计、审计、工商管理、公共管理等。

（4）推荐院校

南京审计大学、厦门大学、西南财经大学、浙江工商大学、南京财经大学、浙江财经大学、广东外语外贸大学、东北财经大学、云南财经大学、杭州电子科技大学。

（5）报考建议

审计学专业一般对学科没有很严格的要求，工作内容需要与数字打交道，适合数学成绩好，对经济分析、审计研究感兴趣的学生就读。

该专业就业方向非常明确，因此学生需要尽早做好对未来的规划，尤其是如果想考公务员，从大三就要开始相关内容的学习。

审计学与会计有很大的关系，但审计学的学生除了要精通会计方面的技能外，还需要具备审计技能和很强的观察、分析、取证的能力。学生可以在学习专业知识后，努力考取审计师证书和注册会计证书，提高自己的履历含金量。

3 学前教育 🖊

（1）专业介绍

学前教育属于教育学类专业，授予教育学学士学位，主要研究学龄前儿童阶段儿童教育规律的科学，研究的范围包括体育、智育、德育、美育、幼儿园与小学的衔接等。

很多人认为学前教育就是在幼儿园照顾孩子、带孩子玩，本科生读学前教育专业是一种资源浪费。但其实这么想有失偏颇，学前教育是一个专业性较强的工作，学前教育的教师不仅需要拥有一定的艺术实践能力，还要拥有广博的文化素养和识物察人的本领，以及敏锐的科研意识和良好的科研能力。大学的学习和实践除了综合素质的培养，还能帮助学生更好地了解孩子身心发展的规律，开发孩子的潜能。

（2）主要课程

普通心理学、人体解剖生理学、教育社会学、声乐、舞蹈、美术、学前教育学、幼儿心理学、幼儿教育心理学、幼儿保健学、幼儿教育研究方法等。

（3）发展前景

就业：

随着家长素质的不断提高，逐渐认识到专业的事要交给专业的人去做，幼儿教育行业开始对高文化高素质的学前教育人才求贤若渴。学前教育专业毕业生的就业区域在全国范围内分布均衡，就业行业主要分布在教育、媒体、心理咨询等领域。

做幼儿教师是该专业最对口的就业方向，学生需要在大学期间考取教师资格证。如果去公立幼儿园还需要考编制，这类单位相对稳定，福利待遇也很不错，薪资随着工龄和职称的增长能有一定升级，但变化不会特别大。如果去私立幼儿园，老师能有一定的才艺可以带兴趣班，收入也不错。英语比较好的毕业生可以考虑双语幼儿园，薪资相对更高一些。

此外，毕业生也可以在学前教育机构及卫健部门从事幼儿教育的研究，或者去教育出版社从事幼儿图书、幼教教材的出版工作。如果毕业生对自身能力有足够自信，也可以选择自主创业。

升学：

本科学历基本可以满足学前教育相关行业的大部分岗位要求，如果学生想去高职院校当专职教师，或者进行学前教育的科研工作，可以继续攻读学前教育或学前教育学的研究生。

此外，如果学生不想当幼儿园老师，可以通过考研转变专业是一个很好的方式，教育学或心理学相关的研究生都是可以选择的考研方向。

（4）推荐院校

北京师范大学、南京师范大学、华东师范大学、华中师范大学、陕西师范大学、 东北师范大学、西南大学、华南师范大学、首都师范大学、湖南师范大学、浙江师范大学、南京晓庄学院等。

（5）报考建议

学前教育和小学教育两个专业，名称仅差了一个字，但就业形势有很大的差别。前者不仅处理的琐事更多，工作更加繁忙，薪资待遇还没有后者高。因此，考生报考时一定要注意区分。

由于学前教育专业的就业情况不如其他师范类本科专业，不建议高分段考生报考该专业。但该专业的本科生相比专科生有一定优势，并且它在专科批次的竞争非常激烈，甚至部分师范类院校录取分数超过本科线，分数不高的考生也可以酌情考虑。

很多考生报考时会因为自己没有音乐、舞蹈、绘画、书法等方面的文艺基础而对该专业有所顾虑，其实这类课程会从大一贯穿到大四，学生无须过于担心。但是目前很多幼儿园会开设兴趣班，没有基础的学生需要在大学期间将精力多放在这类技术课程上，以此提高就业竞争力。

此外，男幼师是比较稀缺的资源，就业很有竞争力。部分家长会认为男性幼儿教师更能培养孩子坚毅、独立、自主、阳光的个性，更喜欢开拓和创新。所以，喜欢幼教工作的男生也可以考虑这个专业。

4 烟草

（1）专业介绍

烟草专业主要研究烟草的生产、烟草遗传育种、烟叶质量检测与经营管理等方面的基本知识和技能，进行烟草的栽培选育与生产加工、烟叶的检测、香烟的贸易营销等。烟叶质量的鉴定与品质分级、香烟的陈列、假烟的查处、烟草法律法规的宣传等都属于该专业学生的研究内容。

（2）主要课程

烟草化学、烟草机械学、烟草艺术设计、烟草育种学、烟草栽培学、烟叶调制、烟叶分级、烟草病理、烟草昆虫、烟叶品质分析、烟草商品学等。

（3）发展前景

就业：

目前全国开设烟草专业的院校较少，每年毕业生人数不算很多。因此，烟草专业在烟草工业企业和研究院中还是比较受欢迎的。烟草核心配方的研发、烟株的培育和筛选等工作都离不开烟草专业的人才。该专业的对口岗位就业比较稳定，竞争压力也不是很大。

对于该专业毕业生来讲，进入烟草局、烟站、烟厂是他们工作的首选。每年9月各省烟草局会陆续发布招聘公告，学校所属省份的烟草局、烟厂一般对当地学校认可度更高，会更偏向招聘当地学校的毕业生。比如山东省烟草专业局每年会招聘很多山东农业大学烟草专业的学生。

烟草行业一般是自主招考，以地、市、州局为单位进行招考，对毕业生学历要求通常是本科及以上。虽然八项规定之后，烟草公司各项待遇相较过去有所下降，但按许多从业者的评价来说，福利待遇水平依然比公务员还要好，工作也比较安逸。

此外，也有不少毕业生选择去产烟区就业，这类工作对大学生的发展友好，上升空间较大，人际关系也没那么复杂。但是好的烟区一般在山区，如果想要长久发展的话，还是得谨慎考虑。

升学：

如果毕业生想进行科研相关的工作，那么读研就非常必要。郑州烟草研究院是非常值得考虑的选择，其主要招收食品安全专业的研究生，研究方向包括烟草农学、烟草工学、烟草计量学、烟草化学、烟草化学生物学，奖学金基本达到全覆盖，简直像是为烟草专业的学生量身定制的。

此外，该专业可以考研的方向包括作物学、作物栽培学与耕作学、生物学、作物遗传育种、植物病理学。

（4）推荐院校

贵州大学、湖南农业大学、河南农业大学、四川农业大学、山东农业大学、郑州轻工业大学、安徽农业大学、云南农业大学、青岛农业大学、西昌学院。

（5）报考建议

人们常说的"烟草相关专业"主要分为两个方向，其一是农学大类下的烟草专业，是"作物学"的一个细分方向，研究内容以烟草种植为主。其二是食品安全与工程专业的烟草科学与工程方向，研究内容以烟草加工为主，学生需学习卷烟产品设计、卷烟加工工艺、烟草香料调香等内容。虽然这两个专业都与烟草打交道，但是工作内容不同，就业方向也截然不同。因此，考生和家长选择专业时要注意区分。

烟草专业虽然就业率很不错，但就业面相对较窄，且专业设在农学大类下。因此，学生转行的难度比较大，适合生物成绩好，对烟草栽培、生产、经营管理感兴趣的学生就读。

5 食品安全与检测 ✏️

（1）专业介绍

民以食为天，食品安全问题一直是人们非常关注的问题，而食品安全与检测就是这样一个关系到重要民生的专业。该专业属于工科中食品科学与工程大类下设专业，学制 4 年，毕业后授予工学学士学位。

食品安全与检测专业以生命科学和食品科学为基础，以食品安全为核心，根据专业的食品安全和检测知识来检测食品中的有害物质是否符合国家指标，比如重金属、黄曲霉毒素等。该专业要求学生具有扎实的食品安全与检测理论基础、熟练的食品安全与检测实践技能、严密的整合思维能力以及良好的职业能力与职业素养，需要较强的责任心。

（2）主要课程

食品微生物学、食用资源学、有机化学、分析化学、仪器分析、食品化学、生物化学。

（3）发展前景

▌就业：

随着我国食品行业的发展，以及对食品安全重视程度的不断增加，食品安全与检测成为食品行业中的重中之重。由于转基因食品检测、兽药残留检测、农药残留检测等技术还有待提高，安全管理体系也有待完善，食品行业对于具有国际化视野的创新型高素质人才有很大的需求，该专业毕业生的就业前景不错。

考公务员对该专业学生也是不错的选择，毕业生可以进入卫生检验部门、食品质量监测、疾控预防控制中心、海关等部门从事食品的质量控制、食品质量监督和管理的工作。

大部分毕业生可以选择进入食品生成、加工等企业如食品加工厂、生物制品厂、保健食品公司从事质量技术监督相关岗位。

如果学生的学历和院校层次都比较高，也可以选择进入科研单位从事食品安全分析、食品科学研究等工作。

| 升学：

该专业的学生如果想获得一个稳定的好工作，需要努力让自己成为一个高端技术人才或管理人才，那么继续升学提升学历就非常重要了。该专业主要的考研方向有食品加工与安全、食品科学、食品工程等。

（4）推荐院校

汕头大学、上海师范大学、西安文理学院、新疆理工学院。

（5）报考建议

食品安全与检测专业与化学、生物相关性较大，因此高中阶段生物、化学学科具有优势的考生可以考虑报考，并且需要做好考研的准备。此外，色盲、色弱都不能报考该类专业，考生报考前一定要认真研读《普通高等学校招生体检工作指导意见》。

该专业主要培养技术型人才，所以学生要努力提高专业技能，具备对食品安全事业的使命感，将来可以考取食品检验员职业资格证等相关证书。

食品安全与检测专业是食品科学与工程大类下设专业，和食品质量与安全专业非常相似。两者本科阶段基础课程大多相同，就业方向也比较类似，但是专业培养目标和侧重点有所不同。食品安全与检测专业重点在于通过食品检测保证食品安全，而食品质量与安全的重点在于研究如何能让食品在生产和运输过程中得到质量保证，考生填报时需注意区分。

6 护理学 🖊

（1）专业介绍

随着人们生活水平的日渐提高，一些原本不被看好的专业也逐渐被关注，护理学就是其中之一。护理学是自然科学和社会科学相互渗透的综合性应用学科，本科学制为 4 年，毕业后授予理学学士学位。

护理学以基础医学、临床医学、预防医学、康复医学以及与护理相关的社会、人文科学理论为基础，形成其独特的应用技术和护理技术，为人们提供全面、系统的服务。该专业要求学生不仅要掌握相关基础医学、预防保健的基本理论知识，还要掌握护理原则、操作技术、护理和监护技能、实践能力、动手能力、沟通能力等。

（2）主要课程

人体解剖学、生理学、病理学、药理学、医学心理学、医学伦理学、护理学导论、护理学基础、内科护理学、外科护理学、妇产科护理学、儿科护理学、急救护理学、预防医学、精神护理学、护理管理学、护理礼仪、护理科研等。

（3）发展前景

▌就业：

随着我国社会老龄化现象的加剧和人们对身心健康重视的增加，社会对护理人员的需求正在逐渐增加，老人医护、保健医师、家庭护士也有可能成为未来的热门职业。然而，相关人才数量严重不足，护理专业被教育部、卫计委等六部委列入国家紧缺人才专业，予以重点扶持。因此，该专业前景值得期待。

护理学专业在大众的印象中与护士画上了等号，该专业的绝大部分毕业生确实会选择去往医院当护士，但就业面也不限于护士。毕业生就业主要分布在各级各类医院、急救中心、康复中心、社区医疗服务中心等从事临床护理、预防保健、护理管理、护理教学和护理科研等工作。

其中，临床护理工作是需求量最大也是毕业生最主要的就业方向，工作内容除了打针、换药、包扎等简单护理工作，还有辅助治疗、指导病人康复，包括使用各种医疗器械等。这类工作需要足够的忍耐力和胆量，面对事情沉着冷静。从业人员达到一定的工作年限，也有机会走上管理职位。

护理教学也是护理专业就业的热门方向，工作内容主要是对护理人员指导与教学，工作强度要比护士轻松，很适合有耐心的女生。随着护理专业人数的增加，这类岗位的需求数量也在逐渐增加，发展前景比较不错。

此外，毕业生还可以去康复中心、保健机构从事康复保健、家庭护士的工作，去养老院从事护理工作，去保健产品公司从事健康辅助器材、保健药品等销售，去幼儿园进行预防保健的工作，进入相关的报社编辑部门从事单位健康报刊编辑。

综合能力和学历水平较强的学生也可以到国家卫生部门、研究院所从事管理、科研、行政等工作。

▎升学：

护理学专业的学生一般本科毕业就能找到比较对口的就业岗位，所以大部分毕业生不会选择继续深造。但如果想进入研究院或国家卫生部门工作，则需要进行读研提升学历。

该专业的考研方向主要有护理学、营养与食品卫生学、公共卫生与预防医学等。

（4）推荐院校

北京协和医学院、上海交通大学、北京大学、四川大学、复旦大学、首都医科大学、中山大学、福建医科大学、南京中医药大学、天津医科大学。

（5）报考建议

护理学专业对身体有具体要求，一般要求女生 1.55 米、男生 1.65 米以上，色盲、色弱都不能报考该专业。考生填志愿前一定要仔细研究院校《招生章程》和《普通高等学校招生体检工作指导意见》。

就读该专业需要有较强的动手能力、耐心和胆量。虽然专业对口的压力很大，但是就业率高，薪资可观，工作稳定，注重就业的学生可以考虑这一专业。

虽然护理学专业的女生偏多，但大部分院校都招收男生。由于该行业的男生比较稀缺，而且男生体力也有一定优势，因此男生应聘时甚至会被优先录取。

7 医学检验技术 ✎

（1）专业介绍

我们都知道在挽救生命的一线，除了医生和护士，还有很多必不可少的岗位，例如医学检验技术就是医疗领域中不可或缺的一部分。通过对人体的血液、体液等进行检测，为疾病的预防、诊断、鉴别诊断、治疗监测、预后评估以及健康管理提供科学依据，起到疾病诊疗的"侦察兵"和"情报系统"的作用。生物技术、自动化技术、信息及大数据等技术的交叉融合，让医学检验技术进入一个全新的时代，在临床医学中该专业的地位也是日趋重要。

医学检验技术是属于医学技术类下设专业，学制是 4 年，毕业后授予理学学士学位。该专业是一门运用现代物理化学方法、手段进行医学诊断的学科，主要研究如何通过实验室技术、医疗仪器设备为临床诊断、治疗提供依据。通常我们熟知的"验血验尿"、肝功能检查等都是用该专业的知识和技能。

（2）主要课程

分子生物学、生物化学、医学统计学、医学免疫学、细胞生物学、组织学与胚胎学、药理学、分析化学、临床检验学、检验仪器学、生理学、病理学、寄生虫学及检验、微生物学及检验、免疫学及检验、血液学检验、实验室管理学、卫生学及卫生检验、药物浓度监测、临床生物化学及检验等。

（3）发展前景

▍就业：

医学检验技术专业培养的是技术型人才，因此无论在专科还是本科，就业情况都很不错。大部分毕业生会选择进入医院检验科，负责医院各样本的处理、检测、报告的发布等工作。这类岗位和病人接触较少，且目前实验室自动化程度越来越高，相较于其他科室而言，面临的风险和工作强度都更低。此外，也有毕业生进入病理科和输血科工作的，在工作内容和强度方面都与检验科大同小异，仅侧重方向有所不同。

除了医院，毕业生还可到各地的疾控中心从事传染病的病原体检验、疫苗注射相关检验以及健康体检等工作。此外，毕业生也可进入医学研究机构、商品检验、环境保护、海关检疫等部门，从事医学检验及医学类实验室工作，还可以在体外诊断企业的试剂、仪器研发、生产和销售部门从事技术工作等。

总之，该专业的就业对口率是非常高的。但想进入好单位，对技术要求也很高，因此学生还是需要真正把专业学好，熟练掌握专业技能。

▍升学：

该专业的学生找到一份工作是相对比较容易的，但由于就业竞争确实激烈，想进入大城市的三甲医院工作难度也不低，因此很多毕业生会选择继续升学。医学检验技术的考研方向主要有临床检验诊断学、免疫学、生物化学与分子生物学等。

（4）推荐院校

北京大学、四川大学、上海交通大学、中南大学、首都医科大学、华中科技大学、天津医科大学、广州医科大学、武汉大学、郑州大学。

（5）报考建议

由于该专业的工作内容以检验、实验为主，对生物和化学科目要求较高，适合对医学检验方面感兴趣的学生就读。此外，该专业一般对学科有一定要求，考生报考前要注意查看自己的选科是否符合要求。

需要注意的是，如果有色盲色弱，或任何一眼矫正到 4.8、镜片度数大于 800 度的考生，都不能报考医学类专业。

此外，考取检验技师资格证是该专业学生非常重要的任务，因此就读期间要不断提高专业知识和技术能力，为考证提前做准备。

8　医学影像学

（1）专业介绍

医学类专业深受家长和考生的青睐，每年报考都很火热，录取分数超过很多专业，尤其是临床医学专业和口腔医学专业让很多考生望而不及。但医学影像学专业同样可以当医生，且竞争远低于前两个专业。随着医学进入科技时代，该专业对人才有一定的需求，很适合对医学感兴趣的考生重点关注。

医学影像学是医学大类临床医学类下设专业，基础学制为 5 年，毕业授予医学学士学位。该专业学生主要学习基础医学、临床医学、医学影像学的基本理论知识，受到常规放射学、CT、磁共振、超声学、DSA、核医学影像学等操作技能的基本训练，培养常见病的影像诊断和介入放射学操作基本能力。

（2）主要课程

物理学、电子学基础、计算机原理与接口、影像设备结构与维修、医学成像技术、摄影学、人体解剖学、诊断学、内科学、影像诊断学、介入放射学、影像物理、超声诊断。

（3）发展前景

就业：

由于目前市场上医学影像学相关人才还是比较稀缺的，该专业整体前景不错，尤其是在偏远或者不是特别发达地区的一二级医院，医学影像学相关岗位的门槛明显要低于其他医学专业的医生。

医学影像学专业作为临床医学下设专业是可以考取执业医师资格证当医生的，主要的岗位有 B 超医生、放射科医生、超声科医生等。这也是医学影像学专业毕业生的最佳选择，工作强度和风险性也比其他科室的医生更低。虽然各大医院对于相关岗位人才需求偏多，但对于想进入三甲医院或者当地较好的医院来说难度也是很大的，一般要求硕士以上学历。所以，想当一名医生就要有明确的升学规划。

此外，院校培养课程会学到很多电子学、计算机原理、影像设备结构维修等内容，学生也可以选择去医疗设备企业从事软件实施工程师、售前工程师等岗位。这类工作门槛相对较低，大部分仅要求本科学历。当然，如果毕业生对于自己的沟通能力有足够的自信，也可以尝试医药、医疗器械销售等工作。

▌升学：

目前我国各大医院对医生的学历要求逐年提高，如果学生在毕业后从事医生工作，那么必须选择继续升学，甚至硕士学历都无法完全满足医学领域的需求。该专业主要的考研方向有影像医学与核医学、临床医学、外科学等。

此外，家里经济条件不错的学生也可以选择出国读研或读博，很多大城市的三甲医院更偏向于招收有留学背景的毕业生。

（4）推荐院校

中山大学、华中科技大学、南京医科大学、南方医科大学、东南大学、天津医科大学、哈尔滨医科大学、中国医科大学、东南大学、山西医科大学、重庆医科大学、广州医科大学、西安交通大学等。

（5）报考建议

除了对生物科目的要求高外，该专业对学生的物理和计算机基础也有一定要求，适合对医学感兴趣、有责任心、喜欢迎接挑战、不断钻研的学生就读。

该专业对身体限制很多，如果符合下列任何一条都不能报考该专业：一眼矫正到 4.8、镜片度数大于 800 度；一眼失明另一眼矫正到 4.8、镜片度数大于 400 度；色弱、色盲；两耳听力均在 3 米以内，或一耳听力在 5 米内，另一耳全聋；澳抗阳性、肝功能不正常。此外，医学影像学对身高有一定要求，一般是女生要达到 1.55 米以上，男生要达到 1.65 米以上，否则最好回避这类专业。

医学影像学有着医学共有的弊端，那就是学习战线较长，本科学制为 5 年。如果你想到医院从事医生岗位，那么读研读博是很多考生的必经之路。做医生还要有执业医师规范化培训等。因此，想报考医学影像学专业的考生一定要提前做好长期学习的心理准备。

虽然该专业相比其他医科类专业分数低一些，但随着越来越多人了解这个专业，它的报考热度也不断上升，录取分数逐年提高。报考时，考生和家长要合理预判该专业的录取情况。

9 大气科学 ✎

（1）专业介绍

大气科学是一门以地球大气环境为研究对象，直接利用计算机、人造卫星、雷达等高新技术为主要手段，研究大气中发生的各种现象以及变化的规律，进而利用这些资料来为人类服务的基础学科。

很多人会误认为"大气科学＝天气预报"，其实后者只是前者的一部分。随着科技的发展及人们对极端天气和气候尤其是全球变暖现象的关注，大气科学已经跳出了原有的研究范畴，发展成为研究地球系统的综合学科。

从行业趋势来看，近年来涌现出了海气相互作用、空间天气、平流层气象学、边界层气象学等前沿学科，该专业的学科交叉更明显，专业领域更细分，大学本科的教学内容也向更多方向拓展。

（2）主要课程

大气科学概论（地球科学概论）、大气物理学、大气探测学、天气学、大气动力学基础、近代气候学基础、流体力学等。

（3）发展前景

▌就业：

大气科学的专业性很强，具有不可替代性，虽然就业面窄，但就业对口率较高。该行业在我国具有"先发优势"，随着大数据共建共享时代的到来，更是给地球科学一体化数据的应用前景带来了机遇和挑战，发展前景值得期待。

各级气象局是这个专业的毕业生最对口的选择，毕业生主要从事气象预告相关的工作，工作量相对轻松，工作环境也非常适合女生。但这类岗位对应聘者的学历要求较高，经济发达地区的气象局招聘基本上学历要求从研究生起步。薪资待遇有地区差异，整体来看处于中等水平，毕业生起薪较低，但发展稳定，薪资会随着工作年限和经验的增加逐年上涨。

与气象服务相关的公司目前发展势头也很猛，待遇是相关行业中最好的。其中部分岗位需要进行户外工作，风险较大，对气象编程的研发要求也很高。与气象科普视频和气象视频相关的出版、传媒类企业则在待遇方面与传统的传媒行业相差无几，对这方面有兴趣的同学也可以考虑。

此外，风电类国企和央企对该专业的学生也有一定的需求，但这类企业倾向于研究生阶段有过项目合作经验的毕业生，对编程能力要求较高，与之相应地，薪资待遇也很不错，但这类岗位往往不属于核心岗位。

机场、航空公司、空管局这类单位也会招收一部分该专业的学生，但这类岗位需要上夜班，因此更倾向于招收男生，薪资待遇比气象局高一些。需要注意的是，气象部门属于这类企业的非核心部门，发展有明显的天花板限制。

除了上述单位，航空、航天、海洋、环境、农业、水利相关的科研单位与高等院校也对大气科学专业人才有一定的需求，毕业生可以根据自身规划和个人情况，挑选适合自己的就业方向。

▌升学：

大气科学是一个技术含量较高的学科，学生在本科阶段只能笼统地学习该专业的入门知识，一般到了研究生阶段才有机会选择自己擅长的方向进行深入的学习。同时，相关行业对于学生的学历要求较高，大多数省份的气象局岗位都要求硕士及以上学历，本科生只能去县级别的气象局，个人发展与市级别的单位相差较大。因此，建议学生通过读研深造来获得更好的就业发展机会。

大气科学专业的考研方向主要有气象学、大气科学、大气物理学与大气环境、环境工程等。

（4）推荐院校

北京大学、南京信息工程大学、南京大学、解放军理工大学、兰州大学、清华大学、中国海洋大学、中山大学、中国科学技术大学。

（5）报考建议

大气科学专业虽然属于地球科学，但并不以地理为主，而是以数学、物理、计算机为主，为掌握大气运动的规律，学生需要学习很多力学知识，对观测数据的处理也要依托数学建模才能进行分析。所以，学生需要有较好的数学、物理成绩。

与其他只能朝九晚五泡在实验室的理工专业的同学相比，该专业经常有机会去户外实地考察，适合喜欢自然和运动的同学，但相应地，该专业的工作和学习过程中有遇到极端天气和恶劣环境的风险，考生需要根据自身偏好谨慎选择。

值得注意的是，应用气象学专业在本科阶段与大气科学专业比较相似，学习难度更低，但学习内容没有大气科学全面，研究内容主要偏农业气象方面，更容易出科研成果，但用人单位更偏好大气科学专业，对此感兴趣的同学可以根据自身需求进行选择。

10　轨道交通信号与控制

（1）专业介绍

轨道交通信号与控制专业是原铁道信号专业、自动化（自动控制）专业，隶属于自动化类，2012年正式更名为轨道交通信号与控制，是国家战略新兴产业发展和改善民生急需、应用性和行业针对性都很强的新专业。

该专业是典型的工科专业，常规学制为4年，毕业后颁发工学学士学位，主要研究通过与计算机科学与技术、电子信息、自动化、电气工程等众多工科专业交叉融合解决铁路车站等信号控制维护、列车运行控制系统等问题。

（2）主要课程

电路分析、电子技术、计算机技术（语言、软件基础、硬件基础、单片机等）、微机原理与接口技术、自动控制理论、信号与系统分析、计算机网络、电磁兼容及可靠性理论、铁路信号运营基础、信号基础设备原理、车站信号自动控制、区间信号自动控制、铁路信号远程控制、列车运行控制系统、编组站综合自动化、计算机联锁系统、城市轨道交通控制系统等。

（3）发展前景

┃ 就业：

我国轨道交通处于迅猛发展的阶段，地铁、轻轨、城际轨道在全国各地的建设和维护过程中需要大量的人才，由于轨道交通信号与控制专业的鲜明特色和完善的培养体系使毕业生深受轨道交通部门和各大铁路局、铁路设计院、地铁运营等单位的青睐，很多刚毕业的人才被哄抢一空。该专业针对性很强，有大量对口率高的岗位，且工作相对稳定，就业前景一片大好。

不怕辛苦、对工作环境没有要求的毕业生可以选择比较务实的方向，去地铁建设公司等施工单位从事施工安装等工作，这类方向对学生能力要求低，适合学历和院校优势不大的应届毕业生，学生可以在一线工作的过程中积累经验、锻炼能力。

运维相关的岗位也是本专业学生的主要就业方向之一。它的工作强度和环境都比较好。但是想进入地铁或铁路运营等公司有一定难度，并且日常维护、检修等工作需要具备一定经验的人才能胜任。

想从事研发与制造方向的工作可以去设备工厂、信号工厂相关企业。如果学生自身能力比较优秀，也可以去一些科研单位从事科学研究、技术开发等工作，卡斯柯、和利时、阿尔斯通等都是很有名的科研单位。

每年设计院也会招收一定数量的毕业生，能去设计院也是毕业生最好的去向之一，这类岗位薪资福利很不错，但门槛相对会较高，竞争十分激烈，招聘一般要求"985工程""211工程"院校的硕士及以上学历。

▌升学：

虽然轨道交通信号与控制专业的就业率很高，但真正高薪的岗位竞争还是很激烈的。所以，升学考研就成为学生增加自身竞争力的手段之一。由于该专业学习的科目比较广泛，它可以选择考研的方向有很多，对口选择主要有电气工程、道路与铁道工程、控制科学与工程、交通运输工程、交通信息工程及控制等。

（4）推荐院校

北京交通大学、中南大学、西南交通大学、中山大学、南京理工大学、苏州大学、华东交通大学、郑州大学、上海工程技术大学。

（5）报考建议

当前轨道交通行业发展迅猛，国家政策也对此有一定扶持。因此，该专业的发展前景较好。适合物理成绩好、对交通感兴趣的考生报考。

该专业除设计院以外的大部分岗位需要和维修、施工以及电路打交道，甚至会有需要半夜进行维护检修的工作情况。因此，招聘单位更偏向招收男生，女生要谨慎报考。

有意向往交通方向发展的考生报考时可重点关注交通相关强校，这些院校每年都有比较多的校招机会，与其他院校相比就业具备天然优势。

11 公务员考试招录人数最多的专业 🖊

公务员一直都是很多家长和考生心目中理想的工作岗位,追求未来职业生活稳定,有个好的发展前景,考公无疑是一条很好的道路。那么,在高考选择专业上也可以提前规划好考公路线,选择一个适合考取公务员的专业会让你的考公道路更加通畅。

接下来,我们盘点历年来公务员考试招录人数最多的专业(类)top20,供大家参考。

	序号	专业(类)
公务员考试招录人数最多的专业top20	1	法学
	2	会计学
	3	汉语言文学
	4	经济学
	5	工商管理
	6	财务管理
	7	审计学
	8	计算机科学与技术
	9	公共事业管理
	10	金融学
	11	社会学
	12	应用统计学
	13	财政学
	14	秘书学
	15	新闻传播学类
	16	建筑类

续表

公务员考试 招录人数最多的专业 top20	序号	专业（类）
	17	公安学类
	18	土木类
	19	医学类
	20	电子信息类

五、军警类专业

军警类专业通常在军警类院校开设，大多是军队或公安部门的直属院校。这类专业的培养目标就是为各级公安、政法机关等部门培养优秀人才，就业方向非常明确。由于大部分毕业生都走上了"公务员"的道路，就业率很高，发展稳定，常常被考生和家长称为"铁饭碗"专业。但这类专业的招生条件比较严格，招生人数有限，报考前一定要了解清楚报考要求。

1 出入境管理 ✐

（1）专业介绍

出入境管理专业是公安学类主要招生专业之一，主要针对公安机关的出入境专门业务，一方面指维护国家主权、安全和社会秩序，在出入境管理中打击出入境违法犯罪活动；另一方面指保护中外公民的合法权益，适应国家对外开放形势。

学生在读 4 年需要培养出入境边防检查等方面的知识和能力，能在公安边防部队和出入境管理部门从事国（边）境管理和出入境边防检查等工作。

（2）主要课程

国际法、刑法、刑事诉讼法、当代世界政治经济、边防公安法规、公安学概论、治安管理学、刑事侦查学、边境管理学、边防勤务学、边防情报学、边防检查学、护照签证制度、边防专业外语。

（3）发展前景

┃就业：

出入境管理专业就业方向比较固定，即边防部队、人民警察和武警部队中的出入境管理部门和出入境边防检查部门。对毕业生而言，海关是不可多得的好去处。海关单位在招聘时，往往都开出了较好的薪资待遇。对于警校及某些特殊类型学校的学生，在最初都会对边防等单位进行定点培养，享受特殊的职业待遇，选择边防单位自然是最优选项。其他相关国家单位、企事业机关的特殊部门等也是可以选择的方向。

┃升学：

随着报考该专业考生逐渐增多，就业竞争压力也将更加激烈，对于学校层次和学历的要求也将提升。因此，升学也是该专业的学生提升自己竞争力的一个很好的途径。

（4）推荐院校

中国人民大学、中国政法大学、北京大学、清华大学、华东政法大学、武汉大学、西南政法大学、对外经济贸易大学、吉林大学、上海交通大学、南京大学、浙江大学、厦门大学、中南财经政法大学。

（5）报考建议

我国对于进出口贸易越来越重视，毕业生就业相对比较容易，对口率也极高，非常值得报考。

出入境管理专业对政治科目要求较高，适合对政治、法律有兴趣，能适应出入境工作的学生就读。

此外，外语能力也极为重要，大学在读期间学生需熟练掌握一门外语。因为，在未来的工作中需要时刻关注国内、国际的发展动态，处理涉外业务等。

2 公安视听技术 🖊

（1）专业介绍

随着高科技产品的普及，犯罪手段越来越隐秘，利用电话、网络等通信工具进行敲诈勒索的案件也越来越多。像这类案件中往往会留下罪犯的声音甚至体貌特征，作为唯一的证据源，这些资料很可能就是警方破案的关键。

因此，公安视听技术便诞生了。它运用各种现代科学技术手段记录、显示、检验、鉴定等与犯罪有关的一切客体形象和声音，并加以研究，为公安机关侦查、起诉、审判等提供线索和证据。该专业与刑事技术、技术侦查、网络侦查一起并称为现代侦查办案的四大支柱。

公安视听技术专业下设声像资料检验技术、公安图像技术两个专业方向，主要开展本科生、研究生和在职警察培训工作，为全国各地公安司法机关培养输送了上万名的声像资料检验技术专门人才。

（2）主要课程

政治理论、法律、高等数学、普通物理、普通化学、大学语文、大学英语、计算机基础与应用、犯罪现场勘察、刑事科学技术、数字图像处理、视听资料检验、视频技术、音频技术、警察体育、擒拿格斗、射击、驾驶等。

（3）发展前景

▍就业：

随着科学技术的发展与进步，案件中涉及的图像资料急剧增多，给公安工作提供大量线索和证据的同时，也出现了人才紧缺，专业人才需求呈现逐年上升趋势，给毕业生提供了更为广泛的就业机会，该专业的发展前景相当不错。

毕业生可选择在公安、政法等部门从事现场摄影、图像处理、视频分析、视音资料检验、电话监听、视频侦查等工作。

这些工作都具有强烈的公安属性，除需要具备理论基本功外，对于实战技能也有严格要求。毕业生要在不断实践的过程中，累积更多的经验，才能更快更好地胜任工作。

▍升学：

对于该专业毕业生来说，近年来就业竞争压力随报考人数的增多而越发激烈，读研则是他们提升自身竞争力的一个很好的途径。该专业学生可选择的考研方向很多。例如公安学，该专业是研究调整有关国家安全与社会治安秩序和行为规律的综合学科。此外，公共管理、警务、法律（非法学）等专业都值得考虑。

（4）推荐院校

中国刑事警察学院、中国人民公安大学、辽宁警察学院。

（5）报考建议

公安视听技术对物理、数学学科要求很高，适合这两门基础扎实的理工类考生，同时需要学生有耐心、较强的学习能力和较高的心理素质。该专业在部分高校对考生选考科目、身体和体能及政治等方面均有要求，学生需提前了解报考院校的招生要求。不推荐色盲和色弱的学生报考该专业。

3　犯罪学 ✏️

（1）专业介绍

犯罪学属于公安学类专业，主要研究各种犯罪现象、犯罪原因和减少犯罪的方法。20世纪80年代初期，犯罪学在中国形成独立学科。1992年4月，中国犯罪学研究会成立，标志着我国犯罪学研究进入了一个新的发展阶段。

该专业下设有四个研究方向：犯罪学方向、犯罪心理学方向、犯罪社会学方向和中外警察比较研究。学生需要在大学4年掌握扎实的犯罪学、侦查学理论知识，具备基本的执法和管理技能，在公安保卫部门从事犯罪预防、犯罪分析与预测及罪犯矫治等业务工作和在检察、法院、司法行政部门从事相关工作的基本能力。

（2）主要课程

犯罪学原理、西方犯罪学、刑事政策学、犯罪被害人学、犯罪预防学、犯罪心理学、罪犯矫治学、犯罪评估导论、犯罪学研究方法、犯罪统计学、公安学概论、刑事侦查学、治安管理学、刑事科学技术、刑法学、刑事诉讼法学、社会学概论、社会工作概论、普通心理学、社会心理学、人格心理学、变态心理学等。

（3）发展前景

就业：

犯罪学在我国已经逐渐起步，该领域的人才缺口将会越来越大，毕业生就业形势十分可观，就业方向也比较广，科研、教育培训、公务员等方向都值得考虑。

对口岗位的选择也很多，有执法人员、警务人员、狱警、犯罪调查员、刑事犯罪鉴定人员、犯罪心理研究员、感化主任、假释官、社会工作者等。

升学：

该专业学生在本科期间基本都是打基础，学习内容相对局限，且大多是理论性的，继续升学学习非常有必要。国外不少大学的犯罪学专业已经非常成熟，留学读研也是很好的选择。

在国内读研，研究生方向除本专业外，也可考虑公安学、公共管理、法律史、政治学理论等专业。继续往上考硕士博士，还有很多实践活动的机会，例如参观监狱，跟犯人一对一沟通，未来可以做刑侦或去司法机关工作。

（4）推荐院校

中国人民大学、中国政法大学、北京大学、清华大学、华东政法大学、武汉大学、西南政法大学、对外经济贸易大学、吉林大学、上海交通大学、南京大学、浙江大学、厦门大学、中南财经政法大学。

（5）报考建议

犯罪学本科阶段在国内都属于公安专业，除了要达到公安院校分数外，体能和体检是否达标也极为重要。学生入学后会有高强度的军训，平时若不经常运动，适应警校生活会有一定难度，尤其是女生，想要报考的建议需考虑清楚。

此外，本专业对于学生的英语听、说、读、写能力也有较高要求，学生需要能比较熟练地阅读本专业及相关外文书刊和资料。由于该专业开设院校较多，水平参差不齐，如果想在国内读犯罪学，选择顶尖的大学会更适合。

4 禁毒学 🖉

（1）专业介绍

随着毒品问题在世界范围内不断蔓延，禁毒学专业随之兴起。它是公安学下的二级学科，一般在公安政法院校开设，主要研究公安学、侦查学、毒品学、化学等方面的基本知识和技能，了解我国和世界毒品问题的现状、趋势和应对策略，进行缉毒侦查、毒品检验、毒品预防教育、戒毒管理等。

由于受到影视剧的渲染，大家都认为禁毒非常危险。其实警察这个行业本身就带有一定的职业风险，而禁毒包括很多领域，其中侦查的风险相对较高，预防和戒毒岗位风险相对比较低。另外，禁毒专业毕业未必会从事禁毒岗位，也可能会从事其他警种工作。

（2）主要课程

禁毒学导论、毒品学（含检验）、禁毒法学、禁毒情报、戒毒学、毒品公开查缉、毒品犯罪案件侦查（含措施、预审）、毒品预防、国外禁毒概论（双语）、艾滋病与职业防护等。

（3）发展前景

▌就业：

目前，禁毒形势依然严峻复杂，国家也很重视禁毒工作，毕业生就业形势相对良好。主要就业方向是去往公安机关、边防和海关从事禁毒、缉毒工作，也可到政府部门、强制隔离戒毒所和戒毒康复场所等从事禁吸戒毒工作。

不过从近几年的毕业入警情况来看，你学什么专业未必能进入匹配的警种工作，警力下沉使得很多毕业生第一就业岗位是地方派出所。该专业对口的工作很稳定，享受的基本上都是国家最好的福利和待遇。

▌升学：

很多学生担心禁毒相关的工作会有危险，那就可以考虑选择继续深造，禁毒学专业的研究生有的考入了公安部，有的进入地方警校当老师，有的进入法检部门等，这样危险性会大大降低。

该专业考研方向除了本专业外，主要集中在法律（非法学）、刑法学、公安学、诉讼法学等。

（4）推荐院校

中国刑事警察学院、云南警官学院、四川警察学院、湖南警察学院、重庆警察学院、广东警官学院。

（5）报考建议

禁毒学因为招生和工作性质的原因，相比其他警察类专业分数相对低一点。不过随着近几年的热度提升，录取线也随之提高。毕业后同样能享受入警政策，报考性价比高。

一般报考军警类专业都必选政治，学生在高中阶段就要重点学好政治学科。此外，该专业还需了解大量案件，把握各阶段的案件情况，较强的记忆力、理解能力及逻辑推理能力都是学生必备的专业素养。

最后，禁毒相关职业都会存在风险，这些风险的背后是忠诚、责任和担当，如果想要报考该专业，一定要慎重考虑。

5 经济犯罪侦查 ✎

（1）专业介绍

随着近几年我国经济的飞速发展，也带来很多经济犯罪。因此，经济犯罪侦查便成为公安系统中非常重要的部门。同时，经侦也是公安系统中最受欢迎的岗位之一，主要负责经济类案件，研究侦破经济犯罪的规律和侦查手段，危险系数相比刑侦类会更小。本专业主要研究方向有刑事法学、经济法学、案件侦查、物证技术等方面的基本知识和技能，进行经济犯罪的侦查、防范等。

（2）主要课程

侦查策略、刑法学、证据学、现场勘查、司法会计、走私犯罪案件侦查、金融犯罪案件侦查、商业犯罪案件侦查、经济犯罪防范对策、刑事讯问学、痕迹检验、笔迹学、侦查心理学、法医学、刑事照相、司法精神病学、经济法学等。

（3）发展前景

▌就业：

随着市场经济的开放和成熟，各种经济犯罪也日渐猖獗。目前我国对经济犯罪侦查的人才需求是比较大的，该专业毕业生就业前景相当不错。

毕业生大部分可在检察、纪检、公安部门以及企事业单位从事相关岗位工作。该专业同时融合了经济、法律、侦查、会计等方面业务知识，所以从事律师、公安、检察、法院、纪检等行业也较为合适。也有部分毕业生选择参加公务员考试进入公检法系统，或选择进入国企的保卫部门。

▌升学：

大部分本科毕业生选择继续深造，考研方向主要有公安学、公共管理、法学等，这三个方向的发展前景都比较可观。

公安学毕业生可在公安、检察、国家安全等部门从事侦查、刑事执法工作，公共管理类专业毕业生可进入党政机关、企事业单位、社会团体、公共服务机构工作，法学专业毕业生则可以做法官、检察官、高校教师等社会地位较高的工作。

（4）推荐院校

中国刑事警察学院、广东警官学院、江西警察学院、西南政法大学、浙江警察学院、重庆警察学院。

（5）报考建议

经济犯罪侦查专业属于提前批次录取专业，本专科都有开设，且文理兼收。在处理犯罪案件的时候，需要调查取证，这就要求学生处事细心，具有辩证思维、逻辑能力和调查分析能力。

经侦专业涉及的学科非常多，除了对法律知识，对经济学的要求也极高，且需要具备从事会计工作所需要的专业能力。所以，该专业适合对经济学感兴趣、未来想当警察的学生报考。此外，它的危险指数在众多侦查专业中相对较小，女生也可以报考。

6　警犬技术 ✏️

（1）专业介绍

警犬技术是一门为侦察破案和安全防范服务的综合性应用学科，是刑事侦查和治安防范科学的分支，在侦查、治安、警卫、消防、边防保卫等领域中有着广泛用途。

该专业分为刑侦、治安和缉毒三个专业方向，主要培养公安业务基础扎实，精通警犬技术，有教学、科研和实践能力的警犬技术应用型人才。

（2）主要课程

治安管理学、刑事案件侦查、警察查缉战术、犯罪现场勘查、痕迹检验学、警犬学概论、犬解剖生理、养犬学、犬病学、犬行为学、警犬训练学、警犬使用学、基层公安机关实习、社会调查等。

（3）发展前景

▎就业：

毕业时，学生可以根据生源地公安机关所设专业岗位参加面向公安院校公安专业毕业生全国统一招录考试，择优录取进入公安机关工作。由于警犬技术的特殊性，我们国家绝大多数的警犬技术力量都在地级市以上的公安机关，招录的人数较少，想要进入有一定的难度。但该专业属于公安专业，本专业学生毕业后可以考虑报考公安机关的其他职位。

升学：

目前，没有学校开设与警犬技术相关的研究生专业，但是本专业可以选择报考刑法学、诉讼法学方向。

（4）推荐院校

中国人民大学、中国政法大学、清华大学、北京大学、华东政法大学、武汉大学、西南政法大学、对外经济贸易大学、吉林大学、上海交通大学、南京大学、浙江大学、厦门大学、中南财经政法大学。

（5）报考建议

警犬技术专业是一个冷门专业，就业口径比较窄，毕业后可以参加公安联考，进入公检法系统工作。

报考该专业不仅要进行政治审查，而且需要参加体能测试，对学生的身高、体重、外貌、形体、视力、听力等均有一定要求，考生报考前需认真了解院校《招生章程》。

另外，在未来工作中想要做好，就需要养成不怕吃苦、不怕脏、不怕累，勤思考、勤动手的专业素质。毕竟警犬的训练和使用并不是一件好玩的事，而是一件严肃且辛苦的事。

7 警务指挥与战术 ✎

（1）专业介绍

警务指挥与战术专业是一门新兴的公安学学科，以极高的警务理论为基础，强调公安人才实战技能的重要性。

该专业以重大警务处置行动的应急指挥为研究对象，主要研究应急指挥中的运筹谋划、发令调度、现场处置战术等方面的基本理论和知识。学生需要接受警务实战技能训练，培养较高的执法能力和指挥辅助决策能力，在公安一线进行警务行动的指挥辅助和战术谋划等。

（2）主要课程

侦查学、治安管理学、警务指挥学、警务战术学、警察谋略学、警务实战训练、警务实战心理学、警务战例研究、警务实战技能、警务指挥与战术总论、公安作战指挥、运筹学基础、警务指挥信息系统、警务参谋、警用武器使用、警用装备使用、警务战术学、警务实战心理应用、警务实战法律法规应用、警务实战训练指导法、危机谈判、攀降越障技术等。

（3）发展前景

▌就业：

警务指挥与战术专业的就业前景非常广泛，毕业生可以根据生源地公安机关所设专业岗位参加面向公安院校公安专业毕业生全国统一招录考试，进入公安机关指挥中心、刑警、巡警、特警、缉毒、治安警、铁路公安、水上公安、森林公安、各级公安领导机关下属的参谋、计划、保障部门等公安机关多种岗位群。

值得注意的是，该专业如果进入基层派出所工作，则运用所学指挥和战术知识的地方不多，如果等晋升成领导后，大学期间学习的相关知识可能已经过时；进入特警队则有更多发挥所学的机会。并且战术知识会不断更新，学生在工作与实战中需要不断学习新的专业知识。

▌升学：

目前只有中国人民公安大学、中国刑事警察学院、中国人民警察大学三个部属公安院校设有标准的公安专业研究生。公安专业研究生有且只有两个专业："公安学"和"公安技术"，并没有"警务指挥与战术专业"，其中只有警察大学公安学专业下设有"警务指挥与战术方向"。

此外，学生也可以考虑法律（非法学）、公共管理、工商管理和警务这四个方向继续读研。

（4）推荐院校

广东警官学院、浙江警察学院、中国人民警察大学、中国人民公安大学、重庆警察学院、湖北警官学院。

（5）报考建议

警务指挥与战术专业属提前批招生的公安学类专业，相比其他热度较高的专业来说较冷门，学生毕业之后可以选择进入公安机关从事相关工作。

由于是在公安一线工作，并且进入特警队更能发挥所长，适合身体素质极强、性格沉稳、喜爱警务、善于分析、有较强管理能力的学生报考就读。

该专业报考的男生居多，对政治科目要求也较高，选择该专业时需要慎重思考。

8 抢险救援指挥与技术 ✎

（1）专业介绍

抢险救援指挥与技术专业属于工学门类下公安技术类专业，是公安特设类专业，学时为 4 年。该专业是主要研究火灾事故调查理论、技术、方法、刑事办案的学科，具有多学科相互交叉性，其理论性和实践性都很强。

该专业的培养目标是培养能在公安、检察、国家安全等部门从事侦查工作、刑事执法工作、预防和控制犯罪以及侦查学教学、科研等方面工作的高级专门人才。

（2）主要课程

灾害抢险救援技术、抢险救援技术训练、救生救助技术训练、灭火救援组织指挥方法、灾害抢险救援行动概论、现场医疗急救技术、部队管理、技能训练、公安消防部队实习、社会调查等。

（3）发展前景

▌就业：

抢险救援指挥与技术专业毕业生可通过学校推荐、与用人单位双向选择、个人创业等多种形式自主就业，就业面向各行业从事消防技术及工程的评价、监测、施工、管理、监察、教育和培训。

从实际就业情况来看，该专业的就业面比较窄，毕业生主要就业方向是公安消防部队和机场、港口、重要物资的大型仓库等专职消防队。此外，也可以选择进入大、中型企业的安防部门、各类消防产品的生产、储存及运输管理企业、与火灾危险评估及相关的公司。应试能力比较强的学生也可以考公务员到公安、检察院、法院、国家安全等部门工作。

▌升学：

该专业本科阶段的就业率比较不错，且部分院校毕业后包分配。当然也有一些毕业生为了自身发展选择考研，可以考虑的方向有抢险救援指挥与技术、医疗急救技术专业，考生可以根据未来规划进行选择。

（4）推荐院校

中国刑事警察学院、贵州警察学院、甘肃警察职业学院。

（5）报考建议

该专业对物理、化学要求较高，适合对理工科感兴趣的男生。

由于专业极为冷门，全国开设院校不多，且就业面窄，最为对口的就业部门是公安消防部队，对口职业有一定的危险性，需在报考之前权衡清楚。

9　网络安全与执法

（1）专业介绍

随着互联网的飞速发展，种种网络病毒、网络诈骗、网页篡改、系统非法入侵、数据泄密、服务瘫痪等非法网络安全问题也随之而来。这使我国急需一批网络安全人才来打击网络犯罪、维护网络安全、净化网络环境，网络安全与执法专业应运而生。

该专业涉及工学、法学、公安学、国家政府、军事、文教等领域，是一个多学科交叉融合的新型公安科技学科。该专业主要培养能够胜任基层公安机关网络安全执法等部门工作的高素质应用型公安专门人才。

（2）主要课程

计算机网络、操作系统、计算机犯罪侦查、网络信息监控技术、信息安全体系结构、电子证据分析与鉴定技术、互联网情报信息分析技术和互联网安全管理等。

（3）发展前景

▌就业：

毕业生的就业方向非常广泛，可以在公安、边防、武警系统里从事网络案件侦破，打击跨国犯罪，维护国家信息安全；亦可在政府部门、国防部门、大中型企业单位就职，从事计算机网络的技术支持，维护网络安全；对教学教研感兴趣的毕业生，可以考虑在各级各类院校中从事相关教育教学工作，同时参与相关科研项目。

由于目前我国网络安全与执法才刚刚起步，相对发达国家而言还存在着差距，相关专业人才还很稀缺，该行业面临着很大的机遇与挑战。为满足工作要求，毕业生必须熟悉各类常见的漏洞攻击方法，具备快速处理常见的网络攻击的能力，具备较强的英文读写能力以及 CCSP、CISP 等专业认证资格。

升学：

对于该专业来说，考研是一个非常好的选择，学生可以更深入地学习相关技术，提高就业竞争力。

在公安类院校中，有中国公安大学的"网络空间安全执法技术"和中国刑事警察学院公安技术专业下设的"网络空间执法技术"方向。但是由于近年就业竞争的增加和考公热，该专业在公安类院校中考研难度也大幅提升。

此外，在普通高校中，该专业的对口研究生专业为信息安全专业，可选择的考研院校相对多一些，主要的研究方向为密码算法的分析技术与设计技术、密码协议的分析与设计、网络安全协议、PKI 理论与实现技术、计算机网络攻击与防御技术等。

（4）推荐院校

中国人民公安大学、中国刑事警察学院、浙江警察学院、辽宁警察学院、河南警察学院、铁道警察学院、北京警察学院。

（5）报考建议

网络安全与执法专业一般需要选考物理学科，对数学要求也比较高，因此推荐理科较好的同学报考。

该专业是一个多学科交叉融合的新型公安科技学科，对网络安全与执法感兴趣、善于分析的学生适合报考。

10 治安学

（1）专业介绍

治安管理从性质上来讲属于国家行政管理的一个重要组成部分。因此，治安学也具备行政学和管理学的相关属性。治安学是一个交叉的综合性新兴专业，以治安秩序为研究对象，是研究治安秩序维护一般规律的学科。

该专业主要培养具有从事维护社会治安秩序工作专业能力和研究能力，能够在各级公安机关从事治安管理等相关工作，以及在相关领域从事教学、科研工作的应用型高级人才。由于社会治安实践对治安学理论的诉求，以及自身的发展需求，使得该专业在高等教育学科体系中发展迅猛。

（2）主要课程

法理学、宪法学、政治学、行政管理学、警察法学、公安基础理论、刑法学、刑事诉讼法学、行政法与行政诉讼法学、治安管理学总论、刑事侦查学、侦查讯问学、侦查措施、犯罪学、犯罪心理学、法医学、刑事照相、安全防范技术等。

（3）发展前景

▎就业：

经济的发展和社会的进步离不开社会环境的稳定，因此对于治安管理相关人才的需求是始终存在的。我国目前的基层治安队伍尚存在些许不足，需要高素质、高水平的治安学专门人才来补充。因此，该专业毕业生的就业发展前景是比较可观的。

治安学专业的毕业生就业的特点是范围窄，但就业率相对较高。毕业生可以通过参加公务员考试进入公安系统、法律系统、政府机关等法规单位，也可以选择进入高校或者科研机构从事相关教学研究工作。

值得提醒的是，部分对口岗位涉及一定的室外工作，工作具有一定的危险性，需要通过体能测评。并且部分行政执法岗位招收男生的数量会更多一些，男生的录取难度也相对更低一些。

▎升学：

治安学专业的本科毕业生可以选择的研究方向分为三类，可以选择治安学、刑事侦查学、刑事科学技术等公安学类的研究方向，也可以选择法理学、宪法学与行政法学、民法学、刑法学、经济法学、诉讼法学、商法学、法制史、国际法等法学类的研究方向，当然也可以选择报考法律硕士。

需要注意的是，与本科专业对口程度最高的是公安学类下的治安学专业方向，但具体到每所院校所开设的研究方向又有所不同，也有部分高校不区分研究方向。大家在报考的时候需要了解清楚相关的研究方向，明确是否与自身需求相关。

（4）推荐院校

中国人民公安大学、江苏警官学院、浙江警察学院、山东警察学院、湖南警察学院、河南警察学院。

（5）报考建议

本科治安学专业考生选考须含"思想政治"，适合熟悉法律知识，同时对治安管理有兴趣的学生就读。

治安学专业对考生的身高、体重、听力、视力、年龄等方面都有一定的规定，一般要求男生身高不低于170厘米，体重不低于50公斤；女生身高不低于160厘米，体重不低于45公斤。

除了对身体素质方面的要求，达到录取分数线以上的考生还需要进行面试、体能测试和政治审查。

因为治安学专业的招生名额相对较少，且大多设在公安院校，所以招生时对女生数量有严格控制。想要报考的考生在填报时，需要关注相关条件是否符合，避免出现滑档的情况。

六、技能性强的专业

随着我国经济的迅速发展，市场对船舶、车辆、弹药、智能、航空航天、医疗等方面需求越来越多，因此各行业的发展就迫切需要大量具有一技之长的技能型人才。很多大学生在志愿填报时也希望能找一些有利于就业的技术性专业。以下介绍的这 20 个技能性强的专业实用性很高，深受企事业单位和学生欢迎，符合当前对技能型人才的需求，学生和家长报考时不妨考虑这些专业。

1 船舶与海洋工程 ✏️

（1）专业介绍

船舶与海洋工程属于工学门类下的国际化大专业，研究对象不只是船舶，还有各种海上运载器（如海上移动固定建筑结构、水面船舶、水下潜器、水面浮台等）。该专业主要学习船舶的构造、航行原理、安全性设计及建造法规和国内外重要船级社的规范等知识，是船舶建造、使用及海运行业的重要支撑学科。毕业生很受相关行业的欢迎，就业情况良好。目前，虽然开设此专业的院校较少，但是在专业发展、师资力量、专业实验设施、人才培养等方面的力量都比较雄厚。

（2）主要课程

理论力学、材料力学、流体力学、船舶结构力学、船舶静力学、船舶阻力、船舶推进、船体强度与结构设计、船体建造工艺、船体焊接、船舶设计原理等。

（3）发展前景

┃就业：

由于国内的港口众多，需要强大的造船业来支撑，因此市场上对船舶与海洋工程专业人才的需求量较大。该专业的技能性很强，使得学生想找到对口工作的难度不高。

大部分毕业生主要到设计研究单位、海事局、国内外船级社、船舶公司、船厂、海洋石油单位、高等院校、船舶运输管理、船舶贸易与经营、海关、海上保险和海事仲裁等部门工作，也有不少毕业生选择进事业单位工作。工作稳定的同时，职位和福利待遇等也比较让人满意。刚毕业时，工资会比较低，但工作越久，积累的经验和知识就越丰富，薪资也会越高。如果去相关行业的企业工作，工资相对事业单位可能会更多一点，但不同部门和岗位的薪资差别较大，越辛苦、加班越多的岗位工资也越高，属于能者多劳、多劳多得的模式。

┃升学：

该专业在行业内对口的工作主要分为两种：如果进入船厂工作，本科毕业生一般会需要跑现场，工作条件较为艰苦，女生选择文职工作的比较多；而工作环境较为友好的科研开发类工作，招人一般不会考虑本科毕业生，新时代造船集团、扬子江船业集团、江南造船集团这些知名国企对学生的学校层次更是有一定要求。因此，学生如果有在行业内深耕，或想要找到一份条件及薪资待遇都比较好的工作，还是推荐考研。可选择的考研方向有船舶与海洋结构物设计制造、船舶与海洋工程、流体力学和力学。在升学考研之后，就业的选择面也会比较多，毕业生可以进入研究院搞研究或者直接在院校任教。

（4）推荐院校

哈尔滨工程大学、上海交通大学、海军工程大学、天津大学、大连海事大学、武汉理工大学、西北工业大学、大连理工大学、华中科技大学、江苏科技大学、上海海事大学、浙江大学。

（5）报考建议

船舶与海洋工程主要学习物理、数学、船舶及海洋工程原理的基本理论和知识，专业课程大部分都是跟力学相关的，这对考生的物理、数学科目的要求会比较高，如果对这两门学科兴趣不大的话不建议报考。

此外，该专业需要学生有较强的动手能力和科学研究能力，适合热爱船舶与海洋工程、善于分析研究的学生报考。

2 车辆工程 ✏️

（1）专业介绍

  很多学生和家长听到车辆工程专业的第一反应都是汽车维修或汽车保养。其实车辆并不只是汽车，该专业也不仅仅研究汽车的日常维修，而是主要研究汽车、拖拉机、机车车辆、军用车辆及其他工程车辆等陆上移动机械的理论、设计及制造技术的。简单来说，该专业主要培养具备车辆制造、改装、设计、测试等能力的人才。例如，汽车零件制造、汽车车身设计、车辆性能测试等。

（2）主要课程

  物理、高等数学、机械制图、理论力学、工程力学、汽车机械基础、汽车英语、电工与电子技术、车辆技术评估与检测、汽车构造、汽车学、车用内燃机、汽车电子控制技术、自动变速器、汽车故障诊断及检测、汽车电器设备及维修、汽车运用工程、汽车服务工程、汽车设计、汽车试验学、机械原理、机械设计。

（3）发展前景

就业：

  随着现代经济的发展，人们对于车辆的需求正在逐渐增加。相应地，市场上对于车辆工程设计、制造、实验、运用与研究等汽车专业知识人才的需求量也在不断提高。除了传统的车辆设计和制造外，智能化、互联网化、新能源化这些新技术也是未来重点发展的方向。

  在众多工科专业中，车辆工程的就业前景比较光明，学生在毕业后主要从事汽车设计和制造、汽车产品的设计和开发、汽车维修和检测等技术服务、汽车销售和营销等工作，或到交通运输及管理等部门从事车辆维修管理工作，也可从事相关的教学及科研工作。

  该专业的本科学历在机械类专业中属于含金量较高的，毕业生未来想进入大中型私有企业或国有企业并不困难。很多毕业生会进入一流车企工作，比如一汽、上汽、吉利等。在车企根据工作场合不同，分为工厂和技术中心，在工厂主要从事车辆工艺的设计、标定和质量管理等相关工作；在技术中心工作根据所负责的车辆零件不同分配至不同部门。还有一部分毕业生进入零配件企业，从事轨道列车的相关工作，如地铁轻轨等。

▎升学：

车辆工程的考研方向主要有车辆工程、机械工程、机械电子工程、机械制造及其自动化等，还有不少学生选择了无人驾驶路径规划和感知方向。在如今互联网趋势下，想颠覆传统汽车行业，实现弯道超车的企业越来越多，而汽车的物联网化智能化就是最大的机会。因此，如果学生想要抓住风口，在行业内做出一番事业的话，选择这个考研方向就很不错。

（4）推荐院校

清华大学、哈尔滨工业大学、上海交通大学、华中科技大学、北京理工大学、天津大学、大连理工大学、浙江大学、西安交通大学、北京航空航天大学、吉林大学、燕山大学、同济大学、南京航空航天大学、湖南大学、中南大学、华南理工大学、重庆大学、国防科技大学。

（5）报考建议

车辆工程属于机械大类，报考车辆工程专业的学生，基本上每天都会与各种各样的零件工具打交道，这需要考生对机械有足够的兴趣。

此外，该专业在课程设置上有不少实操课程，这对考生的动手能力要求很高，如果考生对这方面不太擅长，还是建议谨慎考虑。

3　动物医学 ✏

（1）专业介绍

一谈到"动物医学"，大部分人会以为毕业就是当宠物医生。其实，除了从事宠物医生工作外，畜牧业农场、牧场的畜禽疾病防治工作也是本专业毕业生的主要就业领域之一。动物医学专业是以生物学为基础，研究动物疾病的发生、发展规律，并在此基础上对疾病进行诊断和防治，保障动物健康的综合性学科。本专业旨在有效地防治畜禽、伴侣动物、医学实验动物及其他观赏动物疾病的发生。

本专业学生需要在学习基础生物学和医学理论基础上，学习动物预防医学、临床医学、基础医学的理论知识，并开展大量的动物解剖实验，以掌握动物机体结构、各种病理特征、发展机制和防治措施。

（2）主要课程

动物解剖与组织胚胎学、动物生理学、动物生物化学、兽医病理学、兽医药理学、兽医微生物学与免疫学、兽医内科学、兽医外科学、动物寄生虫学、寄生虫病学、动物传染病学、特种经济动物学、兽医产科学等。

（3）发展前景

就业：

随着人们生活水平的提高，对宠物重视程度逐渐提高，市场上对动物医学专业人才的需求量也在不断增加。以前动物医学专业毕业生主要从事兽医方面的工作，现在更多的是在医药企业、科研检测单位或畜牧养殖企业从事科学研究或技术服务工作，也有大量毕业生从事宠物医疗保健工作，可见就业面已经拓宽不少。

动物医学专业就业前景好，薪资待遇也让人满意，唯一不足之处就是工作场所会经常伴有动物的异味，爱干净的考生可能会有些不适。不过如果是在第三方检测、药厂工作，工作环境会稍微好点。

升学：

动物医学专业是个技能性较强的专业，因此如果毕业生想要从事兽医或者宠物医生等工作，本科学历就能胜任。一般实验室科研类的工作会对学历的要求较高，如果考生想要从事这类工作，或者想要提升自己的发展空间，那么考研对他们来讲是个不错的选择。该专业的考研方向有预防兽医学、兽医、临床兽医学、基础兽医学等。

（4）推荐院校

中国农业大学、华中农业大学、华南农业大学、扬州大学、吉林大学、东北农业大学、南京农业大学、西北农林科技大学、吉林农业大学、浙江大学、河南农业大学、四川农业大学。

（5）报考建议

本专业适合热爱动物医学、对动物防疫检疫感兴趣的学生就读。由于专业课程设有注射或者解剖类的实验课，实验对象会是小白鼠、猫、犬、鸡、鸭、兔，甚至蟾蜍、蚯蚓等，这对学生的动手能力要求较高。此外，动物医学是一门以生物学为基础的专业，所以对生物、化学科目的要求也较高。

4 弹药工程与爆炸技术 ✎

（1）专业介绍

弹药工程与爆炸技术专业担负着国防建设的光荣使命，承载着人民生命安全的守护任务，关系着国家综合国力的发展。小到工程设施拆除、隧道爆破，大到智能导弹、火箭弹等各种武器的设计，都属于弹药工程与爆炸技术领域。该专业以兵器科学与技术学科和智能弹药技术国防重点学科实验室为依托，培养能够在相关科研单位、高等院校、生产企业和管理部门从事系统设计、技术研发、产品制造和科技与工程管理工作的高级工程技术人才。

（2）主要课程

弹药系统分析与设计、爆炸物理、弹道学、终点效应、动态检测技术、冲击动力学、爆炸技术、安全工程学、机械工程、力学、兵器科学与技术等。

（3）发展前景

▌就业：

弹药工程与爆炸技术专业的技能性很强，但就业面较窄，毕业生一般在公安、消防、安全等公共管理机构以及化工、铁道、水利水电、矿业、建筑工程、兵器工业、高等院校和科研院所等企事业单位从事设计、研发、产品制造、实验测试和科技与安全管理等工作。由于这是国家招收公安、安全管理局等事业单位公务员的指定专业，因此考公或进入事业编制，是大部分学生选择的方向。该专业的整体就业形势不错，薪资待遇也让人满意，但由于工程类的工作需要经常外出，且工作环境较为艰苦，所以很多岗位仅招收男生。该专业的整体就业情况对女生来说可能不太友好。

▌升学：

弹药工程与爆炸技术专业适合考研，该专业对于知识水平的要求较高，继续深造会为我国的国防建设作出很大的贡献。如果对军工感兴趣，并且决定要踏踏实实努力在这个领域耕耘一辈子的话，可以选择继续深造，考研方向有兵器科学与技术、火炮、自动武器与弹药工程、应用化学、兵器工程等。

（4）推荐院校

北京理工大学、南京理工大学、中北大学。

（5）报考建议

弹药工程与爆炸技术是典型的工科专业，如果考生擅长物理及化学学科，那么在学习过程中也会比较轻松。

该专业对于考生的实际操作能力要求较高，因为专业特点接触炸药雷管较多，这要求报考的学生具有一定的耐心和细心。

由于毕业后的工作环境相对来讲较为艰苦，且危险性较大，因此该专业更适合男生报考。

5　飞行器设计与工程 ✏

（1）专业介绍

飞行器包含飞艇、飞机、直升机、人造地球卫星、载人飞船、空间探测器、空间站、火箭等。飞行器设计与工程专业主要学习对这些飞行器的外观、结构、总体的设计，对飞行器性能计算与分析、结构受力与分析、飞机故障诊断及维修、软件开发等，是一个综合机、电、数学等多个工程和科学体系的交叉综合性学科。

（2）主要课程

理论力学、材料力学、机械设计、弹性力学、结构力学、流体力学与空气动力学基础、飞行器结构力学、空气动力学、飞行力学、结构强度、试验技术、自动控制理论、飞行器总体设计、结构设计、复合材料设计与分析、民机结构维修、民机维修无损检测等。

（3）发展前景

▌就业：

由于我国大力发展航空航天相关事业，所以近年来飞行器设计与工程专业的毕业生就业前景很好，很多航天科技院所的骨干和其他高新技术的研制与开发人员都是学习的本专业。

本专业是交叉学科，包含机械、计算机技术、数学、物理等学科知识。因此，毕业生可选择的就业方向有很多。学生可以在国防部、研究所、设计院等部门从事航天类结构工程设计师、无人机飞控算法工程师等岗位工作，这类岗位工作稳定度比较好，并且可以通过不断积累经验来晋升；学生也可以在择业时选择航空公司、飞机制造公司、卫星发射中心、空间技术研究所、软件开发公司、高新技术开发部门、高等院校等单位的技术和管理工作。

另外，待遇问题也是大家比较关心的，相比互联网、计算机、软件、金融等热门行业，航空航天行业的待遇一般相对较低，更适合家境比较殷实、没有太多经济压力的学生报考。

升学：

航空航天行业对于学历的要求相对比较高，很多航天科技院所都是硕士起招，很多高级科研人员的岗位要求博士学历。因此，如果喜欢航空航天和科研工作，可以选择继续攻读飞行器设计相关专业，在今后硕士、博士、博士后升学的道路上再深入学习。除本专业外，考研方向还可以考虑航空工程、航空宇航科学与技术、航天工程、流体力学等专业。

（4）推荐院校

西北工业大学、北京航空航天大学、哈尔滨工业大学、南京航空航天大学、浙江大学、复旦大学、北京理工大学。

（5）报考建议

飞行器设计与工程专业属于理工科类专业，需要考生通过数学计算、推断及论证等方式获取结果，这就要求本专业的学生具有逻辑思维能力。

因为飞行器的结构非常复杂，需要先在图纸上设计好基本的外形，再按照平面图纸制造飞行器，这就对学生的动手能力、空间想象能力等有极高的要求。

总而言之，学习这个专业需要强烈的热爱和强大的动力。因为专业课程又多又难，学生没有足够的兴趣很难坚持下去。此外，该专业也不是很建议女生报考，一方面是因为工作比较艰苦，另一方面是就业单位更倾向于选择男生。

6 飞行器制造工程 ✏️

（1）专业介绍

　　飞行器制造工程是航空航天类方向非常重要的组成部分，也是航空航天专业下属的二级学科专业之一。该专业以一般机械制造工程为基础，再引进各种先进技术和科学理论的成果，研究飞行器的制造方法，利用合理的资源节约而高效地制造优质飞行器。

　　该专业学习的内容主要是通用的机械设计、材料及成型工艺、计算机辅助设计与制造，主要研究飞行器制造、制造工程、电工与电子技术等方面的基本知识和技能，进行飞行器制造领域内的设计、制造、研究、开发与管理等。

（2）主要课程

　　航空制造工程概论、计算机辅助技术概论、计算机图形学、结构有限元法、金属塑性成形原理、飞机装配工艺学、计算机辅助几何造型技术、计算机辅助制造、模具设计与制造、塑性成形有限元法以及飞机钣金成形工艺等。

（3）发展前景

▌就业：

　　毕业生主要就业方向是在航空航天、机械设计与制造、材料加工以及计算机应用等行业和领域的研究院（所）从事科研、设计工作，也可以去大中型企业、合资企业及高等院校从事生产、维修、技术管理和教学等方面的工作。

　　当然，正因为飞行器制造工程专业性比较强，找到工作不算很难，但是如果毕业院校很普通的话，毕业生很难从事真正意义上的飞行器制造工作，大部分学生最后去从事工艺员岗位，薪资待遇较低，需要长期的积累经验；也有一部分学生会去机务维修或检测工作，环境相对比较差，工作强度很大，薪资待遇也不是很高。

▌升学：

　　飞行器制造工程专业出国深造的机会比较少。因为航空航天涉及国家安全，很多国外院校相关专业不接受留学生，国内航天相关研究所大多也不接受有留学经历的毕业生。因此，如果想要继续攻读本专业，在国内深造是更好的选择。

　　该专业是高精尖专业，往往需要深造才能在航空航天领域得到更好的发展。

考研方向可考虑航空宇航制造工程、航空工程、机械工程、航空宇航科学与技术、飞行器设计等专业。

（4）推荐院校

哈尔滨工业大学、北京航空航天大学、西北工业大学、沈阳航空航天大学、同济大学、南昌航空大学、中北大学、中国民航大学、天津工业大学。

（5）报考建议

飞行器制造是一个非常繁杂的工程，需要经过多次的实验和数据计算，甚至还需要自己编程测试，这就需要报考的学生有优秀的数学基础和逻辑思维能力。另外，制造过程中也离不开图纸的绘制，因此空间想象力也相当重要。

由于专业性强，所以该专业对毕业生的学历和学校层次要求相对比较高。如果本科院校很普通的话，建议考研甚至考博，未来才有更多的选择机会。该专业适合热爱航空航天工程，乐于飞行器制造、研究、开发与管理的学生就读。

7　防灾减灾科学与工程

（1）专业介绍

防灾减灾科学与工程是个相对冷门的专业，隶属于土木工程的二级学科，开始只针对防震结构设计，但随着南方冰雪、北方洪水等，已经扩大为所有自然灾害。防灾减灾也不仅限于结构，具体还包括风险评估、应急疏散等。

该专业主要研究内容是利用现代化的探测手段对气象灾害和衍生灾害进行探测，发展预报模式实现气象灾害的及时预警，使用科学手段对灾害发生过程实现影响，并最终实现避免灾害的发生，保证人民生命和财产的安全，提高国家重大工程的防灾能力。

（2）主要课程

雷电原理、建筑防雷技术、雷电预警、雷电探测技术、大气物理学、人工影响天气、气象灾害风险评估、气象灾害防御能力评估、气象衍生灾害预报机制、天气学、雷达气象学、太阳物理学、磁层与电离层物理学、空间天气灾害预警与防护。

（3）发展前景

┃就业：

随着我们国家对工程质量的不断重视，该专业毕业生未来就业前景还是非常广阔的，并且开设的院校不多，学生基本都能匹配到对口的岗位。

毕业生可到国家、省部或地方应急管理或灾害防治部门、工矿企业、灾害防治研究院所、灾害防治工程单位或大中专院校从事灾害研究、监测预警技术研究、灾害防治工程及技术开发、应急救援与管理等工作。

┃升学：

目前，我国地质灾害与防治越来越受到重视，国家对于这方面力度在加大，比如抗震的研究，有很大的研究空间，做科研很不错，继续升学可在高等院校或科研院所从事教学或科研工作。

（4）推荐院校

哈尔滨工业大学、西北工业大学、南京航空航天大学、沈阳航空航天大学、南昌航空大学、中国民航大学、合肥工业大学。

（5）报考建议

防灾减灾科学与工程专业对学历的要求相对比较高，也更适合未来做科学研究。学生需尽可能报考相对好的大学，并做好考研和考博的打算。

该专业毕业生的工作环境比较艰苦，需要在极端天气预警、极端天气次生灾害处理、雷电科学与防护工程、空间天气灾害与预报等各相关领域从事勘察、设计、施工、管理等工作，这就要求学生有勇于探索、不怕吃苦、严谨求实的态度和作风，具备较强科学研究能力。

8 工程造价 ✏

（1）专业介绍

在建筑行业里一直流传着一句行话：是赔是赚，全靠"预算"。所谓的"预算"，就是工程造价专业的核心"功能"，而工程造价专业就与预算息息相关。工程造价也被称为工程预决算，就是对某项工程建设所花费的全部费用进行投资估算、设计概算、修正概算、施工图预算、工程结算、竣工决算等。

该专业是教育部根据国民经济和社会发展的需要而新增设的热门专业之一，是以经济学、管理学、土木工程为理论基础，从建筑工程管理专业上发展起来的新兴学科。工程造价专业实用性很强，培养的是具有独立工程预算、结算及工程造价计价与控制能力的技术型人才。

（2）主要课程

西方经济学、土木工程概论、材料力学、结构力学、工程经济学、经济法、工程项目管理、工程招投标与合同管理、会计学、财务管理、建筑定额与预算、工程设备与预算、安装工程预算、建筑电气施工预算等课程。

（3）发展前景

就业：

目前，行业内不断推行全过程造价，从项目决策伊始造价人员就已经介入，几乎所有工程从开工到竣工都要求全程预算，包括开工预算、工程进度拨款、工程竣工结算等，不管是业主还是施工单位，或者第三方造价咨询机构，都必须拥有自己的核心预算人员。因此，工程造价专业人才的需求量很大，发展机会广阔。当然，如果学生在校期间能考取预算员证及造价员证，就业时会更具优势。

毕业生可在工程（造价）咨询公司、建筑施工企业（乙方）、建筑装潢装饰工程公司、工程建设监理公司、房地产开发企业、设计院、会计审计事务所、政府部门企事业单位基建部门（甲方）等单位从事工程造价招标代理、建设项目投融资和投资控制、工程造价确定与控制、投标报价决策、合同管理、工程预（结）决算、工程成本分析、工程咨询、工程监理以及工程造价管理相关软件的开发应用和技术支持等工作。

需要注意的是，由于该专业的工作通常是项目制的，需要为保证项目及时完成而阶段性加班的情况比较常见。因此，学生在报考时需要考虑清楚自己能否接受再做选择。

升学：

工程造价的最高学历为本科，学生如果有考研打算，那就只能跨专业报考。可以考虑的方向有管理科学与工程、建筑与土木工程、技术经济及管理、土地资源管理等。

虽说工程造价的技能性很强，在本科阶段就有不少就业选择，但不少考生为了自身发展，以及顺应造价工程师准入条件逐步提高的潮流，依然会选择考研。

拥有研究生学历之后的发展空间更大，进入事业单位、大型设计院的可能性也更高。

（4）推荐院校

四川大学、华北电力大学、重庆大学、天津理工大学、西南交通大学、三峡大学、中南财经政法大学、山东建筑大学、长安大学、重庆交通大学、成都理工大学、山西大学、安徽理工大学。

（5）报考建议

该专业涉及较多计算与建筑相关的课程，需要学生有比较好的物理和数学基础。该专业适合对工程投资预算研究感兴趣的学生就读，对学生的沟通能力也有一定要求。

由于工程项目建设一般周期较长，受到各种因素的影响与制约，了解更精确的数据是需要跟随着工程的建设与深入，造价工程师得随时做好到项目"前线"的准备，才能对该项工程有更加全面的了解，使最终的造价估算也更加合理。所以，身体健康状况良好是必备的条件，无法适应阶段性高强度加班工作的同学要慎重选择报考。

有的高校可能会设置一些报考条件，考生要认真了解高校的《招生章程》，合理报考以免影响专业录取。

9 港口航道与海岸工程

（1）专业介绍

港口航道与海岸工程可以说是鲜为人知的专业之一，是属于水利类下的一个专业。该专业主要学习港口航道与海岸工程专门知识以及一定的工程管理、技术经济和人文科学等方面的知识，研究如何为轮船靠岸建设一个安全可靠的场所，保证轮船停泊安全。

毕业生能从事港口航道工程、海岸工程以及相近的水利工程、土木工程等领域的勘测、规划、设计、施工、科学研究、技术开发、技术管理等方面的工作。

（2）主要课程

工程制图、理论力学、工程测量、材料力学、结构力学、水力学、工程水文学、工程地质、水工钢筋混凝土结构、河流动力学与航道整治、海岸动力学、水运工程施工、港口规划布置、港口水工建筑物、渠化工程、工程经济学、工程项目管理等。

（3）发展前景

┃ 就业：

学习本专业的毕业生可以在交通、水利、海岸开发等部门从事规划、设计、施工、管理等工作。从该专业普遍的就业情况来看，可以概括为本科毕业"干施工"、硕士毕业"搞设计"、博士毕业"做科研"。

本科毕业的大学生，通常都是到施工单位从基础做起，初期的工作条件相对艰苦，但收入也较其他工作高。随着工作年限的增加，可以竞聘项目主管、项目总工、项目经理等岗位。

硕士毕业的学生大部分去了设计院、规划院或者省级研究院所，从事相关设计及研究工作。由于行业性质，部分单位或者岗位需要员工长期在国外出差，所以对英语水平的要求比较高，至少要四级以上。该专业对口工作相对来说收入水平比较稳定，如果想要做研究，可以选择继续深造。

┃ 升学：

如果想去该行业的设计院、规划院以及水利水运相关的科研单位工作，那么继续升学提升学历是非常必要的。港口航道与海岸工程专业可以选择的考研方向主要有港口及海岸工程、近海工程、深海工程及航道工程。

（4）推荐院校

河海大学、大连理工大学、天津大学、重庆交通大学、武汉大学、中国海洋大学、长沙理工大学、浙江大学、哈尔滨工程大学、同济大学、三峡大学、东南大学、武汉理工大学、福州大学。

（5）报考建议

港口航道与海岸工程专业对物理有较高要求，需要考生具有良好的身体素质和心理素质、较强的英语应用能力和实践动手能力、较好的适应环境和团队合作的能力。对港口航道海岸感兴趣、热爱设计的学生可以考虑报考本专业。

10 给排水科学与工程 ✐

（1）专业介绍

给排水科学与工程，常常被学习该专业的同学称为"超级水管工"，解决人类社会水的健康循环问题，但这个专业远没有这么简单。

该专业隶属于工科下的土木类，研究包括从取水、处理、输送、再处理、排放的整个过程，主要集中在源水的开采、净化、输送与污废水的收集、处理、回用或排放这一可持续发展的水社会循环领域。

（2）主要课程

工程力学、材料力学、测量学、水力学、水泵与泵站、水文学与水文地质学、土建工程基础、建筑电气、给水工程、排水工程、水工程施工等。

（3）发展前景

▎就业：

在全球淡水资源短缺、水污染加剧以及我国水资源出现逐年恶化的严峻情况下，水问题成为社会关注的焦点。国内给水排水工程相关的各大企业，给水排水工程投资也越来越多，规模逐步扩大，所以急需要大量的专业人才补充。

该专业的专业性极强，涉及的范围大、行业多，致使就业方向也特别多，就业前景相当广阔，但非一线城市能接触到的大多是设计院、国字头的工程局和水厂。

毕业生可以考虑到城市规划设计部门、经济管理部门、环保部门、工矿企业等从事规划设计、施工管理方面的工作；也可以在市政工程设计研究院、建筑和其他专业设计院、城市规划设计研究院、水务局、环境保护和市政公用事业等部门、市政和建筑工程公司、环保设备公司、高校和科研院所等单位工作。

需要注意的是，这类工科专业对实践经验要求较高，想要提高岗位收入可以通过考取相关从业人员职业证书来实现。

▎升学：

给排水专业考研非常有必要，但难度相当大，因为给水、排水、水处理都要一定的科研能力和更强的专业知识。

如果想要往正统方向深造，可以选择学硕土木工程方向市政工程专业、专硕土木水利方向市政工程专业，也可以选择水处理、管网漏损、资源能源回收等方向。

小跨专业也可以考虑往水利、环境等专业。

（4）推荐院校

清华大学、哈尔滨工业大学、同济大学、华中科技大学、重庆大学、东南大学、武汉大学、河海大学、北京工业大学、合肥工业大学、长安大学、四川大学、北京交通大学、武汉理工大学。

（5）报考建议

给排水科学与工程专业相对冷门，报考的学生不多，竞争也小。因为专业性强的缘故，毕业生非常好就业，对口率高。目前来看，大型市政院、设计院招人的门槛逐年在提高，继续读研是该专业的主流方向。

该专业归根结底是工科，对物理、化学科目有一定要求，从课程设置和工作环境考虑，不推荐女生报考。该专业学习难度很大，大学就读期间更是需要经常熬夜作图，如果对专业没有高度的热爱和很强的学习能力，很难坚持下去。

对于向往高薪的学生而言，同样不建议报考本专业。该专业属于传统工科行业，且已非常成熟。毕业生就业不难，但想要在该行业有一番作为，至少需要10年以上的经验，算得上是越老越吃香的行业。

11 航空航天工程 ✐

（1）专业介绍

航空航天工程学是航空工程学与航天工程学的总称，涉及航空飞行器与航天飞行器有关的工程领域。这是一门主要从事研究、设计与开发飞机／飞行器、航天器／宇宙飞船、导弹、航天站、登月交通工具等高速交通工具的工程学科，培养具有扎实的数学、物理、力学、计算机等基础理论，掌握航空航天领域的多学科知识，具有良好的综合能力和创新意识的高级人才。

（2）主要课程

空气动力学、飞行器结构力学、航空航天概论、机械设计基础、电路与电子学、自动控制原理、工程热力学、飞行器总体设计、飞行器结构设计、传热学、燃烧学、流体力学、材料力学、结构强度、材料与制造工艺、航空发动机、飞行控制、通信与导航、风洞试验、可靠性与质量控制、安全救生、环境控制、航空仪表、航空宇航制造工程、航空航天动力装置、电子对抗技术、隐身技术、飞机维修等。

（3）发展前景

┃就业：

由于航空航天涉及国家安全，因此该专业的学生基本上没有出国深造的机会。但该专业极具发展前景，对人才的需求源源不断，毕业生若选择直接就业，可进入航空航天系统内的科研院所从事相关工作，如飞机制造集团、航天一院、航天二院、航天三院等研究院、科研基地。

除了面向航空航天系统内就业外，还可以到新能源、计算机、机械、电子技术、互联网等领域工作。这是因为航空航天科技工业属于知识密集和技术密集的高技术领域，其技术成果正逐渐向能源、机械、电子、通信等领域渗透应用。

┃升学：

由于航空航天工程专业具有"高、精、尖"的特性，因此不少毕业生选择继续深造，攻读本专业或者相关专业的硕士研究生，从而可以更好地胜任航空航天应用系统的研究、开发、工程应用、技术管理等工作。建议学生在考研前可以提前了解强势专业，结合自己感兴趣的方向报考院校。

（4）推荐院校

西北工业大学、北京航空航天大学、清华大学、上海交通大学、南京航空航天大学、北京理工大学、北京大学、四川大学、中山大学。

（5）报考建议

该专业要求学生有很好的逻辑思维能力、动手能力和独立研究能力，对数学、物理功底的要求非常高。

此外，由于航空航天工程专业具有很强的前沿性，这也要求报考学生拥有良好的适应能力及创新能力。

12　核工程与核技术 ✏

（1）专业介绍

核能是 21 世纪人类先进能源的主要支柱之一，具有广阔的发展前景。核工程与核技术是一门多学科相互交叉的高新技术专业，包括核动力工程与核能利用、核技术及应用两大分支。该专业主要培养具备工程热物理及核工程技术基础知识，能在各相关领域从事核工程及核技术方面的研究、设计、制造、运行、应用和管理的高级工程技术人才。

（2）主要课程

工程力学、机械设计基础、电工与电子技术、工程热力学、流体力学、传热学、控制理论、测试技术、核物理、核反应堆、核能与热能动力装置、热工设备等。

（3）发展前景

▌就业：

核工程与核技术专业的就业率很高，发展前景良好。由于目前我国开设该专业的院校较少，每年毕业生数量有限，但市场上对于相关专业人才的需求量在逐渐增大，因此相较于其他工科而言，核工程与核技术专业毕业生比较容易找到工作。

毕业生主要在环境、医疗、卫生、国防、工业、农业的政府部门、规划部门和经济管理部门、核电工程的科研设计单位（站、厂、院、所）、核动力和核供热以及常规火力电站、工矿企业、高等院校等单位从事研究、规划、设计、施工、核电厂运行管理及设备制造、研发、技术咨询等工作。

▌升学：

虽然该专业在本科阶段的就业率很不错，但对于毕业生而言，要想找到一份环境良好、对健康损害小，且薪资待遇让人满意的工作，还是建议选择考研。研究生毕业后可进入相关研究所进行科研工作。如果想要考公或者在高校当老师，学历也能增加竞争优势。该专业推荐考虑的考研方向有核科学与技术、核能与核技术工程、核能科学与工程、核技术及应用等。

（4）推荐院校

清华大学、西安交通大学、上海交通大学、中国科学技术大学、哈尔滨工程大学、四川大学、华南理工大学、兰州大学、复旦大学、武汉大学、南华大学、成都理工大学。

（5）报考建议

该专业是典型的工科类专业，对考生的物理基础有一定的要求，且需要有较强的动手能力，以及较高的计算机水平和外语应用能力。自学能力和创新意识也是学习该专业非常重要的能力。

一般来说，报考这个专业对身体条件无特殊要求。但是在部分院校的《招生章程》中规定，患有屈光不正（近视眼或远视眼）任何一眼矫正到4.8、镜片度数大于400度的，不建议报考。当然这并不是硬性规定，考生在报考时，还是要认真阅读各高校《招生章程》中的具体要求。

13　假肢矫形工程 ✏️

（1）专业介绍

假肢矫形工程，顾名思义是为矫正或增强残疾人缺失的、畸形的或功能减弱的部分身体器官所设置的专业，使他们最大限度地恢复身体的功能，独立生活，如为四肢不健全者安装假肢等。

该专业主要研究假肢矫形器的结构、设计、材料、生产和康复工程等方面的基本知识和技能，所涉及的专业主要包括医学与工程学两大方向，其中包括人体生物力学、解剖学、机械学、电子学、高分子材料科学等学科。

（2）主要课程

普通物理学、理论力学、材料力学、运动生物力学、机械原理、金属工艺学、正常人体形态学、矫形临床学、矫形外科学、矫形材料学、假肢学、矫形器学、康复工程、康复心理学等。

（3）发展前景

就业：

目前，我国共计有8500多万的残疾人，人群之庞大对假肢矫形的人才需求也巨大。国家越来越重视这个群体，整个行业也在大踏步前进，小到个人技术、假肢零部件都在稳步发展。

毕业生可在康复器具类企业如假肢装配中心、假肢零部件生产厂从事假肢设计、生产制造、产品销售等工作，在康复医疗机构从事假肢装配、辅助康复、康复训练等工作，或者进入政府的医保单位从事假肢矫形器医疗保险技术管理工作。

▌升学：

假肢矫形工程专业目前的从业人员普遍学历不高，素质参差不齐，正式科班出身的不多。所以，国家非常需要该行业的高端人才，考研对于个人乃至行业的发展都极为重要。

国内该专业的最高学历是本科，考研最相近的专业是康复工程，也可以考虑生物医学工程专业等方向，其研究领域极其广泛，毕业后可选择的范围也很多。

（4）推荐院校

南方医科大学、首都医科大学、徐州医科大学、广州中医药大学、上海理工大学。

（5）报考建议

假肢矫形工程专业是一个为他人造福的专业，制造的每一副假肢，都是为残疾人群打开希望。

如果想要工作稳定的铁饭碗，该专业是非常适合报考的。因为全国各地都有公办假肢厂，包括民政系统和残联系统，都是事业编，专业局限性大，竞争小。

此外，该专业非常冷门，报考的压力小，开设的院校也不多，但整个肢体残疾人研究开发和服务领域都不够成熟，高层次人才非常匮乏。想要在该领域有所作为、家里有条件的学生未来可以选择出国深造，不少国家在这方面的科研实力都很强。

14 康复治疗学

（1）专业介绍

康复治疗学是 21 世纪初才正式成立的新兴学科，属于医学技术类专业，在国内大多医学类院校都有开设。该专业主要研究利用物理因子和方法以诊断、治疗和预防残疾、疫病（包括疼痛），研究病、伤、残者在体格、精神、社会、职业上得到康复，消除或者减轻功能障碍，帮助他们发挥残留功能，恢复其生活能力、工作能力以便重新回归社会。该专业的培养目标是培养融康复、医疗、预防、保健为一体，具有较扎实的专业知识、较强的人际交流能力和良好的职业道德的康复治疗师。

（2）主要课程

英语、生物学、解剖学、生物化学、生理学、组织学与胚胎学、免疫学、药理学、病理学、病理生理学、诊断学、计算机学、医学统计学、文献检索学、内科学、外科学、妇产科学、儿科学、表面解剖学、生物力学、康复医学总论、康复评定学、康复工程学、物理治疗学、作业治疗学、语言治疗学、康复护理学、康复心理学、儿童康复学、骨科康复学、内科疾病康复学、神经伤病康复学、社区康复学、传统康复学等。

（3）发展前景
就业：

由于目前该行业在国内正处于前期发展阶段，尤其在国内一线城市，大家对自己的健康关注和投入也随着经济和社会的不断发展而增加，市场上对于康复治疗类人才的需求也日渐增多，该专业的就业前景相对来讲比较不错。

毕业生就业主要选择大型公立医院、私立医院、社区医院、私人的康复中心、运动类机构等。但因为康复治疗学专业拿的是理学学位，毕业生无法考取执业医师资格，在医院的科室也是康复科，属于技师类，没有处方权、不能开药或者做手术。

升学：

目前来讲，省级三甲大型公立综合医院已经不招本科治疗师，如果考生只有本科或者专科学历，基本只能去低一级的医院，或者民营机构。如果学生想要去大型医院，升学是非常必要的。

市场上对于康复治疗专业的高端人才还是比较稀缺的，拥有研究生学历之后，不仅发展空间较大，选择性多，薪资水平也比较让人满意。该专业的考研方向有康复医学与理疗学、针灸推拿学等。

（4）推荐院校

首都医科大学、四川大学、广州医科大学、南京医科大学、中山大学、天津医科大学、南方医科大学、吉林大学、同济大学、中国医科大学、郑州大学、南京中医药大学、南昌大学。

（5）报考建议

　　该专业适合生物学科成绩较好，有较强的人际交流能力和良好的职业道德，对康复治疗感兴趣的考生报考。

　　需要注意的是，该专业拿到的是理学学位，没有处方权，不能考取执业医师资格，想要获得医师资格的考生不建议报考。

15　轮机工程

（1）专业介绍

　　轮机工程专业是一个和船有关系的专业，"轮机"是使用发动机的动力来推进船舶的机械设备与系统的俗称，现代船舶的"轮机"所包含的内容已十分丰富，除了提供推进船舶的动力外，还产生各种形式的能量，满足船舶在航行或停泊时辅机及其他设备与系统的需要。

　　轮机工程专业被教育部列为交通行业 80 个主干专业之一，主要培养具备机械原理和轮机系统等方面知识，能在海洋运输各企事业单位从事轮机操纵、维修和船舶监造工作，并基本具备同类船舶工管轮任职资格的高级技术人才。

（2）主要课程

　　船舶与海洋工程、电气工程、控制科学与工程、工程热力学、传热学、流体力学、理论力学、材料力学、机械设计基础、金属材料、电路与电子技术、轮机工程、轮机操作、自动化技术基础等。

（3）发展前景

▎就业：

　　我国是海洋大国，进出口贸易与日俱增，需要大量的轮机工程专业人才作为支撑，因此该专业的就业前景还是比较不错的。该专业毕业生主要可以在海洋运输等各企事业单位从事轮机操纵、维修和船舶监造工作，在航运企事业单位从事远洋和近海船舶的轮机管理工作，也可以在航运机务部门、港务监督、船检等相关 企事业单位从事相关工作。

该专业的就业面比较窄，但技术性和实用性很高，工作对口率比较高。因此，学生在本科毕业后找工作是比较容易的，薪资待遇也在中上水平。该行业中大型国企数量较多，因此学生想要进入国企工作难度不算很大。需要注意的是，部分岗位的就业条件相对比较艰苦，对体力也有一定要求，例如有的岗位需要常年在施工现场，工作环境比较恶劣，还有一部分岗位需要经常上船出海。此外，该专业考取海事局和海关的难度比较大，公务员相关岗位也比较少，对于想要追求编制的同学来说不算是一个最好的选择。

▌升学：

由于近年来就业竞争不断加剧，该行业环境和待遇比较好的岗位，尤其是相关国企的文职类岗位，对学生的学历和学校层次都有比较高的要求。如果想往学术或者高校老师方向发展，拥有研究生学历也能有一定的优势。因此，对于学习能力比较强、经济能力尚可的同学来说，继续读研是非常推荐的。

轮机工程专业研究生会细分很多方向，具体需要看学生自己的兴趣爱好，船上的设备都可以自己成为一个方向，光主机相关的就可以衍生出若干方向。推荐的考研方向有轮机工程、船舶与海洋工程、动力工程、船舶与海洋结构物设计制造、水声工程等专业。

（4）推荐院校

哈尔滨工程大学、大连海事大学、上海海事大学、武汉理工大学、华中科技大学、中国海洋大学、江苏科技大学、集美大学、重庆交通大学、宁波大学。

（5）报考建议

由于轮机工程专业的特殊性，该专业招生有比较多的限制与要求，因此各位考生在选报该专业的时候，一定要仔细阅读院校的《招生章程》的专业方向和专业限制。比如，大连海事大学、武汉理工大学、天津理工大学、宁波大学、集美大学、广东海洋大学等高校的轮机工程专业只招男生，女生报考这类专业时一定要谨慎，避免被退档。

此外，有一部分院校的轮机工程专业属于军队培养，免费就读，毕业以后直接分配海军，但是毕业以后需要在海上工作，工作非常辛苦，因此不能吃苦的同学要谨慎报考。

除此之外，考生的身体条件还须符合中华人民共和国海员体检标准：身体健康，无残疾；听力正常，无色盲及色弱；双眼裸视 4.8 及以上；身高 1.65 米及以上；

肝炎病原携带者或乙型肝炎表面抗原阳性者不能报考该专业。

16 水利水电工程 ✎

（1）专业介绍

　　水是人类赖以生存的基本要素，电力是社会发展的主要能源，水利水电是我国重要的基础设施和基础产业，因此水利水电专业的重要性也就不言而喻。该专业属于水利类专业，是在水自然特性研究的基础之上，以工程或非工程措施调控和利用水能资源的工程科学。

　　该专业主要培养具有水利水电工程的勘测、规划、设计、施工、科研和管理等方面知识的高级工程技术人才和管理人才。

（2）主要课程

　　高等数学、大学英语、计算机编程、工程制图（CAD）、大学物理、理论力学、工程材料、材料力学、测量学、水力学、结构力学、工程水利学、水资源规划及利用、钢筋混凝土结构学、工程经济、河流动力学等。

（3）发展前景

▎就业：

　　由于农业水利工程中的引水工程基本已经能满足农业需求，水利行业进入平稳期，但行业总体发展前景还是比较不错的。该专业的毕业生找工作很容易，但本科生的知识水平、工作经验相对有局限性，初次工作一般集中在施工类单位，薪资待遇和工作环境不算很理想。

　　除此之外，毕业生可在水利水电工程管理、设计、科学研究机构、企事业单位和高等院校从事相关的设计、施工、管理、营销和教学等工作，或者到土木建筑、交通和市政工程及其他行业从事相关工作，还可在水利水电资源开发、大型水利水电枢纽勘测、设计、施工、管理等领域从事规划、设计和科学研究工作。

　　另外，自2002年起，水利行业的从业人员必须持证上岗，所以建议学生根据未来的职业发展方向准备相应的证书考试。根据国家住建厅规定，证书的有效期为两年，两年之后应进行继续教育，后续证件就可以进行复审，经过复审后的证件就是有效证件。

▎升学：

由于本科毕业生的知识水平和工作经验不能很好地满足日常工作需求，不少毕业生会为自身发展选择继续读研。尤其是设计院这类单位对院校层次也有要求，一般只会招收"双一流"院校的研究生及以上学历的毕业生。该专业学生考研可选择的专业还是很多的，学生可通过自身的兴趣爱好选择不同的考研方向。

创造力思维比较强、热爱设计的学生可以选择水工结构工程，主要学习关于水工建筑物的设计；动手能力强、热衷解决具体问题的学生可以选择本专业进行提升，主要学习工程进行过程中所涉及的方方面面；对组织管理有兴趣的学生可以选择管理方向的专业，主要研究水利工程前期工作、项目实施准备、建设过程中主要工作、验收等建设阶段和项目生产准备、运行及后期评估阶段等内容。

（4）推荐院校

清华大学、河海大学、大连理工大学、天津大学、武汉大学、中国农业大学、华中科技大学、郑州大学、西北农林科技大学、合肥工业大学。

（5）报考建议

水利水电工程专业属于工学大类，主要面向理科类学生招生，大多数院校需要选考物理，部分院校要求选考化学或者物理＋化学，具体可以查询想要报考院校的招生简章。

由于该专业的工作大多需要为完成项目而熬夜，本科生的工作环境比较艰苦、工作内容也比较单调乏味，耐不住寂寞、不能吃苦的同学建议谨慎报考。

17 电子科学与技术 ✏️

（1）专业介绍

随着现代科学的飞速发展，人类进入了信息时代，电子科学与技术也成为学生热衷报考的朝阳专业。电子科学与技术专业属于电子信息类专业之一，是整个电子信息科学的基础和支柱，专业覆盖面宽，属于多学科的交叉学科和前沿学科。

该专业主要研究的是集成电路、光电子和微电子行业，主要的教学方向是集成电路与集成系统的设计，学生在本科阶段更多的是学习基础应用和理论。

（2）主要课程

电路与电子技术理论与应用系列课程、计算机基础技术系列课程、半导体物理、电子技术（模拟、数字）、电子线路CAD、单片机原理及应用、数字系统设计、集成电路工艺原理等。

（3）发展前景

就业：

随着社会信息化的深入，与计算机、人工智能、5G通信、集成电路等相关的行业也在逐步兴起和发展。我国在这方面相对弱势，国家为大力发展这一行业，弥补专业方面的人才缺口，投入了很多资金，因此毕业生就业情况非常可观。

该专业的技术性很强，主要是在企业从事专用集成电路设计、电子元器件研制、测控仪器软硬件设计和电子企业的生产管理等工作。如果学生的学历较高，也可以在微电子、测控等相关领域的科研院所和高等学校从事研究和科研教学等方面的工作。

升学：

该专业涉及高精尖行业，包括的知识和技术较多，很适合继续读研。读研主要有三个方向：器件、工艺和IC设计。选择学校的时候需要特别注意，该专业隶属于理学还是工学：理学重理论轻实践，侧重于公式的推导演算；工学重实践轻理论，侧重于实验，大多要求学生动手能力强。这取决于你未来的就业方向是偏向做科研还是偏向实践性强的工作。

（4）推荐院校

电子科技大学、西安电子科技大学、北京大学、清华大学、东南大学、北京邮电大学、复旦大学、上海交通大学、南京大学、浙江大学、西安交通大学。

（5）报考建议

本专业学生主要学习数学、基础物理、物理电子、光电子、微电子学领域的基本理论和基本知识，受到相关信息电子实验技术、计算机技术等方面的基本训练。因此，该专业对物理科目要求较高。该专业适合对电子科学技术研究、学习、应用感兴趣的学生就读。

电子科学与技术作为最热门的专业之一，近年来的报考热度一直居高不下，竞争压力相当大。

同时，它也是一个相当硬核的专业，对数理、物理科目要求都很高。在所有理工科中，该专业算得上是课程繁杂、压力大、学起来比较困难的院系，像电路类、信息类和计算机类这些基础课程都需要学，逻辑思维和理科基础不好的同学不建议报考。

本科阶段学习偏理论，各行业也都需要电子信息方向的人才，该专业的大部分课程在未来工作中的任何行业里，都能有足够的基础来支撑，所以就业方面完全不用担心。

18 特殊教育 ✎

（1）专业介绍

特殊教育专业属于教育类专业，是教育学下设的一个二级学科。该专业主要学习如何对特殊人群（包括视力、听力、语言残疾，肢体、智力、精神和综合残疾等人群）开展教育，即利用特殊的方法和手段，为特殊少年儿童的学习、行为矫正和训练创设特殊条件和特殊设备，以达到使他们掌握知识、弥补缺陷、培养能力、健康身心等目的。

（2）主要课程

特殊教育导论、盲童心理与教育、聋童心理与教育、弱智儿童心理与教育、残疾儿童生理与病理、残疾儿童康复、特殊教育技术。

（3）发展前景

▌就业：

教育部公布的近几年本科专业就业状况显示，特殊教育在招生时比较"冷"，愿意主动报考的学生不多，但就业市场上却异常"热"。随着国家对残疾儿童教育的重视，市场上对于特殊教育专业人才的需求量也在逐渐扩大，经常会有学生还没毕业，就被用人单位"哄抢一空"的情况出现。由于从事特殊教育行业的工作一般会比较辛苦，工资待遇也相对较高。

特殊教育专业的毕业生可以在特殊教育学校、教育康复与服务机构、社区康复机构、儿童福利机构、老年人安养机构以及残疾人事业管理机构从事特殊教育、心理疏导、康复训练、咨询管理等工作，如培智学校、聋哑人学校、特殊教育学校等；也可以到企业从事特殊人群的用品开发，助听设备代理或销售，残疾人教育或其他用品代理、销售等。

┃升学：

对于特殊教育相关岗位来讲，学历不是必需的门槛，但如果毕业生想进一线机构或者考编的话，那么考研拥有硕士学历也能提升自身竞争力。

特殊教育是专硕，目前国内开设的院校较少，考研热度也不算高，竞争没有其他教育类专业激烈，考上的机会也比较大。研究生毕业后，学生可从事这方面的研究工作。可参考的考研方向有特殊教育、特殊教育学、学前教育、学科教学（语文）等。

（4）推荐院校

北京师范大学、华东师范大学、西南大学、浙江师范大学、华中师范大学、华南师范大学、杭州师范大学、湖南师范大学、陕西师范大学、江西师范大学、广州大学。

（5）报考建议

该专业对学科要求不高，相比其他师范类专业，分数也更低一些。如果学生有志投身教育事业，那么特殊教育不失为较好的选择。

由于专业面向对象是特殊儿童，比起普通学生需要老师给予更多的关注，该专业适合极具耐心、爱心和信心的学生报考。

此外考生需要注意，有些院校需要提前面试，所以在填报这个专业和院校的时候，要先仔细查看院校的《招生章程》和专业规定，也可以去院校官网提前了解。

19 香料香精技术与工程 ✏️

（1）专业介绍

香料香精技术与工程专业是一门新兴学科，原本属于轻化工程下设的一个专业，2016年底才被教育部批准设立，主要服务于香料香精、化妆品、食品和生物医药等美丽健康产业。

该专业是一门以化学、生物学、食品科学和工程学等作为主要基础的多学科交叉的应用科学，主要培养在香料香精技术化工领域从事工业生产、工艺设计、科学研究、技术管理和新产品开发的工程技术人才。

（2）主要课程

无机及分析化学、有机化学、物理化学、高分子化学及物理、化工原理等。

（3）发展前景

▍就业：

目前我国香料行业的市场巨大，越来越多的人都对香氛香精等产品有需求，而我国的香料行业人才存在一定缺口，需要不断培养学生来填补香料行业市场的空缺。因此，该专业的就业前景是比较不错的。

学生毕业后能从事香料、香精、化妆品行业的技术开发和制造、生产管理、质量检测等工作，如爱普香料集团、欧莱雅集团等。但大型公司的选拔竞争还是比较激烈的，考生需要和食品、材料等专业的毕业生竞争，专业基础扎实是基本的筛选条件，个人较强的创新力、实践能力及沟通交流能力也都在考查的范畴当中。在部分中小型香精企业，本科毕业生一般也只能从助理做起，基本前期处于打杂阶段，接触不到相对专业和有价值的部分，因此考生可以在本科阶段多参加实习和实践。

值得提醒的是，如果想从事调香师和评香师相关的工作，鼻子和舌头一定要好。这与做厨师或者从事音乐、绘画行业类似，努力是必要的，但天赋更为重要。天赋不够好的学生最后只能转行做相关行业的销售、市场营销等工作。考生可以根据自身条件提前规划自己的职业方向。

▍升学：

从目前的就业趋势来看，一般的国际大牌公司对毕业生的英语水平要求较高，学历也是个硬门槛。因此，喜欢该专业的学生可以考虑在国内外高校科研院所攻读硕士、博士学位，通过深造提升自己的专业能力及实践经验，增加履历的含金量。

需要提醒的是，该专业研究生阶段的主要研究内容并不是调香，更多的是在实验室进行化学合成实验和高分子材料、香精分析。因此，读研前一定要了解清楚目标院校的专业培养方向，最好与目标院校的导师和学长学姐沟通后再进行选择。

（4）推荐院校

北京工商大学、上海应用技术大学、河南农业大学、云南农业大学。

（5）报考建议

需要提醒的是，学生不能仅仅凭借自己对调香感兴趣就报考该专业，由于这一行业对身体条件的要求很高，因此学生报考前一定要谨慎考虑自己是否真的有天赋，有鼻炎的学生不建议报考该专业。

由于大学的课程需要学习化学方面的理论知识，化学科目学得比较好的学生会更有优势。该专业对于考生的创新意识和独立获取新知识的能力要求也比较高，适合有志从事香料香精技术与工程领域、善于生产设计及研究的学生报考。

20 针灸推拿学 ✏️

（1）专业介绍

针灸推拿学专业主要学习中医学基本理论知识和本专业相关的现代科学技术、现代医学方面的基本知识，以及中医临床技能、针灸、推拿等医疗技术类训练，从而具有运用针灸、推拿诊疗各科疾病的技能。

该专业培养具备中医药理论基础、针灸推拿专业知识和实践技能，能在各级中医院、中医科研机构及综合性医院针灸等部门，从事针灸推拿医疗及科学研究工作的医学高级专门人才。

（2）主要课程

中医学基础、人体解剖学、生物力学、中医古典医籍、经络学、刺灸学、手法学、功法学、中医内科学、神经病学、针灸临床治疗学、推拿临床治疗学等。

（3）发展前景

就业：

随着中医理论在我们生活中的渗透，针灸推拿也逐渐被更多人所接受。该专业的就业前景广阔，收入水平也较为不错。毕业生的就业面广，主要能够在各级中医院、中医科研机构以及综合性医院针灸部门、社区卫生服务机构从事临床针灸推拿治疗、健康保健工作；各类康复保健机构、疗养院、养老院从事预防、养生保健、亚健康调理和康复等工作；也可以在一些高等院校从事教育教学等相关工作。学生在工作一年后可参加中医执业助理医师资格考试，通过后两年可参加中医执业医师考试；亦可选择参加国家中医药卫生行业公务员公招考试，提升学历层次和能力水平。

　　当然，在国外，中医针灸推拿接受程度也比想象当中的要高，像新加坡、马来西亚、澳洲等国家都很重视，国外的收入水平相较国内高，英语好的话，可以考虑自己开诊所，出国就业也是可以选择的就业方向。但随着出国就业医生越来越多，良莠不齐的行业竞争也越来越激烈，是否能站稳脚跟还是要看自身的业务水平。

▌升学：

　　虽说现在推拿针灸专业的就业形势较好，毕业生找工作比较容易。但在国内，要想进入市级或更好医院工作的话，基本上都需要研究生及以上学历。大部分考生都会选择读研深造来提升自己，以获得更好的发展。

（4）推荐院校

　　北京中医药大学、上海中医药大学、南京中医药大学、广州中医药大学、天津中医药大学、成都中医药大学、黑龙江中医药大学、山东中医药大学、浙江中医药大学、南方医科大学。

（5）报考建议

　　该专业对生物科目的要求较高，生物好的考生可以考虑选择。针灸推拿学属于医学类专业，因此色盲、色弱并不适合报考该专业。同时，该专业需要有较强的动手能力，学习完理论知识之后就要进行实践手法练习，而且针灸推拿学习相对比较枯燥，对运用针灸、推拿诊疗各科疾病方面研究感兴趣的学生可以选择报考。

七、值得选择的专科专业

专科生和本科生在学历上确实有一定的差距，但分数够不到本科线的考生也不要因此而灰心，只要能够选对专业，将来一样可以找到心仪的工作，有一个光明的未来。

在专科专业中有部分专业很热门，比如计算机、会计学等，但是这些专业在本科中同样存在，专科生将来就业很难有优势，需要通过专升本来提高竞争力。如果考生并没有专升本的打算，而是希望毕业后能直接就业，那么技能性强的实用型专业是更为推荐的选择。

接下来介绍的 10 个专科专业就业率高，专科生也能有很好的发展。各位考生可以根据自己的实际情况进行选择。

1　交通运营管理　✏️

（1）专业介绍

交通运营管理是专科交通运输大类下设专业，标准学制 3 年。该专业是为了培养交通运输行业业务知识以及经营管理能力的高技术应用型人才，主要面向城市轨道交通、公共交通、车辆出租等进行客运交通运营管理、车辆营运调度、站线管理及信息管理，当然每个学校合作的企业不同，学习的侧重点也会有所不同。

（2）主要课程

运输企业管理、交通运输安全管理实务、城市公共交通运营管理实务、水上货物运输、交通运输信息技术、汽车站务管理、城市客运管理、集装箱运输管理、航空运输业务、交通工程学、运输组织学、计算机应用基础等。

各高职院校会根据自己的培养目标和特色开设不同的课程，一般都会采取教学实践与理论讲授并重，通过实践教学环节加强学生实际操作、实际技能的培训力度。此外，院校还会在校内进行航运管理、管理信息系统等实训，并且安排学生在公交公司、出租汽车公司、公路水路运输等企业进行实习，帮助毕业生能尽快顺利上岗。

（3）发展前景

▌就业：

随着国内公交、高速、铁路、港口、地铁等交通建设的发展，相关的运营管理人才是非常需要的。因此，该专业的就业机会较多，整体就业率高。

该专业毕业生主要的就业方向有交通、运输和物流三个方向，包括各类公交运营管理部门、交通和相关的运输企业从事运营调度、运营管理、安全管理、行政管理等工作，比如我们熟悉的安检工作、票务服务、高速公路收费、货运代理、物流运输等。

毕业生在北京、上海等一线城市工作有更多的就业机会和更高的薪资。由于近年来很多二三线城市也在交通运输方面快速发展，例如地铁建造、高速修建、高铁延伸等，因此毕业生在二三线城市也能获得很多的就业机会。

交通运营管理专业不是包分配专业，但很多高校会直接采取校企合作的方式进行招生，就业有一定的保障。学生可以在选择时仔细了解一下与高职院校合作的企业信息，争取选到性价比高的校企合作项目。

▌升学：

目前，交通运营管理专业就业岗位需求量比较大，学生找工作相对不难。但随着交通行业的转型升级，很多企事业单位对人才的要求也在提高，部分大型企事业单位尤其是国企或事业单位对学历有一定要求，如果想获得更多发展机会，选择专升本也是不错的出路。交通运营管理专业可以往交通运输、物流管理等专业专升本。

（4）推荐院校

广东交通职业学院、四川交通职业技术学院、重庆能源职业学院、重庆交通职业学院、陕西交通职业技术学院、湖南交通职业技术学院、江苏航运职业技术学院、上海交通职业技术学院等。

（5）报考建议

交通运营管理专业可能会对身高、视力等提出一定的要求，一般要求男生身高不得低于 170 厘米，女生不得低于 160 厘米；有的院校规定色盲、色弱的考生不能报考。因此，一定要仔细查看院校的《招生章程》和体检要求。

由于这类专业对学生的实践能力和专业素养都有一定要求，学生一定要珍惜学校提供的实践实习，尽早培养自己的职业道德以及提高岗位适应力。另外，可以尽早考取相关证书，比如物流师、汽车运输调度员、汽车客运服务员、港口运输员等职业资格证书，为将来就业提升竞争优势。

最后，还要提醒大家理性选择校企合作。校企合作是现在很多高校为了提高学生综合实践能力而采取的一种培养模式，不仅能给企业带来一定的人才，还能为高职院校的发展和促进就业起到一定作用，本身是一种非常好的培养模式。但部分高校缺少经验，合作的企业并不能真正发挥作用，无法给学生提供帮助。所以，学生在选择的时候，一定要了解清楚高校的办学情况，以及与之合作的企业到底是否值得选择。

2　口腔医学技术 ✏️

（1）专业介绍

我国属于人口大国，并且牙病患者的比例较高，对于孩子的牙齿矫正以及老年人的镶牙、假牙等需求非常庞大。随着口腔行业的发展，大众对牙齿护理、美白与矫正的关注也不断增加。这些都为口腔医学技术专业未来的持续稳定发展提供了条件。

口腔医学技术专业隶属于医学技术类，本科学制 4 年，专科学制 3 年，主要学习和研究基础医学、口腔医学和口腔医学技术等方面的基本知识和技能。需要注意的是，医学技术类下的专业都是不可以考取执业医师资格证的。该专业的专业方向是口腔修复、口腔矫形、义齿加工安装等。因此，毕业生不能从事牙医的工作。

（2）主要课程

口腔解剖生理学、口腔组织病理学、口腔材料学、口腔内科学、口腔颌面外科学、口腔修复学、口腔正畸学、物理学、生物学等。

（3）发展前景

▌就业：

目前，口腔医学技术专业就业领域相对宽广，工作岗位较多，收入非常可观。

大部分毕业生都会选择去到大一些的口腔医院从事医师助手、口腔咨询、辅助治疗护理等工作，不仅薪资待遇高，工作也会十分稳定。

毕业生也可选择去医学口腔器材企业或者医疗器械厂从事制造、研发、销售等工作，比如义齿制造加工，生产牙齿矫正的牙套、镶牙拔牙等医疗所需的工具。这些岗位在全国任何城市都有相关就业岗位和人才需求，无论在一线发达城市还是二三线城市都能有所发展。

此外，美容行业目前也十分火热。口腔医学技术的毕业生可以进入医美、整容、美容等机构从事牙齿的护理、美白相关岗位。相对于前两个就业方向，在美容领域，从业人员的机遇更多，薪资待遇更加丰厚，但这也需要学生自身足够优秀，拥有出众的沟通能力。

▌升学：

该专业是一个非常适合升学的专业，由于在专科和本科都有口腔医学技术专业的开设，其专升本难度相比很多专科低得多。如果想进入口腔医院或美容机构工作，本科学历也会更有优势。

（4）推荐院校

专科：天津医学高等专科学院、开封大学、山东高等医学专科学校、山西卫生健康职业学院。

本科：北京大学、四川大学、重庆医科大学、滨州医学院、遵义医科大学、成都大学、广东医科大学、皖南医学院、聊城大学、沈阳医学院、上海健康医学院。

（5）报考建议

口腔医学技术专业是一门技术型专业，只要学生充分掌握专业知识，就业不是难事。因为有对应的本科专业，学生也可以做好专升本的准备，继续升学提高就业竞争力。

要注意的是，不要将口腔医学技术专业和口腔医学专业混淆。口腔医学技术专业不能考执业医师资格证，是不能担任牙医、口腔医生职位的。

3 医学美容技术 ✎

（1）专业介绍

医学美容技术是专科医学技术类下设专业，标准学制 3 年。很多学生看到这个专业会误以为是学习与整容相关的内容，但实则不然。该专业学习的内容比较杂，主要是以医学美学为指导，以内、外科和皮肤科等学科为基础，包括临床医学、医学美容、美容护理、美容化妆等技术，甚至还要学习针灸、中药、膳食等中医药美容保健技术等课程。

（2）主要课程

美容医疗应用技术、美容护肤技术、美容皮肤治疗技术、美容中医技术、美容外科学概论、美容医学咨询与沟通等。

部分院校会安排学生进行美容护肤专项训练，到美容机构进行实习。

（3）发展前景

▍就业：

随着医疗美容业的发展，医疗美容技术逐渐受到青睐，美容业被列为世界最赚钱的行业之一。相关医学美容技术人才供不应求，专业就业率比较高。

医学美容技术的方向有很多种，如中医学、美容药物学、美容皮肤科学、针灸推拿、美容化妆、美容保健、皮肤管理等。该专业毕业生可以根据自己的兴趣爱好和擅长优势选择不同的方向。

该专业就业主要是面向美容行业中的医疗美容、美容保健及美容产品销售机构从事美容医学技术服务、咨询服务及美容产品营销等工作。此外，学生也可以进入医学美容教育部门从事教育、美容师培养等工作。

受过系统教育的医疗美容技术毕业生还是比较受欢迎的。当然这个专业将来想要有好的发展，最关键是技术能力和经验，因此学生可以在专科就读期间就开始积累经验，理论和实践相结合，不断提高专业技术水平。

▍升学：

医疗美容技术相关行业对学历的要求不高，专升本不是必然的需求。如果学生对学历有一定的要求，也可以选择专升本，以此获得更多的就业机会。医学美容技术可以往中药学、针灸推拿学、临床医学等专业进行升学。

（4）推荐院校

天津医学高等专科学校、沧州医学高等专科学校、石家庄医学高等专科学校、石家庄人民医学高等专科学校、承德护理职业学院、廊坊卫生职业学院、曹妃甸职业技术学院、山西老区职业技术学院、辽宁医药职业学院等。

（5）报考建议

医学美容技术专业具有良好的发展前景，适合对美容行业感兴趣的学生。颜值较高的女生报考该专业能有更大的优势。

值得提醒的是，该专业属于医学技术类专业，不能考取医师执业资格。因此，毕业生不能从事美容整形医生的岗位，想从事医学方面的考生一定不要选错。

4 电力系统与自动化 ✏️

（1）专业介绍

电气相关专业是工科专业的基础，广泛应用于工业、农业、国防等领域，在国民经济中发挥着重要作用。随着技术的发展，各类自动化产品不断普及，为电气自动化技术专业提供了广阔的发展前景，使电气相关人才市场有着相当大的潜力。

电力系统自动化是电气工程自动化的细分，主要研究电力系统、电机技术、自动化技术、电气控制等方面的基本知识。学习的内容比较广，既涉及电力系统高压技术、网络分析、设备运行与选择，又涉及电力系统继电保护，非常强调技术基础。每个学校的特色不同也会设置不同的课程。

（2）主要课程

电路与磁路、电子应用技术、电气设备及运行、电力系统及自动化、电机拖动、自动控制理论、电力系统概论、电力系统继电保护、电力系统自动装置、电气控制与 PLC 等。

（3）发展前景

▎就业：

电气相关专业是工科专业的基础，更是制造业和相关产业的核心。因其独有的特殊性，工作比较稳定，福利待遇也不差，每年受到众多考生的热捧。

如果学生决定在电气自动化领域工作，电力设备相关的厂家可以作为职业生涯的第一步，比如西门子、南瑞、施耐德、许继、四方等。毕业生主要从事PCL编程、控制箱接线、排除故障、维修设备等工作，可以积累自动化控制相关具体的工作经验。但是，这类岗位可能会面临频繁出差的情况，需要学生自行斟酌。

此外，电力公司和供电局等单位也是多数毕业生的首选，主要工作内容为自动化运行管理、线路维修、电气设备安装、调试和管理工作。这类单位的福利待遇好，但竞争压力较大。

选择去电力设计院做设计也是个很好的选择。现在电网三产分离，电力设计院不再属于国家电网，相关人员主要从事电力建设工程的设计工作。

由于该行业在外界评价一直很高，还是有一定竞争压力的，学生在大学期间一定要学好专业课，最好多参加一些专业相关的比赛，争取拿一个名次。这些都能成为实习找工作的加分项。如果学生希望专科毕业后直接就业，可以在大四期间多参加校园招聘的宣讲，尽量找规模比较大的公司工作。大专毕业两年学生就能参加二级建造师的考试，这类证书对施工单位尤其有用，学生如果有能力可以尽量考取。

升学：

该专业的学生需要具备本科学历才能有更好的发展前途。因此，推荐学生专升本和自考，至少也应考取函授学历。该专业本科对应电气工程及其自动化专业，升本院校推荐上海电力大学、长沙理工大学、三峡大学、东北电力大学、南京工程学院、沈阳工程学院、长春工程学院等。

（4）推荐院校

东北电力大学、郑州电力高等专科学校、重庆电力高等专科学校、山东电力高等专科学校、安徽电气工程职业技术学院、常州机电职业技术学院、三峡电力职业学院、四川电力职业技术学院等。

（5）报考建议

电力行业对学历有一定的要求。因此，学生如果想报考该专业要做好专升本的准备，尽量取得本科学历后再去就业。此外，该专业非常注重经验的积累，因此需要不断学习。

电气专业分强电和弱电，强电主要是与发电厂相关的工作，弱电是和自动化设备打交道。因此，学生如果想报考该专业需要尽早开始职业规划，选择适合自己的赛道。

此外，想要进入电力行业深耕，选择院校很重要。有的院校虽然实力雄厚，但毕业生很难进入系统内，更多的是进入研发公司进行工作，而有的院校很受国网认可，该校的专科生也有机会进入国网工作。因此，考生应尽量选择行业内认可度高的院校。比如，在电力行业小有名气的东北电力大学，本专科均有招生，对该专业感兴趣的考生可以多多关注。

5 汽车检测与维修 ✏️

(1) 专业介绍

随着社会的发展和人们生活水平的提高，我国汽车持有量逐步增加，汽车维修这一行业具有非常广阔的发展前景。随着新能源汽车逐渐代替传统的燃油车，汽车行业对新型人才的需求也将大幅度增加。目前，我国相关中高级技术人才十分短缺，汽车维修"高级蓝领"已成为稀缺人才。因此，受过高等教育、掌握专业知识和新技术、擅长维修新型车和进口车的毕业生拥有更广阔的就业机会。

汽车检测与维修是一个宽口径的新专业，主要研究汽车故障检测与维修、汽车使用性能检测与维修、发动机原理、汽车理论等知识，能在汽车检测与维修技术领域进行汽车检测、诊断、维修、销售等。例如，常见的车辆鉴定、评估、理赔、车辆事故的勘查等。

（2）主要课程

汽车驾驶技术、汽车构造与拆装、发动机系统诊断与修复、汽车传动系统的检查与修复、转向与制动系统检查与修复、汽车底盘控制系统诊断与修复、汽车电控系统诊断与修复、汽车舒适与安全系统诊断与检修、汽车保养及维护。

（3）发展前景

❚ 就业：

随着世界能源危机和环保问题日益突出，传统汽车工业面临着严峻的挑战。为符合绿色环保理念，汽车行业正面临着转型和升级，混合动力汽车及新能源汽车将逐渐占据市场。然而，目前人员的素质远不能满足行业改革的需要，大部分技师和高级技师年龄偏大，知识更新较慢。这给相关专业的毕业生提供了很好的机遇，如果毕业生能掌握多种类型汽车故障的检测方法和维修技术，就有非常广阔的就业前景。

毕业生可去汽车 4S 店、机动车监测站从事汽车的检测、诊断等工作，也可以去车型制造企业如上汽、大众集团等，从事现场工艺技术管理及产品质量检测、装配调试等相关工作；去汽车维修企业从事售后技术管理或机电维修技师等岗位也是常见的毕业去向；还可以去保险公司从事评估、保险理赔等工作；在拥有一定经验积累后，还可以在汽车 4S 店从事汽车培训师的工作。

总之，这个专业就业不是难事，但非常注重学生的实践能力。学生在专科期间除了学好扎实的理论基础，还需要积累一定的实践经验。如果技术过硬，将来也可以选择自主创业，收入会非常可观。

升学：

汽车检测与维修专业专升本的难度不小，但如果能专升本，就业的选择面会更宽。因为该专业相比理论更注重实践，如果学生能继续升学获得本科学历，那么能有更大概率从事技术相关的工作，而不是从事单纯的体力工作。该专业专升本可以考虑的方向有车辆工程、汽车服务工程、工业设计、机械设计制造、电气工程及其自动化等专业。

（4）推荐院校

北京电子科技职业学院、天津市职业大学、石家庄职业技术学院、山西机电职业技术学院、内蒙古丰州职业学院、大连职业技术学院、长春汽车工业高等专科学校、大庆职业学院、上海东海职业技术学院。

（5）报考建议

目前，汽车维修行业的准入门槛较低，行业整体收入水平不高，高级人才较少，但随着汽车产业的大变革，如果学生能掌握新型汽车相关的理论知识与实践技术，那么也能获得很不错的工作机会。如果学生的物理成绩较好，还可以往电路方向发展，也有不错的发展前途。

对于专科生而言，这个专业比金融等专业务实得多，适合家里无法给孩子提供助力，动手能力比较强的学生报考。由于工作环境相比办公室文职岗位会脏乱差一些，相关岗位对体力也有一定要求，这一专业适合能够吃苦耐劳的男生选择。

同时，如果考生对汽车特别感兴趣，汽车相关的其他专业也可以考虑，如汽车美容、汽车改装等满足硬核个性化需求的专业也很不错。

在选择院校时，可以关注有校企合作的院校，学生就业时可能更有优势。如青岛工程职业学院与比亚迪、上汽通用、北汽新能源、吉利汽车、一汽大众等深度开展校企合作，实施订单式人才培养；如烟台汽车工程职业学院与现代、保时捷、捷豹、路虎、米其林等企业成立订单班，学成后有望直接就职于这些企业。

6　飞机电子设备维修 ✏️

（1）专业介绍

根据"十四五"规划，我国将在 2035 年迈向民航强国，飞机电子设备维修作为民航和军用航空发展的重要环节，发展潜力巨大，有技术、会管理的航空维修人才是受到热捧的稀缺资源。

飞机电子设备维修属于机务专业，主要研究电工电子技术、飞机各系统构造与工作原理、飞机电子设备与仪表等方面的基本知识和技能，进行飞机机载电子设备的安装、调试、检测、维修、保养等。

（2）主要课程

电工电子技术、飞机构造基础、飞机电气系统、电子通信系统、飞机导航系统、机电气设备与维修、自动飞行控制系统、机载雷达与飞机通信导航设备、飞机仪表、雷达与导航技术。

（3）发展前景

▎就业：

飞机电子维修专业就业面比较窄，但相关行业准入门槛高，从业人员很难被替代。随着未来民航行业的不断发展，该专业未来的就业前景十分明朗。

毕业生可以从事机场的航线维修工作，工作内容主要是飞机起飞前和落地后进行例行检查，确保各部件功能正常，一般不会涉及大规模的维修。

毕业生也可以选择去大修厂，如成都华太、海特等。这是很适合锻炼技术的地方，能够深入接触到飞机的各个子系统。如果毕业生能在大修厂工作几年，跳槽会很受欢迎，但这类公司的应届生薪资待遇比航空公司差一些。大修厂一般有两种发展路线，第一种是工程师学徒路线，一般经过六到七年可以晋升为工程师，薪资待遇不逊于很多航空公司。但这种路线对学历有一定要求，大多是从本科生中培养。第二种则是技工路线，整体待遇相比工程师有较大差距。

航空公司也是不少毕业生的选择，可以去优质民航企业，如国航、南航、川航等企业从事部件的维修工作。因为大型航空公司一般都有自己的维修基地，如果能在航线和基地轮换工作有一定的提升空间，并且这类岗位薪资待遇较高。

▌升学：

由于大型航空公司和工程师学徒方向的工作对学历都有一定的要求，因此如果学生有机会的话，更建议进行专升本。该专业的升本方向主要有飞行器动力工程、电子信息工程、信息工程、测控技术与仪器。

（4）推荐院校

中国民用航空飞行学院、北京电子科技职业学院、石家庄工程职业学院、上海电子信息职业技术学院、江苏航空职业技术学院、江西航空职业技术学院、山东交通职业学院、安阳职业技术学院、武昌职业学院、广州民航职业技术学院、西安航空职业技术学院。

（5）报考建议

高职专业中交通运输大类的专业就业率相对较高，涉及航空、铁路、航海等交通技术的行业更是稳坐排行榜。但这类专业的报考竞争比较激烈，甚至部分院校的录取分数高于本科线，如中国民用航空飞行学院。所以，考生在填报的时候要谨慎考虑自己究竟要选择民办本科还是好就业的专科，毕竟专升本也有很大的难度，成功上岸的概率仅为 30% 左右。

飞机电子维修是一项对专业知识要求较高、技术性较强的专业，适合动手能力强的学生报考。有些院校会明确规定该专业不招色盲色弱，而且对裸眼视力也有要求，所以报考前要认真阅读《招生章程》。选择院校时，则可以尽量多关注有校企合作的院校。

如果学生励志想当兵，对这个专业也比较感兴趣，可以关注提前批中的定向士官生，如成都航空职业技术学院。

此外，报考时需要注意区分飞机电子设备维修和飞机机电设备维修。这两个专业都属于民航维修类专业，名字仅一字之差，但就业方向上有一定差别。飞机电子设备维修是和强弱电路相关的，关注飞机仪表、雷达通讯导航、自动控制飞行系统等，核心工作包括布置电线、更换电子元件、测量电路电阻等。后者和机械操作更有相关性，基本操作中更多的是发动机修理、拆装面板、给螺丝钉打力矩等。

7　高速铁路动车制造与维护 ✏️

（1）专业介绍

　　随着国内高速铁路的发展和四大动车基地的建成，相关人才的需求量也随之增加，其中包括大量的制造及维护人员，高速铁路动车组制造与维护专业应运而生。

　　高速铁路动车组制造与维护专业是教育部 2021 年新增的高职专科专业，是专科轨道装备类下设专业，标准学制 3 年。该专业主要培养轨道交通装备制造行业的高速动车组制造、检修人员，铁路车辆系统动车组的运用和维护人员。简单来说就是培养动车组制造、装配、调试、维修等生产一线所需要的技术人才。该专业在高职院校采用教学与实践相结合的人才培养模式，在教学课程的设置上非常接近工作岗位的需求，实用性很高。

（2）主要课程

　　机械制图及 CAD、机械技术与制造、电工技术、电子技术与电力电子装置、动车组典型零件与工装设计、动车组车体制造与转向架装调、动车组牵引系统装调、动车组制动系统装调、动车组智能控制系统与检测技术、动车组总装配与整车调试等。

（3）发展前景

▌就业：

　　由于高速铁路的快速发展，人才需求量较大，该专业的就业率也比较高。高速铁路动车组制造与维护专业毕业生主要的就业方向是高速铁路动车组制造企业、铁路、城市轨道、地铁公司等相关企业，从事高速铁路动车组的车辆装配、维修、调试以及管理、售后服务等工作。

　　如果想顺利就业，学生在校期间一定要学好专业知识，努力提高自己的动手能力，掌握高速铁路动车组制造、维护、调试、故障处理等相关技能。

▌升学：

　　高速铁路动车组制造与维护是一个技术性较强的专业，专科学历就能获得较多的工作机会。如果学生想提升自己的学历或技术能力，也可以选择专升本，成为高层次的技术人才。

（4）推荐院校

　　天津铁道职业技术学院、辽宁轨道交通职业学院、辽宁铁道职业技术学院、吉林铁道职业技术学院、山东文化产业职业学院、潍坊工程职业学院、四川科技职业学院等。

（5）报考建议

　　高速铁路动车组制造与维护专业属于技术性专业，适合具有较强的动手能力和责任心的学生报考。学生就读期间，要努力提高自己的操作能力，不断积累经验。同时，由于铁道交通正在向智能化推动，除了本专业的学习，学生也需要具有不断学习的意识，专科在读期间可以尽可能地跨专业、跨学科学习，使自己成为复合型人才。

　　其次，在视力方面也有要求，色盲、色弱都不可报考该专业，在报考前应查看教育部发布的《普通高等学校招生体检工作指导意见》中的相关规定以及院校的《招生章程》。由于专业的性质和未来就业环境的原因，一般院校规定该专业只招收男生，不能吃苦的学生也要谨慎报考。

　　除这一专业外，教育部同时还新增了城市轨道交通车辆制造与维护、轨道交通通信信号设备制造与维护等专业。这类与道路交通相关专业的就业岗位数量都比较多，感兴趣的家长和考生也可以做相应的了解。

8　空中乘务 ✏

（1）专业介绍

　　空中乘务专业是专科中航空运输类下设专业，标准学制3年，主要研究民航服务、航空急救、民航法规、社交礼仪等内容，例如飞机上安全设备的使用指导，乘客突发疾病的处理等。

　　一般空中乘务的选拔是比较严格的，对学生的气质、形象等都有很高的要求。学生要掌握民航服务礼仪、客舱应急、乘务空防安全等基本知识，还要具备服务意识、安全意识、客舱服务与安全管理能力等。此外，该专业对学生的英语能力要求也很高。

（2）主要课程

机场的航空运输服务与管理、民航旅客与货物运输、客舱设施与服务、航空服务礼仪、航空法、民航概论、中国航线地理、民航服务心理学、乘务英语、飞机起降原理、客舱安全管理等，以及客舱服务、客舱应急、乘务化妆等实训。部分高校也会培养安全检查、地面服务、空港安全检查等。

（3）发展前景
▎就业：

从目前的就业形势来看，该专业的就业前景还算不错，其中民航乘务员、民航安全员是该专业对口度较高的就业方向，也是大部分毕业生的选择方向，薪资待遇较高。

空乘方向是大部分女生选择该专业的目标。这类岗位通常被我们称为"空姐"，也是不少年轻人梦想的职业。该工作的主要职责是在飞机上确保乘客旅途中的安全与舒适，指导乘客使用机上安全设备以及在紧急情况下组织乘客逃离飞机等，需要做好空中服务及确保乘客安全。这个方向一般分为国内航线和国际航线，后者的要求更高，尤其是在英语方面。很多人说"空姐"是吃青春饭的，其实也并非如此，空乘可以逐步晋升为乘务长，或者进行转岗等。

男生大多会选择空中安保方向，在客舱环境下进行执法工作、维持和保证乘客安全，这需要具有一定的胆识和正义感。

此外，毕业生也可以选择地勤服务，主要负责机场安检、VIP客服、登机、航空票务、机场商贸等，这个方向的发展很稳定，也更安全。

除了在机场工作，高铁乘务也是部分毕业生选择的方向，在国内高铁、动车、地铁站等从事乘务、车站督导、巡查、票务、安检等管理服务工作，工作十分稳定。
▎升学：

空中乘务是一个实践性较强的专业，专科学历就能从事相关工作。如果学生想要提高学历或者换其他专业方向，可以选择专升本这种方式。该专业主要的升学方向有旅游管理与服务教育、旅游管理、酒店管理、交通运输等。

（4）推荐院校

北京工业职业技术学院、北京交通职业技术学院、天津市职业大学、张家口职业技术学院、山西旅游职业学院、铁岭师范高等专科学校、黑龙江职业学院、上海工商职业技术学院、南通职业大学等。

（5）报考建议

目前，国内交通运输方面发展非常不错，飞机、高铁等都是需要不少相关人才的，空中乘务专业是一个专科生值得选择的专业。

如果选择该专业是想当"空姐""空少"，那需要严格要求自己，不断积累经验，争取尽早晋升，毕竟"空姐""空少"不能当一辈子。此外，提高自己的英语水平也能对将来的职业生涯有极大的帮助。

需要注意的是，该专业对考生的形象、身高、体重、视力等具有一定门槛，满足条件方可报考，报考时须仔细查看具体要求。

9　数控技术 ✎

（1）专业介绍

数控技术也叫计算机数控技术，简称数控，是采用计算机实现数字控制的方法对某一工作过程实现自动控制的技术，是制造业信息化的重要组成部分。

数控技术专业是专科机械设计制造类下设专业，标准学制 3 年。该专业工科性和实践性较强，学生需要学习 CAD/CAM 等各类软件，还需要掌握机械零部件识图与测绘、机械加工工艺文件识读与编制。此外，学生还需熟知安全操作规程、各类金属切削加工方法及加工装备、常见零件程序编制方法与加工等知识。

（2）主要课程

机械制图、微积分初步、电工电子技术、机械设计基础、机械制造技术、数控编程技术、数控加工工艺、机床数控系统、数控机床电气控制、模具设计与制造基础、可编程控制器应用、计算机应用基础、初级英语。

此外，学生还需要进行实习实训，包括钳工、数控车削加工生产、数控铣削（加工中心）加工生产、三坐标测量、CAD/CAM 软件应用等。各校也会根据自己的培养目标设置不同的特色课程以及实践环节，如安排学生在装备制造、数据技术相关的企业单位进行实习，让学生毕业后能尽快上岗工作。

（3）发展前景

▌就业：

数控技术是专科中比较传统的一个工科类专业，一般男生选择比较多。该专业就业对口率较高，毕业生主要进入机械、模具、电子、电气、轻工等行业，从事设计、制造、工艺、设备维护、销售等相关工作。

其中，数控操作技工是毕业生的主要就业方向之一。很多的电子厂、机械厂等都对相关专业毕业生有大量的需求。这类岗位薪资方面不会太高，工作时长一般都较长，但工作还算稳定。

如果学生在高职阶段熟练掌握数控手工、自动编程技术以及三维 CAD/CAM 软件等，可以选择进入工厂设计部门或工艺部担任数控编程员，这类岗位在模具行业还是很受欢迎的。

此外，成为工程技术人员也是很好的选择。这类岗位的人才需求量比以上两个岗位少，需要从业人员具备较强的工作能力、动手能力和大量实践经验。如果想从事这个方向，就一定不要怕吃苦，不断积累经验，提高自己的技术。

这个专业就业的发展空间较小，但学生如果能吃苦耐劳，也可以通过自己的努力对数控领域包括数控操作、编程、维护和维修等全方面达到精通的水平，并且在实际工作中积累大量经验与知识，将来也能有机会成为技术负责人或开发生产设计主管。

▌升学：

数控技术是一个实践性技术性较强的专业，对口工作一般学历只需要达到大专即可，更多的是对技术能力的要求。当然如果想提高自己的学历，增加自己的竞争优势，选择专升本也是不错的出路。数控技术专业主要的专升本方向有机械设计制造及其自动化、机械工程等。

（4）推荐院校

专科：北京工业职业技术学院、天津轻工职业技术学院、廊坊职业技术学院、上海交通职业技术学院、南京科技职业技术学院、浙江工业职业技术学院、湖南信息职业技术学院、南通职业大学等。

本科：成都工业学院、福州大学、山东理工大学、兰州交通大学、河南科技大学。

（5）报考建议

数控技术专业属于技术性专业，适合能够吃苦耐劳的学生报考。如果选择报考，一定要努力加强自己的实践操作能力和动手能力，让自己成为真正的技术人员。另外，学生可以考取相应证书来提高就业竞争力，如机床操作工中级职业技术证书。

因为该专业的工科性很强，有一定的学习难度，再加上毕业后的工作环境等原因，对部分女生可能不太友好。因此，在报考前也得考虑清楚自己是否适合这个专业。

10 现代殡葬技术与管理

（1）专业介绍

现代殡葬技术与管理是一门专科专业，开设在公共管理与服务大类下，属于公共服务类专业，基本学制为3年，主要研究殡仪服务、殡葬设备和防腐整容相关的专业知识和技能。学生需要通晓殡葬文化，学习公墓陵园管理营销能力、国家殡葬和殡葬管理的政策法规。此外，专业包括哀美礼仪训练、葬礼主持、沟通与接待、遗体防腐、遗体整容、遗体净身与更衣等实训。

殡葬服务礼仪等要求近年来逐渐提高，殡葬行业的高素质人才却十分稀缺。目前，我国开设现代殡葬技术与管理专业的院校屈指可数，每年该专业毕业生的数量无法满足行业缺口，甚至会出现学生毕业前就已经被相关单位预定的情况。

（2）主要课程

殡葬管理、殡葬服务、遗体防腐、遗体整容、民俗学、伦理学、殡葬文化、插花艺术、陵园管理、市场营销、制冷技术。

（3）发展前景

▌就业：

殡葬行业是古老的行业，尤其现在国富民强，大家对于殡葬要求也越来越高，整个行业的发展前景也越来越好。现代殡葬技术与管理专业的就业率非常高，薪资待遇、工作稳定性和发展前景在专科专业里都是名列前茅的。

整个殡葬行业就业氛围好、竞争小，毕业生可以去殡仪馆、殡仪服务公司等殡葬相关机构从事殡仪服务员、遗体防腐师、遗体整容师、遗体火化师等岗位。

由于院校中有教授墓地营销等知识，对于直接或间接接触遗体有逆反心理的毕业生，也可以选择葬礼营销或规划设计、公墓规划、公墓销售、墓园管理等相关岗位。

除了在殡葬机构就业，毕业生也可以去其他方向就业，如医院、老年服务机构等部门从事临终关怀工作，或者民政、公安尸检等政府部门。

总的来说，该专业各就业方向的门槛都相对较低，主要在于个人的接受度和自身发展方向，发展得好很快就能晋升到管理层，工作会更加轻松。学生可以提前规划好就业方向，有侧重点地学习相关技能，如果考取职业证书对就业会更加有利。

▌升学：

对于该专业的学生来说，专升本不是必要的。如果打算在殡葬行业就业，专科在校期间就会有实习岗位或企业招聘。如果不想从事殡葬行业，可以选择公共事业管理方向专升本，对于未来就业和考公有一定的帮助作用。

（4）推荐院校

长沙民政职业技术学院、北京社会管理职业学院、重庆城市管理职业学院、武汉民政职业学院、安徽城市职业管理学院。

（5）报考建议

现代殡葬技术与管理专业涉及大量遗体和葬礼相关课程，在校期间学习课程以实践技能为主。所以，打算报考的学生一定要做好心理建设，对此接受度低的考生一定要慎重考虑。

虽然该专业是冷门专业，但由于开设院校较少，就业情况也很不错，各院校录取分数普遍偏高，分数低的学生报考相关专业可能有落榜风险。

由于行业人才供小于求，全国各地殡葬机构每年都会在开设相关专业的院校进行人才招聘，想专科毕业立刻就业的学生非常适合选择殡葬相关专业。

八、名字相似的专业

　　在往年的高考志愿填报中，有很多考生选择专业时会出现各种各样的问题，其中最常见的一个问题就是一些专业名字十分相似，但是学习内容和就业情况却是天差地别。

　　要知道，并不是专业名称相似就是同一个专业。如果因为名称接近而没有深入了解，很可能就错过了一个适合自己的专业。当然，也有一些名称相似的专业学习内容和就业方向没有太大区别。为避免一时失足后悔莫及，考生在选择专业之前一定要对专业做好充分了解。

1　风景园林 VS 园林 ✐

　　有很多名字非常接近的专业在高考志愿填报的时候经常被家长和考生混淆，风景园林和园林专业就是其中之一。很多人误认为园林是风景园林的简称。在本科专业中，风景园林专业和园林专业并不属于同一门类，本质上有着很大的区别。

（1）专业介绍

　　风景园林属于工学门类，是建筑学类下设专业，基本学制 4 年，毕业后授予工学学士学位或艺术学学士学位。该专业主要培养学生学习风景园林规划、区域规划等基础理论和知识，掌握风景园林规划、风景园林设计和风景园林规划管理的基本能力。毕业生就业方向偏设计，例如景区建设、景观设计、城市规划与设计等工作。

　　园林属于农学门类，是林学类下设专业，基本学制 4 年，毕业后授予农学学士学位。该专业主要培养学生从事园林植物繁育、养护管理与应用，城乡各类园林绿地的规划与设计，园林施工组织与管理等方面的能力。毕业生就业方向偏城建、园林植物的繁育以及设计、施工等工作。

总之，风景园林和园林有着本质上的区别，一个是工科建筑学，另一个是农学农林类。风景园林偏向于艺术设计，侧重于思维设计和规划；园林偏向于园丁繁育，侧重于辛苦繁殖与培育。

两种专业能力都是建立在园林植物的基础上，园林可以为风景园林专业做铺垫，风景园林设计出来的景观设计由园林专业来施工，同样施工也需具备设计能力以及审美能力，两者相辅相成。

（2）主要课程

风景园林：城市规划、园林树木学、城市规划设计、城市绿地规划与设计、建筑设计、园林设计、园林工程等。

园林：园林树木学、园林花卉学、园林植物栽培养护学、园林苗圃学、园林植物遗传育种学、城市绿地系统规划、园林设计、园林建筑设计、园林工程、园林管理等。

风景园林和园林专业有相同之处也有不同之处，风景园林专业侧重于景观设计、建筑设计、城市规划等方向，但会用到园林树木等知识。

园林专业同样也会学习园林树木学等知识，侧重于园林树木植物等培育养护，在此基础上进行一些园林设计、园林建筑设计。

前者重设计规划，辅助以园林和建筑学的知识；后者重园林树木等植物的繁育养护，辅助以设计规划等知识。

（3）发展前景
就业：

风景园林和园林就业方向各有所长，从就业热度来看，风景园林往往会优于园林专业。

风景园林就业情况很不错，就业方向包括园林局、设计院等非常好的去处。如果毕业能去园林局或设计院那么薪资待遇、工作福利非常可观。毕业生也可以去一些园林设计、建筑、旅游景区设计、市政园林设计规划等公司从事比较对口的工作，设计小桥流水、街心花园、景观绿化也是不错的选择。

园林专业就业行业相对较窄，去一些景观设计等岗位竞争优势不如风景园林，但对于从事园林施工、植物搭配、绿化工程、园林植物生产和开发等更具优势。

因为熟知植物相关习性、栽培技术、具备审美设计等能力，在实施以及森林、旅游风景区等市政绿化养护等岗位更具备竞争力。同样园林专业也非常适合教学以及科研，在研究院育种，培育新型花卉等景观植物。

升学：

在研究生阶段，风景园林和园林基本一致，不管是本科园林专业还是风景园林专业，对口方向都是风景园林、风景园林学、园艺、城市规划设计等专业。同样也可以选择农林类相关方向园林植物与观赏园艺、林业、生态学等。

（4）推荐院校

风景园林：清华大学、北京林业大学、同济大学、东南大学、南京林业大学、天津大学、东北林业大学、福建农林大学、华中农业大学、华南理工大学、西安建筑科技大学。

园林：北京林业大学、南京林业大学、西北农林科技大学、东北林业大学、浙江农林大学、福建农林大学、中南林业科技大学、四川农业大学、西南林业大学、河北农业大学、江西农业大学、山东农业大学。

风景园林专业在建筑强校教学质量会比较高，艺术类院校的设计方向培养会更具特色，在农林类院校对于园林树木等农业知识会更加深厚。

园林专业一般开设在农林类院校较多。因为要学习繁育养护等知识，农林类院校具备天然的优势。

（5）报考建议

风景园林专业和园林专业本科区别很大，尤其是在农林类院校园林专业基本都是在和植物打交道，更加侧重于施工栽培。因此对于景观设计感兴趣的考生可以优选风景园林，对于植物花卉感兴趣的考生则可以选择园林。

两个专业发展方向有着共通之处，尤其考研之后，工作岗位的要求二者毕业生都可胜任，报考男女比例都差不多。无论选择风景园林还是园林，想更具备竞争力都建议可以规划考研升学。

在报考时园林和风景园林专业可以优先提高院校档次，因为很多农林类院校收分普遍低于其他类院校，可以多多关注适合自己的农林类院校。

2　管理科学 VS 信息管理与信息系统 ✏️

管理学专业一直以来都非常受欢迎，尤其是偏文的考生更加青睐管理学专业，但管理学下有这样一类专业叫作管理科学与工程类。这类专业下很多都是交叉学科，并且实用性强，属于管理学下偏工科方向，很多偏向于报考工科专业的考生也可以关注此类专业。

但在管理科学与工程类下有这样两门学科经常会被人混淆，它们就是管理科学和信息管理与信息系统，很多考生会误以为它们都属于管理科学与工程类，并且认为信息系统管理等方面的知识相差无几，其实这两个专业的学习以及就业方向大不相同。

（1）专业介绍

管理科学属于管理学门类，是管理科学与工程类下设专业，基本学制 4 年，毕业后授予管理学或理学学士学位。管理科学专业主要培养学生学习数学、计算机、经济学、统计学、运筹学、生产与运营管理、市场营销、会计学、财务学、国际金融与贸易等管理基础学科的基本理论和基本知识，具有定量分析、决策、管理沟通和组织实施的能力以及计算机应用的能力，需要熟练掌握英语。

信息管理与信息系统属于管理学门类，是管理科学与工程类下设专业，基本学制 4 年，毕业后授予管理学或工学学士学位。该专业主要培养学生学习经济、管理、数量分析方法、信息资源管理、计算机及信息系统方面的基本理论和基本知识，受到系统和设计方法以及信息管理方法的基本训练，具备综合运用所学知识分析和解决问题的基本能力。

总之，管理科学专业和信息管理与信息系统专业区别很大，管理科学专业偏理科，信息管理与信息系统偏工科。前者是管理学和理学知识交叉融合解决现代计算机化管理的问题，后者是借用管理学的知识交叉融合计算机方面的知识，进行信息类的系统整合管理，或信息系统软件开发等，更加适应互联网、金融、计算机服务等领域从事一些信息系统方面的工作。

（2）主要课程

管理科学统计学、运筹学、经济学、会计学、财务学、管理信息系统、国际贸易和国际金融、组织行为学、管理决策模型和方法、运营计划和控制、预测方法与技术、决策支持系统、信息系统分析与设计等。

信息管理与信息系统：管理信息系统、信息资源管理、经济学原理、运筹学、信息系统开发与管理、生产运作与管理、ERP、计算机网络、电子商务等。

管理科学具备管理类专业特性，充分学习统计学、运筹学、经济学、会计学、财务学等知识，在此基础上学习一些管理信息系统、信息系统分析与设计等专业，侧重点偏现代化管理。

信息管理与信息系统恰恰相反，它重点培养一些计算机网络、信息系统的开发、管理信息系统、信息资源的管理等，计算机等相关知识培养比重较多，管理学知识相对较少，侧重于信息系统的实践相关培养。

管理科学偏重于利用数学、计算机等思维模式进行管理方向的分析决策；信息管理与信息系统注重计算机知识的教学，侧重于实践操作管理系统、开发系统。

（3）发展前景

▌就业：

管理科学和信息管理与信息系统就业区别很大。

虽然管理科学也学习信息管理系统等方面的知识与技能，但就业更多是往管理、市场、运营等方向发展，主要通过经济或信息资源数据等分析进行决策和方向把控，非常符合现在计算机化管理人才的需求，毕业后可以去企业或公用事业单位中的战略研究、市场分析、运营计划、信息管理、项目管理、工业工程部门等。

信息管理与信息系统同样也可以从事计算机化管理的工作，还具备系统方面的设计、开发、运营、维护等工作能力，毕业生可以去计算机网络企业、软件企业、各类信息资源开发及咨询机构等从事程序员、测试等工作。

▌升学：

虽然二者同属管理学类，但一个获得的是理科学位，另一个获得的是工科学位，因此考研方向有一定区别。管理科学的考研方向可以往管理科学与工程、工商管理、企业管理等方向升学深造；信息管理与信息系统既可以向上述方向考研，也可以选择一些工科方向，比如计算机类。

（4）推荐院校

管理科学：清华大学、同济大学、国防科技大学、北京航空航天大学、天津大学、哈尔滨工业大学、上海交通大学、浙江大学、合肥工业大学、北京理工大学、大连理工大学、东南大学、南京航空航天大学、中国科学技术大学、中南大学、华南理工大学、四川大学、西安交通大学。

信息管理与信息系统：清华大学、同济大学、国防科技大学、北京航空航天大学、天津大学、哈尔滨工业大学、上海交通大学、浙江大学、合肥工业大学、北京理工大学、大连理工大学、东南大学、南京航空航天大学、中国科学技术大学、中南大学、华南理工大学、四川大学、西安交通大学。

管理科学专业的学习侧重点偏向管理学，一些管理学或经济学强校的教学实力很不错，如果选择管理科学专业在院校选择上也要重点考虑就业地区、院校平台等因素。

信息管理与信息系统专业在计算机强校中更加具备教学特色，一般会与计算机学科交叉培养，以后可以往系统开发、维护等方向发展。

（5）报考建议

管理科学和信息管理与信息系统都属于管理科学与工程类，两个专业在报考中热度都不大，报考男女比例几乎相同。男生女生都可以选择，且无论文理均可报考。

如果偏向管理学的考生建议选择管理科学，利用管理学的知识，交叉数学等理学思维，融合计算机等现代管理技术，更加适合现在企业的管理人才需求。

如果偏工科的考生建议考虑信息管理与信息系统，通过管理学知识融合计算机软件开发等技能，更加适合信息系统的运营、维护、管理等岗位。

3　化学 VS 应用化学 ✐

化学类专业属于基础学科，像数、理、化、政、史、地这些都是基础学科，这些基础学科会开枝散叶延伸出很多专业。

很多考生在高中阶段就对化学感兴趣打算继续深入学习，在报考专业时就会发现化学类有很多延伸专业，尤其是化学和应用化学两个专业，从名字上看都和化学有着密切联系，一定要深入了解过之后再去判断你想学的是哪种专业。

（1）专业介绍

化学属于理学门类，是化学类下设专业，基本学制 4 年，毕业后授予理学学士学位。该专业主要培养学生具备化学的基础知识、基本理论和基本技能，能在化学及与化学相关的科学技术和其他领域从事科研、教学技术及相关管理工作的高级专门人才。

应用化学属于理学门类，是化学类下设专业，基本学制4年，毕业后授予理学或工学学士学位。该专业主要培养学生具备化学的基本理论、基本知识且具有较强的实验技能，能够在企业或科研单位从事化学相关的技术研发，同样也适合从事化学相关的生产技术、化学的实践与应用等方向。

总之，化学与应用化学专业同属于化学类，两个专业都是在化学基础上延伸出来的学科。化学专业毕业授予理学学士学位，学习培养方向更适合学术研究、教学等；应用化学是理学或工学学位，专业培养动手能力，科研技术等实践会更多，更加适合从事化学相关的技术研究和实践操作。对于喜欢化学的考生来说，两者区别不大。

（2）主要课程

化学：无机化学、分析化学（含仪器分析）、有机化学、物理化学（含结构化学）、化学工程基础等。

应用化学：无机化学、分析化学、有机化学、物理化学、仪器分析、结构化学基础、精细有机化学、高分子化学、波谱分析、应用电化学、稀土化学、功能材料、化工原理、现代分离技术等。

总之，化学专业课程和应用化学课程有很多相同之处，比如基础课的有机化学、分析化学、物理化学、无机化学等，都是两个专业必修课程。

化学专业更加侧重知识和理论的深入学习，学术性较强；应用化学课程更加侧重实践实操，会增加很多科研技术等实操课程，应用性较强。

（3）发展前景

就业：

化学与应用化学专业就业方向基本相同，对口岗位都是和化学相关，由于两者的培养十分接近，在就业上没有太大区分。

化学和应用化学专业的学习难度较高，如果只是本科接触到的学习内容很难从事技术研发等科研岗位，要找到一份工作没有那么难，但要找到一份高薪的好工作难度很大。应用化学的毕业生就业普遍比化学的毕业生更容易一些，整体就业率也更高。

如果本科生想要学习化学，在不考虑升学深造的情况下，可以选择化学（师范）

专业，毕业后走教学路线，从事化学教师的工作；如果不走教学路线，大部分岗位的薪资待遇和环境会相对差一些，比如去药物、石油化工、精细化工等从事生产技术等工作。

这两个专业本科毕业后继续深造，就业率会提升很多，可以去的行业也会更加广泛，如教育、材料、军工、汽车、军队、电子、信息、环保、市政、建筑、建材、消防、化工、机械等，都有化学或应用化学人才的需求和岗位。当然，更适合的还是去科研部门从事科学研发。

▍升学：

在升学考研来看两个专业方向有一定区别，化学专业更适合往理学方向发展，比如化学、学科教学（化学）、有机化学、物理化学。

应用化学也可以选择化学方向，但相对于化学专业更加适合一些应用实践性较强的方向，如化学工程、应用化学、化学工程与技术等。

（4）推荐院校

化学：北京大学、清华大学、中国科学技术大学、南开大学、吉林大学、复旦大学、厦门大学、上海交通大学、南京大学、浙江大学、福州大学、武汉大学、湖南大学、中山大学、四川大学。

应用化学：北京大学、哈尔滨工业大学、北京化工大学、复旦大学、大连理工大学、华东理工大学、天津大学、吉林大学、西安交通大学、中南大学、四川大学、南京大学、南开大学、湖南大学、中山大学、武汉大学。

化学和应用化学两个专业的顶尖院校基本重合，一般化学教学实力强的院校应用化学专业也不差，所以院校选择可以根据自身规划，优先选择适合自己的学校。

毕业想从事化学老师的，可以优先选择师范类院校；想从事科学研究学业深造的，优先"985工程""211工程"等院校；想本科就业的也可以根据自身考虑就业方向去选择不同类型的院校；想往药学方向或者材料方向发展的，可以对应选择一些行业认可度高的院校。

（5）报考建议

这两个专业报考的男女比例相对均衡，男女都可报考。但要注意的是，报考化学专业对身体方面有要求，学习时避免不了接触实验用到的化学物质，所以要注意自身对于物质、气体等是否敏感或过敏。

因为专业课学习难度较大，建议化学成绩优异的考生选择。对于化学特别喜爱的高分考生，也可以关注提前批强基计划的化学专业，可以增加录取机会。

如果考虑就业问题，建议优先选择应用化学，应用化学的本科就业率比化学更高一些。

4 生物工程 VS 生物技术 ✎

生物又称生命科学，很多人对此感兴趣，想去探索自然规律，揭示生命的奥秘。在大学本科专业中，以"生物"命名的专业有生物工程和生物技术等，这些专业虽然名字很像，但其学习方向、培养目的、就业方向等都有所不同，所以考生在选择专业时一定要弄清楚其本质。

（1）专业介绍

生物工程，属于工学门类，毕业后授予工学学士学位。以生物学的理论和技术为基础，结合化工、机械、电子计算机等现代工程技术，在生物工业中大规模培养与生产，满足人类生产生活的需要。

简单地说，该专业就是将生物成果实现工业应用，主要是学习如何把理论技术应用于工业生产中。

生物技术，属于理学门类，根据各大学不同的培养方向，毕业后授予理学学士学位或工学学士学位。生物技术是指以现代生命科学为基础，结合其他基础科学的原理，采用先进的技术手段，按照预先的设计改造生物体或加工生物原料，为人类生产出所需产品或达到某种目的。

该专业是一门新兴、综合性的学科，利用微生物、动植物体对物质原料进行加工，以提供产品来为社会服务的技术，主要包括发酵技术和现代生物技术。

总之，生物技术偏重实践与技术手段的研究；生物工程将实验的东西转化为有实用性的产品，并转为大规模工业化生产工程，解决实际生产中的问题。这两个专业相互联系又有明显的区别。

（2）主要课程

生物工程：高等数学、线性代数、无机化学与化学分析、植物组织培养技术、有机化学、生物化学、化工原理、生化工程、微生物学、细胞生物学、遗传学、分子生物学、基因工程、细胞工程、蛋白质工程、微生物工程、生物工程下游技术、发酵工程设备、概率论与数理统计、动物生理学、生态学等。

生物技术：微生物学、细胞生物学、遗传学、动物学、植物学、生态学、植物生理学、动物生理学、生物化学、分子生物学、工业微生物学、育种学、基因工程、细胞工程、微生物工程、生化工程、生物工程下游技术、发酵工程设备、酶工程等。

生物工程和生物技术两个专业有很多通识课程，大多和生物相关。

同时，生物工程还要掌握生物细胞培养与选育、生物技术与工程等方面的基本技术，所以要学有机化学、化工原理、生物工艺学、发酵设备等。此外，还需要学机械设计、工程原理、工程制图等工科类课程。

而生物技术则需要掌握基因工程、发酵工程及细胞工程等方面知识，所以要学习基因工程、细胞工程、微生物工程、生化工程、发酵工程等课程。

（3）发展前景

▎就业：

整体来说，生物类专业在国内本科毕业就业前景并不理想，一般需求人才主要体现在尖端。因此，本科毕业生想要就业对口十分困难。

相比之下，生物工程因为属于工科类专业，所以应用范围广泛，涉及行业相对较多，包括医药、食品、化工、农药、环保等各个领域，主要有酒厂、药厂、疫苗等企业。当然可以选择考取公务员，食品药品监督管理局等都会有一定的需求。

生物技术毕业生的主要就业方向是各类生物制品公司，其中大部分是生物制药、酒水饮料食品、保健品企业等从事研发、质量管理等。

▎升学：

目前，该类专业的就业竞争比较激烈，选择继续升学才是最佳的途径。该类专业的考研率相当高，特别是生物技术的技术含量更高，更需要读研深造。

生物工程的考研方向主要有生物工程、生物化学与分子生物学、生物学、微生物学、生物医学工程等，生物技术的考研方向则是生物化学与分子生物学、生物学、微生物学、细胞生物学等。

（4）推荐院校

南京大学、武汉大学、上海交通大学、中山大学、中国农业大学、南京农业大学、华中农业大学、东北林业大学、华南农业大学、北京师范大学、东北师范大学、湖南师范大学、华中科技大学、中国科学院大学、中国科学技术大学、浙江大学、四川大学等。

一般，生物技术以综合类、师范类、农林类院校为首选；生物工程以理工类院校为首选，综合类和农林类院校也是很好的选择。

另外，一些中外合作办学的大学也比较好，如西交利物浦大学、昆山杜克大学。有出国留学规划的学生也可以选择这类高校。

（5）报考建议

生物工程和生物技术两个专业紧密联系又互相交叉，但还是有本质区别的。大家在选择专业的时候一定要注意区分，到底是要选择理学类还是选择工学类专业，毕竟两个专业就业方向是有所差别的。另外，还有生物科学、生物制药、生物医学等专业也要注意区分。

如果要选择该类专业，一定要注意身体要求，《普通高等学校招生体检工作指导意见》中明确规定，色弱不能录取生物科学类，生物工程专业；一眼失明另一眼矫正到 4.8、镜片度数大于 400 度的，不宜就读生物科学专业等。

特别提醒女生，如果想要就读该类专业，除兴趣、成绩以外，将来的就业还是要慎重考虑。因为该类专业以及相关行业的特殊性，很多单位招聘时对男女可能会有一定要求，男生本身就业也较困难，对女生来说对口的就业机会更少了。

如果确实对生物、医药非常感兴趣，在选择生物类专业的同时，也要做好考研深造的准备。此外，由于开设此类专业的院校比较多，每个院系的办学特色和院校实力也不尽相同，学生可以根据自己将来的升学规划和职业规划进行择校。

5　生物制药 VS 制药工程 ✏️

生物制药与制药工程两个专业的名字非常相似，都有制药两个字，很容易混淆，其实它们的学习方向、培养目的和就业方向等都有所不同，所研究的方向也是不同的。

在选择专业时一定要弄清楚专业的具体内容，确定自己到底想要的是什么专业，千万别选错。

（1）专业介绍

生物制药属于工学门类，是生物工程类下设专业。主要研究生物化学、生物技术、制药技术等方面的基本知识和技能，进行生物药物的分析、研究、实验、生产、检验等，即综合利用微生物学、化学、生物化学、生物技术、药学等科学的原理和方法制造除预防、治疗和诊断的生物医药品。

制药工程属于工学门类，是化工与制药类下设专业。它是一个化学、药学（中药学）和工程学交叉的工科类专业，主要解决药品生产过程中的工程技术问题、药品生产质量管理规范问题等，包括新工艺、新设备等方面研究、开发、设计、质量控制及优化等。

生物制药侧重生物医药品，例如疫苗、胰岛素等；制药工程在于化学制药工程，侧重运用化学工艺制造生产出药品。两个专业都适合数理化科目基础较好、实践动手能力较强的考生报考。

（2）主要课程

生物制药：生物化学及生物化学实验、分子生物学及分子生物学实验、药理学及药理学实验、药剂学及药剂学实验、生物技术制药、生物制药工艺学、发酵工程、药品与生物制品检验等。

制药工程：有机化学、生物化学、物理化学、化工原理、制药工程、药物合成反应、药物化学、药理学、药剂学、天然药物化学、应用光谱解析、制药工艺学、药用高分子材料、制药分离工程、药物分析、制药装备与车间设计、药事管理学、药品营销等，部分中药制药学科还包括药用植物学、中药学、方剂学、中药化学、中药药剂学、中药制剂分析、中药药理学。部分农药制药工程学科要学习植物学和农药学。

（3）发展前景

就业：

两个专业的就业前景和方向有所不同，随着国内生物制药业和医药产业的发展，两个专业在近年的发展前景都比较不错。但该行业的就业现状是，本科学历就业竞争激烈，高端人才缺口很大。

生物制药：毕业生可以到生物药物生产经营企业、生物药物研制与开发单位、药检所及药政管理部门、各类生物工程公司等从事生物药物的资源开发、产品研制、生产、技术管理、质量控制等工作，也可从事化学药品的生产、营销和检验等。

制药工程：毕业后可到制药工程（或医药生物技术）领域相关的生产企业、营销企业、科研院所、药品监督管理部门等企事业单位从事药品生产、管理、营销、检验监督和研发等工作。

▌升学：

由于这两个专业的行业都更偏向高学历人才，选择继续升学才是最佳的途径，既可以选择在国内继续读研读博，也可以选择出国留学。在研究生或博士毕业后还可以往科研、技术人员方向发展。

生物制药可以选择的读研方向有微生物与生化药学、制药工程、生物学、中药学、生物化学与分子生物学、微生物学等。

制药工程可以选择的读研方向有药物化学、药学、化学工程与技术、中药学等。

（4）推荐院校

生物制药：中国药科大学、华中科技大学、武汉大学、苏州大学、暨南大学、南方医科大学、温州医科大学、吉林大学、沈阳药科大学、兰州大学、天津医科大学、南京中医药大学等。

制药工程：中国药科大学、四川大学、天津大学、华东理工大学、北京化工大学、华南理工大学、南京工业大学、浙江大学、中南大学、江南大学、郑州大学、西安交通大学、重庆大学、山东大学等。

（5）报考建议

生物制药和制药工程虽然都和制药相关，但是它们的研究方向、培养目的都不一样，选择专业的时候一定要注意区分。

选择这两个专业，要注意身体要求，《普通高等学校招生体检工作指导意见》中明确规定，色弱不能录取生物工程、化工与制药类专业；任何一眼矫正到4.8、镜片度数大于800度的，不宜就读生物工程、化工与制药类专业等。

最后提醒考生，要确定自己对生物化学、生物制药、医药非常感兴趣再选择该类专业。同时，一定要对专业了解清楚，做好考研深造的打算。

6 物理学 VS 应用物理学 ✐

物理学作为一门基础学科，在我国教育中一直处于核心地位，小到日常生活无处不在，大到国防科技、工业发展都和物理有着密切关联。

在高考选择专业时有很多考生去关注物理学，会发现有两个名字十分接近的专业：物理学和应用物理学。对于这两个专业没有充分了解过就会很迷茫，不知道区别在哪、该怎么选择。其实这两个专业都属于物理学类，只是部分侧重点不同，对物理感兴趣的考生都可以选择。

（1）专业介绍

物理学属于理学门类，是物理学类下设专业，基本学制 4 年，毕业后授予理学学士学位。该专业主要培养学生学习物质运动的基本规律，接受运用物理知识和方法进行科学研究和技术开发训练，获得基础研究或应用基础研究的初步训练，具备良好的科学素养和一定的科学研究与应用开发能力。毕业后学生更加适合科研、教学、各种相关领域技术等方向。

应用物理学属于理学门类，是物理学类下设专业，基本学制 4 年，毕业后授予理学或工学学士学位。该专业主要培养学生学习物理学的基本理论与方法，具有良好的数学基础和实验技能，受到应用基础研究、应用研究和技术开发以及工程技术的初步训练，具有良好的科学素养，适应高新技术发展的需要，具有较强的知识更新能力和较广泛的科学适应能力。毕业生适合去企业从事技术研发以及科研机构等从事科学研究等工作。

总之，物理学和应用物理学的差别不是很多，物理学毕业以后是理学学位，应用物理学是理学学位或工学学位。如果学校颁发的是工学学位，那么课程设置会更侧重应用性，掌握的技能都是更加实用的，比如计算机光纤通信、电子技术等都是这些现在特别热门的技能。物理学更偏理论一些，应用物理学对于应用实践、动手能力的培养更多一些。

（2）主要课程

物理学：高等数学、力学、热学、光学、电磁学、原子物理学、数学物理方法、理论力学、热力学与统计物理、电动力学、量子力学、固体物理学、结构和物性、计算物理学入门等。

应用物理学：高等数学（或数学分析）、线性代数（或高等代数）、概率论与数理统计、普通物理学（包括力学、热学、光学、电磁学、原子物理学）、理论物理类（包括理论力学、电动力学、热力学与统计力学、量子力学）、数学物理方法、电子技术（包括模拟电子技术、数字电子技术）、固体物理学、普通物理实验、近代物理实验、激光物理、C 语言等。

　　总之，物理学和应用物理学都是以物理为基础学习基本物理课程，物理学对于物理课程的学习更加单一和深入一些，更加适合教学。应用物理学会在物理的基础上学习很多电子信息和计算机相关课程，比如电子技术、C 语言等进行交叉融合，更加适合应用实践和技术研发。

（3）发展前景

▌ 就业：

　　物理学和应用物理学就业方向区别不大，二者就业本质有着相同之处。如果进行区分就是物理学尤其物理学（师范）更加适合教学方向，往教育路线发展更为匹配，但是学习物理学的同学依然可以选择电子信息或者计算机等物理有关方向进行就业，物理学是典型的基础学科，基础打好后与物理相关专业都可以选择成为发展方向。应用物理学更加适合工作、技术研发，因为会提前接触到很多其他专业的知识与技能，对于就业岗位的选择会更加广泛，可以去电子技术、新能源、计算机软件、互联网等物理相关的企业进行发展。

▌ 升学：

　　在考研方向两个专业有很多共同方向，比如，物理学、凝聚态物理、光学等，物理学考研也可以选择学科教学（物理），以后从事物理教师等职业，应用物理学也非常适合光学工程这种工学方向或者选择一些计算机、电子信息等相关专业方向更加具备优势。

（4）推荐院校

　　物理学：北京大学、中国科学技术大学、清华大学、复旦大学、上海交通大学、南京大学、南开大学、吉林大学、浙江大学、武汉大学、华中科技大学、中山大学。

　　应用物理学：北京大学、中国科学技术大学、清华大学、复旦大学、上海交通大学、南京大学、南开大学、吉林大学、浙江大学、武汉大学、华中科技大学、中山大学。

　　一般物理学和应用物理学的院校实力情况基本一致，学生可以参考自身发展方向选择院校。如果有升学打算，可以优先考虑"985 工程""211 工程"等院校。如果没有升学打算，则根据就业方向优先选择院校类型和地区，比如物理教师可以优选师范类院校物理学，从事物理相关工作。此外，有很多工科院校的应用物理学实践能力相对较强，具体根据学生分数与院校情况来综合考虑。

（5）报考建议

物理学和应用物理学习难度较高，因此建议高智商学霸报考。由于基础学科的学习过程会比较枯燥，坚持下来有一定难度，只有热爱物理学科才能真正学好该专业，动手能力比较强、逻辑能力好则能在学习上更具优势。

对于学习兴趣不太明显，没有明确专业目标的学生也可以考虑物理学或应用物理学。如果学生选择专业很迷茫，又不想荒废青春，可以选择物理学这类学习难度稍微高一点的基础专业。如果能把基础打牢，无论是往其他物理相关专业升学还是去其他行业就业都会事半功倍。

7 新闻学 VS 传播学 ✏️

这两个专业是文理兼招的专业，报考热度很高。在大多数人看来，新闻学和传播学一向是捆绑出现，不分彼此的。事实上，新闻传播学是学科大类，新闻学和传播学是其下设的不同专业。那么这两个专业很多学生和家长容易混淆，它们到底有什么区别呢？

（1）专业介绍

新闻学，以人类社会客观存在的新闻现象作为研究对象，研究的重点是新闻事业和人类社会的关系，包含新闻理论、新闻史和新闻业务等。

传播学，研究人类一切传播行为和传播过程发生、发展的规律以及传播与人和社会的关系的学问，研究社会信息系统及其运行规律的科学。

实质上，传播学与新闻学是相互交叉、相互渗透的关系。在研究范围上，新闻学是传播学研究的一部分。在如今的媒介环境已经发生变化的情况下，二者的粗略区别是：新闻学所关注的是新闻信息的采集、生产和传播；传播学要研究的是人类社会信息系统及其运行，所涵盖的范围更广泛。

（2）主要课程

新闻学：新闻学概论、中国新闻事业史、外国新闻事业、新闻采访与写作、新闻编辑与评论、马列新闻论著选读、中国历代文学作品选读、大众传播学、新闻法规与新闻职业道德、新闻摄影、广播电视学、新闻事业管理、广告学与公共关系学等。

传播学：新闻学概论、传播学概论、传播研究方法、市场营销学、网络传播、网络新闻传播原理与应用、新闻媒体与信息技术、视觉传播、公共信息写作、媒体技术应用与发展、移动通信技术与发展、宽带技术应用与发展、社会信息化建设等。

在本科阶段，这两个专业的课程设置上的差别不大，毕业生在职业选择上重合度较高。除了上述专业课程以外，学生可以根据自己的特点选择一两个方向加强学习。比如有志从事财经类新闻报道的，需要学习经济学相关知识；对体育报道感兴趣的，需要了解各种体育赛事的相关知识。

（3）发展前景

▍就业：

新闻学毕业生多在传统媒体，如报纸、杂志、广播、电视等单位工作，一般从事记者、编辑等工作，还可以在出版社、企事业单位的宣传部门做新闻采编撰写、新闻舆论、网络舆情分析等工作。

需要注意的是，传统媒体招聘的岗位不多，但是规模大、工作稳定性高，在招聘时普遍要求研究生学历。

传播学相较于新闻学，门路相对更宽一些。毕业生既可以在传统媒体工作，也可以到新媒体、广告公司、媒介研究公司、影视制品公司等从事媒体管理与运营工作，发展空间大，对学历要求偏低，竞争压力大。因此，在新媒体领域中，对求职者的多元化能力要求高，比如不仅要求会写作，还要求掌握修图、作图、视频剪辑、数据分析等工作。

如果可以凭借外语优势进入驻外或涉外媒体单位从事新闻传播和文化交流工作，也是很好的选择。

▍升学：

从课程设置的角度讲，这两个专业在本科期间学习内容浅显，涉猎范围很广，对深读探索少，建议学生通过升学给自己充电。

从就业角度讲，去一些自媒体和小企业就业，本科学历就已经足够。但是知名媒体入职门槛高，对于应聘者学历要求都是研究生，读研可以获得更多的就业机会。

新闻学读研方向主要有新闻与传播、新闻学、新闻传播学和传播学。

传播学读研方向主要有新闻与传播、新闻传播学、传播学和公共管理。

（4）推荐院校

中国人民大学、中国传媒大学、复旦大学、华中科技大学、清华大学、浙江大学、上海交通大学、武汉大学、暨南大学、北京大学、北京师范大学、华东师范大学、上海大学、南京大学、南京师范大学、浙江大学、厦门大学、四川大学、中山大学、深圳大学。

（5）报考建议

新闻传播类专业适合对社会具备好奇心，具有理论思辨能力、灵活的头脑、较高的政治敏感度和洞察力，以及较好的文字表达能力的学生报考。

从就业层面来看，新闻传播类的毕业生大多从事媒体工作。媒体行业对从业者的工作能力、经验有较高的要求，包括团队合作精神、负责任的态度、有效沟通的能力等。

值得提醒的是，真实的媒体工作并不像人们想象中的那么光鲜亮丽，从业人员每天要时刻紧跟新闻大事件的发生，确保新闻的时效性，还要有政治敏感度。由此看来，如果想报考新闻传播类专业，并打算日后从事媒体工作的学生，要具备较强的心理素质，以便克服工作中面临的压力。

新闻传播类专业开设院校多，每个学校培养侧重点不同，报考时需多了解。例如复旦大学重实践，综合实力较强；中国人民大学注重理论，人文功底深厚；中国政法大学侧重法制新闻记者；中国传媒大学侧重广播新闻节目、电视新闻节目制作等。报考时还要注意大类招生，最好弄清所报院校的大类中包含哪些具体专业，再进行选择。

此外，新闻行业中的圈子、地域都是很重要的资源。对于自身没有资源的普通毕业生，学校地域带来的资源就很关键了。因此，选择北上广的院校是比较好的选择，因为资讯发达、信息传播较快，地域优势明显，学生可以在求职过程中获得更多的机会。

8 行政管理 VS 公共事业管理 ✐

公共管理类的专业文理兼收，一般都是院校收分垫底的专业，但考编时有一定数量的岗位可以选择。因此，在报考时深受考生和家长的喜爱，其中最常见的就是行政管理和公共事业管理两个专业。这二者虽然关联性很强，但也有一些区别，很多学生和家长容易忽视。

（1）专业介绍

行政管理：政府机关运用依法获授的国家公共行政权力，并在法律原则规定的范围内运用行政裁量权，以行政效率和社会效率为基本考量标准，处理公共行政事务的过程和活动。

公共事业管理：指公共事业组织在一定环境和条件下，动员和运用有效资源，采取计划、组织、领导和控制等方式对公共事业组织内部提供准公共物品的活动进行管理，提高活动效率，并进而保证社会公共利益实现的过程。

简单来讲，如果把整个管理学比喻成一棵大树，公共管理就是树上的一条枝，而行政管理和公共事业管理则是公共管理这条枝上的两个分枝，但二者侧重点不同。

行政管理侧重为政府输送专门的管理人才，内部实行等级制，上下级之间是领导与被领导的关系。

公共事业管理则注重为企事业单位培养为公众利益服务的专业人才，具有非营利性、非政府性等特点，其工作绩效不能简单地用利润或效率做标准，必须用服务的数量、质量、满足社会需求的程度等多种尺度做标准。

（2）主要课程

行政管理：行政管理学、市政学、社会学、行政领导与决策、人力资源开发与管理、组织行为学、西方经济学、行政法学、社会调查与统计、公共政策分析、国家公务员制度概论等。

公共事业管理：管理学原理、管理心理学、人力资源开发与管理、管理经济学、公共关系、公共财务、管理定量分析、应用统计、管理信息系统、管理文秘、公共行政学、政治学原理、西方经济学等。

（3）发展前景

▌就业：

公共事业管理专业毕业生的就业去向大致有两类：一是在文教、体育、卫生、老年事业、社会保险等公共部门从事行政和人事管理工作；二是在咨询公司，为政府部门、公司企业及其他公共部门从事管理咨询。

如果打算读研考博，二者都可以选择到高校工作，待遇相对稳定，工作环境也比较舒适；如果选择在企业工作，则可以做人事专员、行政专员等。

需要提醒的是，无论政府还是企事业单位都离不开管理类专业，但行政岗往往没有很明晰的工作范围，除非升任到中层领导。一般毕业生在很多单位行政岗往往从小助理开始做起，工作性质比较特殊，可替代性较强。随着年龄的增长，如果不升任管理岗，未来发展会比较尴尬，学生的心理要有预期。

▌升学：

这两个专业的研究生含金量不是很高，但如果想去高校工作，至少需要研究生学历。如果想考取编制，也可以通过读研来增加可报考的岗位，降低竞争压力。如果想去企业做行政工作，那本科学历就足够了。

行政管理考研方向主要有行政管理、公共管理、法律（非法学）。公共事业管理考研方向主要有行政管理、公共管理、法律（非法学）、社会医学与卫生事业管理。

如果对于这些专业都不感兴趣，可以选择跨专业考研，如考经济学、财务管理等方向，将来就业的实用性更强。但是跨专业考研，难度比较大，大家要结合自己的情况来规划。要注意的是，公共事业管理专业硕士需要考数学，而行政管理一般不考数学，有个别学校可能会有例外要求。

（4）推荐院校

中国人民大学、清华大学、北京大学、南京农业大学、浙江大学、武汉大学、中山大学、北京航空航天大学、北京师范大学、复旦大学、上海交通大学、华中科技大学、四川大学、西安交通大学。

（5）报考建议

如果分数足够高，则不建议优先报考这两个专业。因为这两个专业性不强，就业没有明显优势。如果学生对薪资待遇有较高需求，也建议尽可能规避这两个专业。

如果学生有读研打算，但是数学成绩不好，那么这两个专业是可以关注的，毕竟这两者考研难度相比其他专业更低一些。

如果报考时二者都想选择，那么可以优先选择行政管理专业。由于两个专业的相关岗位在一线城市的工作机会更多，择校时也可以更多考虑一线城市的院校。

9　基础医学 VS 预防医学

提到医学，报考热度比较高的有临床和口腔，而基础医学和预防医学专业是大家比较陌生的。但是为了实现当医生的梦想，在报考时，很多考生还是会选择这两个专业。这两个专业有什么区别？值不值得报考呢？

（1）专业介绍

基础医学，属于基础学科，研究人的生命和疾病现象的本质及其规律。基础医学是现代医疗发展的基石，是医学发展过程中非常重要的一环，在背后默默地付出，所以不被人们看到。

预防医学，是在疾病未发生之时进行干预和调节的学科，以人群为研究对象，以预防为主要思想指导，运用现代医学知识研究环境对健康影响的规律，制定预防人类疾病发生的措施。总之，基础医学更加重视医学基础课和实验技能的学习，要做大量的实验，侧重实验研究。该专业不能报考执业医师资格证，转临床的机会很小，而预防医学则可以考执业医师资格证。

（2）主要课程

基础医学：人体解剖学、组织胚胎学、细胞生物学、生理学、神经生理学、生物化学与分子生物学、医学遗传学、微生物学与免疫学、病理学、药理学、临床医学。

预防医学：流行病学、卫生统计学、人体解剖学、生物化学、生理学、病理学、病理生理学、人体寄生虫学、医学微生物学、免疫学、药理学、卫生化学、毒理学、诊断学。

（3）发展前景

就业：

基础医学就业面比较窄，毕业生可以选择去医疗检验公司或生物科技公司做技术员，也可以从事医药代表的工作。后者的学历要求不高，但需要学生能接受销售的工作性质。

相较于基础医学，预防医学就业面要宽泛一些，除了进入医药企业从事医药代表、临床检察员、医学联络官等岗位，也可以进入社区卫生部门或疾控中心工作。虽然我国相关部门发展缓慢，但随着医疗制度改革力度不断加大和社区医疗逐步普及，行业发展正在逐渐改善。此外，学生也可以进入医院的营养科、院感科这类不需要开处方的辅助科室工作。

考试能力强的学生可以考公务员，招收这两个专业的岗位数量都不是很多，竞争压力很大，但胜在就业稳定，福利待遇很好。

如果学生能读到博士毕业，还可以去高等医学院校做老师或到医学科研机构搞科研，不过这类工作的科研压力比较大。其中预防医学专业可以考虑进行环境卫生等边缘科学的研究，如艾滋病预防研究，会比从事地方病、流行病研究更容易有科研成果和发展前途。

升学：

这两个专业目前本科生就业率普遍不高，且行业门槛比较高，不少毕业生选择继续深造或者跨专业考研。

基础医学考研方向主要有基础医学、病理学与病理生理学、神经生物学、免疫学和内科学。

预防医学考研方向主要有流行病与卫生统计学、公共卫生、劳动卫生与环境卫生学、公共卫生与预防医学、营养与食品卫生学。

（4）推荐院校

基础医学：北京大学、复旦大学、上海交通大学、浙江大学、中山大学、天津医科大学、苏州大学、南京医科大学、山东大学、华中科技大学、中南大学、四川大学、南方医科大学、首都医科大学、中国医科大学。

预防医学：南京医科大学、华中科技大学、北京大学、哈尔滨医科大学、中山大学、首都医科大学、南方医科大学、海军军医大学、空军军医大学、中国医科大学、天津医科大学、山东大学、吉林大学。

（5）报考建议

无论是基础医学，还是预防医学，都不建议低分段的考生选择。随着医学门槛越来越高，很多用人单位注重院校的出身。预防医学是疫情带火的专业，在近几年有很多院校扩招，但教学质量参差不齐，在报考时尽量选择医科类大学。

如果喜欢做实验和科研，可以优先选择基础医学，因为国家自然科学基金更偏向基础医学；预防医学想走科研路线拿课题的难度比基础医学大很多。

报考基础医学就要做好读博的准备，因为想要拿到待遇好又体面的工作至少博士起步。选择报考强基计划是非常不错的选择，本硕博连读，无须再考研，如复旦大学、浙江大学、中山大学、华中科技大学等。

学习临床医学，将来可以转做基础医学，但是本科选择了基础医学，转入临床医学的机会很小。所以，报考的时候，稳专业，不要冲院校，避免被调剂。

最后想强调的是，学生如果想选择学医，就要有终身学习的准备，无论学习还是工作，都要提高自身工作知识水平，综合发展。

10　金融数学 VS 金融工程

在报考时，很多考生和家长容易混淆金融数学和金融工程这两个专业，下面为大家详细地介绍一下两者的区别。

（1）专业介绍

金融学是以融通货币和货币资金的经济活动为研究对象，具体研究个人、机构、政府如何获取、支出以及管理资金及其他金融资产的学科专业，主要围绕金融市场的均衡与有价证券定价的数学理论进行深入剖析，建立适合国情的数学模型，对理论研究结果进行仿真计算，对实际数据进行计量经济分析研究，为实际金融部门提供较深入的技术分析咨询。

金融工程中的"工程"二字代表应用性很强，是一门综合了金融学、数学和计算机科学的交叉学科。该专业的研究方向较金融学更细、更专，指一切利用工程化手段来解决金融问题的技术开发，培养金融界的技术工作者，负责衍生品定价模型的建立和应用、模型验证、程序开发和风险管理。

简单来讲，金融数学侧重算法模型，金融工程侧重技术应用。

（2）主要课程

金融数学：数学分析、高等代数、解析几何、微分、概率论、数理统计、应用统计、多元统计分析、运筹学、数值分析、复变函数、实变函数、数学建模与数学实验、西方经济学、货币银行学、计量经济学、会计学、金融工程学、保险学、金融数学、计算机基础等。

金融工程：政治经济学、微观经济学、宏观经济学、计量经济学、货币银行学、金融经济学、金融市场学、证券投资学、衍生金融工具、固定收益证券、公司金融、金融工程学、金融会计、随机过程、时间序列分析等。

从课程设置看金融数学更特殊，金融经济管理课程较少，增加了大量数学类课程，以数学为工具，强调数学在金融行业中的应用，比金融工程更高。

如果你数学天赋高，就选金融数学；如果你更喜欢计算机，就选金融工程。

（3）发展前景

▌ **就业：**

金融数学和金融工程很像，所以就业方向也相似，毕业后主要进入商业银行、证券公司、保险公司、投资公司等各大金融机构、大型企业和政府部门，从事这些企事业单位对金融产品设计开发、投资和风险管理的相关工作，也可以进入跨国公司、金融机构和高等院校从事财务管理、教学和科研工作。

其中投资公司，如信托投资公司、金融投资控股公司、大型企业财务公司的岗位一般是以风险管理为基础，存在一定的风险因素。因此，它们对人才选拔的起点较高，通常情况下仅招收名校的硕士研究生。

学生如果想进入上市公司或者准备上市的公司的证券部、财务部、证券事务代表、董事会秘书处等部门工作，那么需要加强对财务、产业分析能力的培养。如果有全程参与 IPO 筹备工作的经历，会对未来的职业生涯更加有益。

此外，学生也可以进入金融业监督管理机构，如央行、国家金融监督管理总局工作。进入这类监管部门难度较大，需要学生有一定的经济理论支撑及专业的管理水平，这类机构也是很多金融研究生们的首选。

追求稳定的学生也可以选择考公务员，财政、审计、海关等部门每年都会招收相关专业的学生。

▌ **升学：**

金融类专业本科学历就能考公务员，但如果要在投资公司工作，学历要求很高，研究生是门槛，建议学生考研来增加就业竞争力，但金融专业硕士学费相对较贵，特别是专硕，需要一定的财力支持。

金融工程考研方向主要有金融学、应用经济学和工商管理。

金融数学考研方向主要有工商管理、公共管理和金融学。

（4）推荐院校

金融数学：北京大学、北京师范大学、对外经济贸易大学、吉林大学、天津大学、西南财经大学、东北财经大学、南方科技大学、重庆大学、苏州大学、中南财经政法大学、南昌大学、广东金融学院。

金融工程：中国人民大学、中央财经大学、南开大学、南京大学、华中科技大学、对外经济贸易大学、中南财经政法大学、武汉大学、厦门大学、合肥工业大学、山东大学、西安交通大学、上海财经大学、东北财经大学。

（5）报考建议

金融类专业入门容易，深入难，做精做透更难，所以要做好经常受挫、终身学习的准备。但是谨记，如果数学不好，不要选择金融数学，因为数学系的课不是努力就能学会的学科。

想进顶级投行工作，除了名牌院校的履历和丰富的实习经历，ACCA（特许公认会计师公会）/CFA(特许金融师)/FRM（金融风险管理师）等高含金量的证书也是必不可少的。

报考这类专业尽量选择名校，现在金融行业都有名校情结，如两财一贸等，因为这些学校已经在企业心目中树立了良好口碑，认可度较高。高分段的考生，可以大胆选择这类专业，如果分数没有优势，还想学金融类专业，可以考虑上海立信会计金融学院等行业内认可度高的院校。

地域也是一个重要因素，例如上海，是国际金融的中心，金融人才集中，就业机会比较多，所以尽量选择一线城市来读书和工作。

九、望文生义的专业

在每年高考志愿填报中，都会有很多不认真细心的考生在报考专业时出现一些追悔莫及的问题，"望文生义"就是其中一个。

很多考生在填报志愿时特别关注分数和院校，对于专业选择上没有花费过多时间，仅根据专业名称判断专业的学习方向和就业方向，但是在众多专业之中会有一些专业实际培养内容与大家想象的培养方向差距很大。如果这些专业你没有过多了解，单从名字判断很容易掉进"坑"中。

1 保险学 ✏️

（1）专业介绍

现在很多人对于保险行业都戴着有色眼镜去看待，觉得去大学学习保险学出来是不是就到社会上卖保险，每天打各种各样的推销电话。

其实保险学专业是金融学类下设的一个专业，培养的都是保险行业高精尖人才，主要研究经济学、金融学、保险学、数学、统计学、金融投资等方面的基本知识和技能，比如保险精算师会涉及很多险种的设计、保费的定制、保险理赔等多个细节。

该专业主要应用在保险领域，适应保险现代化、国际化的发展需求，能够进行商业性保险业务的咨询、营销与管理、社会保险基金的运作、保险行业的监管等。

目前，我国群众对于保险的接受度和认知程度逐渐提升，人们生活逐渐富裕起来，对于各种保障越来越重视，保险学专业也随之火热，就业前景一片光明。

（2）主要课程

微观经济学、宏观经济学、国际经济学、货币银行学、金融市场学、计量经济学、会计学、统计学、财政学、管理学、保险学、经济法、保险公司经营管理、保险学原理、保险精算、财产保险原理与实务、人寿保险原理与实务社会保险、人寿与健康保险、财产和责任保险、保险公司财务管理、利息理论、寿险精算、非寿险精算、公司金融等。

（3）发展前景

┃ 就业：

从发展前景来看，我国的保险行业未来的市场有很大的发挥空间。很多发达国家投保率高达 80% 左右，我国保险投保率还远达不到这个标准，所以保险行业拥有巨大潜力。随着我国居民对保险的认知程度慢慢加深，各种商业保险也逐渐被大家接受认可。因此，一直被誉为金融界三大支柱之一的保险行业未来可期。

保险方向是该专业毕业生最对口的行业，如果学生出身名牌大学或者学历和能力都比较有竞争力，那么可以往保险精算师、风险管理与保险研究等高门槛岗位发展。这些岗位具备挑战性，有一定难度，但薪资待遇是非常丰厚的。自身实力或竞争力相对不足的毕业生在保险行业也有一席之地，可以从出单岗、内勤岗、电销岗等基础岗位做起积累经验。保险学专业出身可以让学生在职位晋升方面具有优势，如果运气好能到管理岗或者各大保险公司总部就职，那么薪资待遇会比较可观，比如知名的人寿保险、太平洋保险、平安保险等。

除学习各种保险险种等相关知识以外，该专业学生对经济和金融也有所涉猎，每年也会有很多毕业生去银行、证券公司、信托投资金融机构从事相关工作。此外，毕业生也可以往各种监管部门发展，比如银行监管部门、保险监管机构；往财会、审计、税务等方向发展或者考公务员去相关政府部门也都是很好的选择。

总之，学习保险学未来找工作绝非难事，尤其是在保险行业，各大保险企业的岗位非常多，只要你有真才实学必然会得到一份不错的工作。当然想要找到一份高薪工作，就需要学生在本科就读期间尽可能增加自身实力。

┃ 升学：

保险学专业考研方向比较多，未来打算从事保险精算、险种设计等相关工作可以继续考虑保险方向，加强专业知识和科研能力。如果选择工商管理等方向，以后从事保险以及其他行业管理等岗位也可以明显提高竞争力。金融学和经济学方向则对以后进入金融机构有一定优势和帮助。

（4）推荐院校

北京大学、中央财经大学、上海财经大学、对外经济贸易大学、南开大学、复旦大学、中国人民大学、南京大学、武汉大学、厦门大学、西南财经大学、东北财经大学。

（5）报考建议

想要学好保险学专业有一定难度，尤其是想往保险精算方向发展，数学成绩一定要好，后续学习和升学都与数学关联极高。保险精算方向非常看重院校、学历以及能力，不少保险精算师相关岗位会有"985工程""211工程"院校的硕士学历等门槛。

数学成绩一般或学历、院校层次达不到要求可以考虑保险管理等方向，这一方向对学历和院校要求相对较低，能通过在一线基层岗位锻炼积累经验进行晋升，适合性格外向、情商较高、喜欢和人打交道的考生报考。

不管选择什么保险学方向，整体保险行业竞争较激烈，压力较大，报考前要做好心理准备。

2 产品设计 ✎

（1）专业介绍

产品设计专业属于艺术学门类设计学类专业，设计的是实体产品。由于该专业是只有美术生能报考的艺术类专业，不少学生看到"产品设计"这几个字时会觉得就是普通的设计专业，对产品的外观进行设计，但事实上这个专业更偏向工科，光有审美是不够的，还需要画工图、学习3D软件，了解产品的结构、性能等，远远没有想象得那么简单。

产品设计是个非常系统性的专业，包含整个设计流程，从对产品前期的调研、用户市场分析，到确定产品定位与造型，最后利用计算机辅助工具（包括3D建模软件和平面设计软件）表达产品，整个流程极为繁杂与漫长，一旦中间哪个步骤无法进行下去，很有可能推翻重来。

（2）主要课程

设计素描、设计色彩、平面构成、立体构成、计算机辅助设计、思维与创意、设计概论、表现技法等。

（3）发展前景

┃ 就业：

产品设计专业的毕业生对口的岗位有旧产品的改良、汽车类外观设计、ID设计师等，但是大部分毕业生都选择转行做了平面设计师或者与本专业毫不相干的工作。

就业对口率不高的主要原因有：一是社会上对口的岗位非常少，如果你不在一线二线城市的话，更难找到对口的工作，而平面设计师的需求量很大，公司无论大小基本都需要；二是这类岗位的工资普遍低，刚毕业都是从学徒开始做起。另外，从事设计行业都有个普遍的问题，就是加班非常严重，尤其像产品设计这类岗位，加班是常态不说，设计周期还很长，一个项目从想法开始到落地少说需要几个月，多则需要数年。不仅如此，还需要考虑版权问题、巨额的开模费等，所以想在这个行业内立足并赚钱是很困难的。

但是一旦学有所成，积累了足够的经验，无论收入还是行业地位都会非常可观。因此，这就要求报考该专业的考生对设计有着无比的热爱，以及耐心和韧性。

┃ 升学：

产品设计专业是非常建议考研的，而且如果能考到一个名校如清华、中央美院等，毕业后就业面就会很广。

产品设计专业考研除了报考工业设计专业外，也可以考艺术设计、室内设计、设计基础、展示设计等。不论是哪个方向，都有手绘考试，复试的时候还需要有作品集，这是不同于其他专业考研的特点，不过这些专业都不需要考数学，对于数学不好的学生而言是个福音。

（4）推荐院校

清华大学、中国美术学院、中央美术学院、浙江大学、同济大学、江南大学、湖南大学、苏州大学、南京艺术学院。

（5）报考建议

产品设计专业虽然是美术生报考的专业，但学习内容更偏向工科，与工学里的"工业设计"专业学的课程极为相似，比如在对一件产品做前期调研时，需要对它的性能、结构、材质、工作原理等做全方面的学习和了解，这对于不少女生来说是枯燥且有难度的。

产品设计是一门非常有难度的专业，涉及的学科非常广泛，适合善于观察生活中的细节，有很强烈的创新欲望，又有足够的审美和理性思维的学生。此外，这门学科还需要学习表现技法、3D 建模软件，这就对学生的空间想象能力要求很高。

3　地球物理学 ✏️

（1）专业介绍

历年来很多填报的考生认为，地球物理学学习内容和物理学差不多。其实，地球物理学是一门主要通过定量的物理方法，研究地球以及寻找地球内部矿藏资源的综合性学科，研究范围包括地球的地壳、地幔、地核和大气层。

地球物理学是地球物理学类下设本科专业，基本学制为 4 年，毕业后授予理学学士学位。该专业主要研究勘查技术与工程、地质学、海洋科学、大气科学、大地测量学等内容，学生通过所学知识技能勘查地球矿藏等资源，是一门典型的"理工结合、以工带理、以理强工"思想的特点学科。

（2）主要课程

地球物理学（地震学、重力学、地磁学、地电学）、地球物理观测、地球物理数据处理、地球物理正反演、地球物理资料解释、地质学、电动力学、场理论、连续介质力学、信号与系统、数学物理方程、积分变换、复变函数计算机及信息处理等。

（3）发展前景

▎就业：

地球物理学毕业生就业比较一般，工作岗位和行业较少，工作环境艰苦。

该专业很多毕业生会进入油田矿藏等企业从事资源勘查、地表勘察、测井工程师等技术人员岗位，进行资源能源勘查、近地表工程勘察、地震分析预报、冶金矿产资源以及海洋国土测绘等领域的地球物理研究、管理以及环境与工程地球物理勘查、矿产与能源地球物理勘探等工作。

该专业毕业生相对较好的工作是通过考编进入国家单位，例如可以选择地震局从事地震分析预报等工作，也可以选择地质调查局或者海洋局等从事物探组长、物探工程师、海洋国土测绘等工作。

总的来说，地球物理学相对较冷，目前我国开设此专业的院校也较少，每年毕业生不多，但就业竞争压力很大。虽然地球物理学为理科专业，但学习技能和就业岗位偏工科，对比地质类等相关专业毕业生去竞争工作岗位，就业优势不明显；对比工科相关专业毕业生，理论优势会突出一些。因此，选择考研深造或者考公会更加有利，如果去相关企业就业，专业技能不如工科毕业生。

▎升学：

由于本科就业相对较冷，技能性相对工科专业有所欠缺，对于经验不足的毕业生而言，十分推荐考研深造提高院校档次和学历，来提升就业竞争力。考研方向有固体地球物理学、地质工程、地球探测与信息技术、地球物理学。

（4）推荐院校

中国科学技术大学、武汉大学、北京大学、南京大学、同济大学、中国矿业大学、中国地质大学、中国石油大学、长安大学、云南大学、防灾科技学院、河北地质大学。

（5）报考建议

地球物理学属于冷门专业，学习内容和工作岗位与地质学十分接近，需要经常和矿厂、野外、工地等"脏乱差"的环境打交道，工作情况较为艰苦。所以，考虑报考地球物理学的考生要慎重考虑它的学习性质以及工作性质，不建议女生报考该专业。

对地球物理学有一定了解并且很感兴趣的考生可以选择报考该专业，但建议做好读研深造的准备。由于目前国内开设地球物理学院校相对较少，想报考该专业的考生建议优先选择院校档次更高的学校。

由于专业就业环境和薪资待遇都不太乐观，毕业生平均工资偏低，本科毕业后需要立刻就业补贴家用的考生慎重选择。

如果大学期间不慎调剂到此专业，就业方向可以考虑往地震局或者油田、矿业发展，也可进行考公务员或事业单位的规划，或者通过考研升学选择自己喜欢的专业方向。

4 国际事务与国际关系 ✏️

（1）专业介绍

这个专业看名字非常高大上，很多学生和家长认为在全球化的背景下，这个与国际挂钩的专业肯定很有前途，可以从事国际贸易相关的各类工作。

实际上，这个专业并不是学金融或贸易相关的内容，而是隶属于政治学类。该专业虽然毕业拿的是法学学位，学习的也不是法律或国际法，而与国际政治专业学习的课程比较相似。

该专业是一个交叉性学科，课程涉及范围很广泛，贯通历史、哲学、政治、地理等学科，同时辅以经济、国际法、传播学等方面基础知识的学习。该专业主要培养有扎实的人文基础、丰富的国际社会知识和中外文化底蕴，具有世界观念和国际视野，熟练掌握一门以上流利外语，能在党政机关、企事业单位、高校和科研等部门从事与中外文化交流有关的各项工作的高素质复合型人才。

（2）主要课程

政治学原理、近现代国际关系史、外交学概论、比较政治学导论、国际政治经济、国际组织与全球治理、国际法概论、现代国际礼仪与外交礼仪等。

（3）发展前景

▌ 就业：

国际事务与国际关系专业的本科就业情况不尽如人意，从课程设置来看，专业的对口工作是进入外交部工作。

但是如果想进入外交部，需要在大四时通过外交部公务员招录考试。该专业属于考试招录职位中的英语一类，需要和全国所有院校的外交学、国际政治以及英语专业竞争同一个岗位，并且每年招录人数在 20 ~ 30 个，竞争难度非常大。在竞争中，该专业在谈判学、外事礼仪等实务技能方面的优势不如外交学，英语水平的竞争力则不如英语、高翻等专业的同学，因此竞争力并不显著，每年整个专业中可能都没有一个学生能被录取。

由于该专业属于政治学类，在公务员与事业编考试中可以选择的岗位也不算很多，考编没有明显优势。尤其是学生就业后如果再想考公务员，基本只能选择三不限岗位，需要几百人竞争一个岗位。

由于专业的课程范围比较广，学术知识也比较深厚，该专业的毕业生也可以去智库工作。工作内容主要是调研、搜集文献整理资料、做 PPT 以及撰写报告。工作对文字撰写能力、学术能力以及沟通能力的要求都比较高。智库对学历要求较高，至少要求研究生学历，并且智库的中高级研究院一般是博士或者是退休的教授。这类岗位的薪资水平不是很高，在平均线左右，加班情况取决于进入的智库和项目。

此外，该专业的学生还可以根据自己的综合能力与技能进行跨专业求职。从历年的毕业生就业情况来看，该专业的学生分散在各行各业，如企事业单位的文职岗位、传媒行业的国际新闻采编人员或记者、互联网行业的公关、运营等。简单来说，就是凭自己的本事吃饭，专业在找工作时无法有所加持。因此，需要学生在大学期间明确自己的发展方向并且尽可能多地参加比赛、社团以及实习活动来丰富自己的履历。

升学：

由于国际事务与国际关系专业的本科就业形势不好，因此很多学生都会在本科毕业时选择继续升学。

该专业本科课程会着重培养学生的外语能力，学生的外语水平经过 4 年的训练有一定优势，因此也会有 20% ~ 30% 的本科毕业生选择出国留学。

如果想在国内深造，可以选择公共管理或国际政治、国际关系专业读研读博。如果学生对国际关系相关课题非常感兴趣，想要未来从事相关领域的研究工作，就需要努力攻读博士学位争取在高校留任，教书的同时可以用高校资源与经费进行相关科研。

由于该专业研究生的对口岗位不会有明显拓展，每年都会有一部分学生会选择跨专业考研，跨专业考研难度较大，建议有这类想法的学生在大三就可以提前准备，尽早开始复习。

（4）推荐院校

中国社会科学院大学、暨南大学、北京语言大学、北京第二外国语学院、大连外国语大学、华侨大学、宁波诺丁汉大学、西交利物浦大学、云南财经大学、广西民族大学、海南热带海洋学院。

（5）报考建议

国际事务与国际关系专业对学生的文科基础水平要求较高，需要学生的政治、历史、地理以及外语知识扎实，同时善于社会交流、沟通能力强。该专业学习的内容非常广泛，对于学生的记忆力、背诵能力和理解能力的要求也比较高。

该专业就业面相对狭窄，对口工作的数量很少，并且对于学生的学历要求很高。如果你没有读研读博打算，本科毕业就想直接就业，不建议报考该专业。

另外，该专业无法在就业方面有明显优势，对口行业的总体薪资情况也不出众，想要追求高薪工作的学生也需要慎重选择。

5　农林经济管理 ✎

（1）专业介绍

近年来，随着"乡村振兴"与"共同富裕"时代的到来，农林经济管理专业热度持续上升，报考农林经济管理的学生越来越多，毕业去向更加多元化。很多考生顺应时代潮流，兴致勃勃填报了这个专业，但是大家是否真的了解农林经济管理？

农林经济管理起源于 19 世纪末，为了配合解决三农问题，在 1913 年于国立北京大学初次开设农业经济学课程，之后许多高校陆续设立农业经济系和相关课程。1998 年，教育部进行专业目录调整时，我国正式建立农林经济管理专业。

很多人认为农林经济管理是一个农学专业，其实不然。农林经济管理是一门与农业领域相关的管理学科，主要是从经济管理方面给予农业研究前进的方向，分析农林业的经济规律，制定农业政策，确定农作物种植结构和农业产业结构。例如分析种什么、养什么以及办什么样的企业，以此实现对农林生产的宏观调控与管理。在乡村振兴战略的指导下，农林经济管理专业以发展新农科为契机，加快农林经济管理专业人才供给改革，为乡村振兴培养高素质人才。

农林经济管理专业也不能简单地理解为管理学，而是至少横跨了经济学和管理学两大门类，既要分析行业主体在农业领域的选择行为，又要研究农业领域管理活动。比如怎么配置稀缺的自然与经济资源，如何利用国内外市场，如何对农业实行保护政策，如何实施农业可持续发展战略，这些都是农林经济管理所研究的领域。除此之外，还要了解怎样分析市场前景和农产品的交易，怎样获得更多的经济和社会效益等。

（2）主要课程

微观经济学、农（林）业经济学、发展经济学、土地经济学、管理学原理、农（林）业企业经营管理学、农（林）业技术经济学、农（林）产品营销学、农（林）业政策学、农（林）业概论。

（3）发展前景

▌就业：

农林经济管理专业不是应用学科，目前就业形势不是很理想。

毕业生可以进入大中型农牧企业、食品加工贸易企业、与农业和食品有关的金融投资、流通贸易、新闻传媒等单位，从事农产品国际贸易和营销的工作。这些单位除了要求毕业生对农林、食品有一定的了解以外，还要求毕业生具备与工作岗位相关的技能。如果是金融投资类工作，要求考生懂得基本金融投资的知识。

毕业生也可以通过公务员考试进入中央和地方各级政府的综合经济管理部门、农业与农村管理部门和政策调查机构从事规划与设计、推广与发展、农业经营管理、农业政策理论研究等工作。

如果学生能获得研究生、博士学历，也可以进入高校、科研院所从事经济和政策理论的研究，为政府部门提供建议，但这类岗位对学生的院校层次、发表的论文水平和项目经验都有较高要求。

▌升学：

虽然专业就业情况不理想，但从学术角度来讲，有一定的发展前景。因为林业经济管理是很边缘的学科，很少有人研究，申请科研项目相对容易。同时这个专业研究生报考热度小，竞争压力没那么大。该专业主要的考研方向有农村与区域发展、农业经济管理、工商管理、会计等。

（4）推荐院校

南京农业大学、浙江大学、华中农业大学、中国人民大学、中国农业大学、华南农业大学、西北农林科技大学、北京林业大学、东北农业大学、东北林业大学、西南大学。

（5）报考建议

农林经济管理是一个交叉学科，一方面，多学科性使得毕业生知识面广、涉猎领域多，就业面和就业机会相应地有所增加。另一方面，管理类毕业生较多，所修课程同质化较大且不精深，相较于农学、管理学、经济学学生而言，该专业水平不高，没有太大竞争优势。这就需要找准自己的兴趣所在，在某个领域多下功夫。

在大学期间，在注重理论的同时，更要与实践相结合，社会实践与论文写作是绝大多数高校要求的必修课。通过农村实地调研和社会实践，锻炼学生的数据收集和实践能力。所以，这个专业要动静结合，相对比较辛苦。

如果想报考该专业，要规划好将来的走向，开设这一专业的院校有两类。培养的侧重点不同：一类是农林类院校，另一类是经济管理学科比较好的综合类院校。农林类院校更加注重对农林问题的处理，而综合类院校对学生经济、管理基础知识有比较高的要求。

将来想考编制但成绩一般的学生，可以考虑这个专业。因为该专业收分较低，可以捡漏。如果想学经济学，但是财经类院校的分数太高，也可以考虑退而求其次，因为该专业在读研时也能报考经济学方向。

6 生物医学工程 ✏️

（1）专业介绍

生物医学工程专业名字与学习内容差距很大，既与医学类无关，也不属于生物类专业。令人意想不到的是，该专业是个不折不扣的工科专业，毕业后授予工学学士。

这是一门新兴的边缘学科，综合了工程学、物理学、生物学和医学的理论和方法，在各层次上研究人体系统的状态变化，并运用工程技术手段去控制这类变化，其目的是解决医学中的有关问题，保障人类健康，为疾病的预防、诊断、治疗和康复服务的生物医学。

该专业主要培养具备生命科学、电子技术、计算机技术及信息科学有关的基础理论知识以及医学与工程技术相结合的科学研究能力，能在生物医学工程领域、医学仪器以及其他电子技术、计算机技术、信息产业等部门从事研究、开发、教学及管理的高级工程技术人才。

（2）主要课程

模拟电子技术、数字电子技术、人体解剖学、生理学、基础生物学、生物化学、信号与系统、算法与数据结构、数据库原理、数字信号处理、EDA 技术、数字图像处理、自动控制原理、医学成像原理、生物信息学等。

（3）发展前景

| 就业：

虽然是交叉学科，但生物医学工程专业的就业面不是很广。

毕业生主要就业去向为研究机构、设备、临床工程、信息中心等相关科室、医疗器械相关企业、事业单位、政府相关管理部门等，主要从事医疗器械的维护、采购管理工作以及信息管理；或者到医疗仪器企业做研发、销售、维修；还可以到高等医学院校从事医学影像技术的教学、科研工作。

其中，该专业毕业生最偏爱的毕业去向莫过于各级医院的医学工程处、设备处、信息中心，这些大多属于事业单位，工作稳定，福利待遇好，所以竞争压力也很大。如果可以接受销售性质的工作，在医疗仪器企业做医药代表也是一个不错的去向，只要沟通能力足够强，能获得很高的提成。

| 升学：

由于生物医学工程专业是交叉学科，涉及的知识范围较广，一定程度导致广而不精，因此该专业在本科阶段的学习只是基础，而生物医学工程领域触及尖端研究，国内相关产业还不发达，所以相关行业对本科生的需求并不大。如果有在这一领域深入发展的打算，推荐各位考生考研深造。

相较于本科毕业生，研究生可选择的工作范围更大，薪资待遇也提高很多。生物医学工程的考研方向有生物医学工程、生物影像学、生物信息学、神经科学与工程、生物力学等。

（4）推荐院校

清华大学、华中科技大学、上海交通大学、东南大学、北京大学、四川大学、复旦大学、浙江大学、天津大学、首都医科大学等。

（5）报考建议

生物医学工程专业对考生的身体条件有一定要求，按照《普通高等学校招生体检工作指导意见》，患有色盲、色弱的报考者，学校可不予录取。例如，首都医科大学各专业对考生视力的要求是：眼睛的近视矫正视力不低于4.8，双眼矫正视力镜片度数差不大于200度，各眼矫正视力镜片度数不超过800度，无色盲、色弱，无斜视、弱视。因此，考生在报考时一定要看清各高校《招生章程》中的具体专业要求和身体受限情况。

除此之外，由于生物医学工程是一个非常"与时俱进"的专业，它和高新技术结合得特别紧密，每当有新技术出现，生物医学工程总会率先应用，医学的各项技术几乎可以说是各行业的顶尖技术。并且专业与国际紧密接轨，在技术引进与输出等方面生物医学工程的身影频繁出现。所以，学习生物医学工程专业的学生需要具备快速接纳吸收新知识并将其合理应用的能力，应对日新月异的变化，也要有较好的适应能力。

最后，作为典型的工科专业，擅长物理和化学科目的同学，在以后的学习过程中会比较有优势。

7 信息与计算科学 🖊

（1）专业介绍

乍一听名字，很多人会认为信息与计算科学是计算机类的专业。实际上它是一个地地道道的数学类专业，和计算机有关联，但区别非常大。

信息与计算科学专业原名"计算数学"，后更名为"计算数学及其应用软件"，1998 年最终改为现名。由此我们也可以了解到，该专业是本科理学类中数学大类下设专业，学制 4 年，毕业后授予理学学士学位。

以信息领域为背景，信息与计算科学将数学与信息、计算机管理相结合，主要研究科学及工程技术领域中数学问题的数值求解，特别是计算机数值求解的理论和算法，重点在于对计算理论和算法的研究，所以千万别和计算机专业混淆了。

实际上，信息与计算科学是借助计算机为工具的新兴的交叉学科，重点培养学生解决科学计算、软件开发和设计、信息处理与编码等实际问题的能力，要求学生打好数学基础的同时也能熟练地使用计算机。

（2）主要课程

数学分析、高等代数、解析几何、概率统计、数学模型、离散数学、模糊数学、实变函数、复变函数、微分方程、物理学、信息处理、信息编码与信息安全、现代密码学教程、计算智能、计算机科学基础、数值计算方法、数据挖掘、最优化理论、运筹学、计算机组成原理、计算机网络、计算机图形学、C/C++ 语言、

java语言、汇编语言、算法与数据结构、数据库应用技术、软件系统、操作系统等。

（3）发展前景

▍就业：

由于该专业是个交叉学科，就业非常广泛，包括数学、计算机、金融、统计等多个方向，可从事科研、教育、研发、管理等相关工作。但由于该专业属于理学类专业，理论性较强，本科就业率不是特别理想。

进入计算机行业则是这个专业毕业生的主战场。虽然计算机行业工作压力比较大，还经常加班，但薪资待遇方面很不错。因此，毕业生会选择从事软件工程师、测试工程师、大数据分析、网络管理员等岗位。

由于金融的基础是数学，也有不少同学会选择进入证券、保险和银行等单位，从事数据分析、金融软件开发测试，甚至精算等工作。

少数毕业生会选择数学研究方向，通过继续深造进入高校或者研究所进行科研工作，也有一些追求稳定的同学会考取教师资格证当一名数学老师或计算机老师，部分女生会特别偏爱这个就业方向。

▍升学：

由于目前就业竞争比较激烈，很多毕业生会选择继续读研深造，这也是提升竞争力很不错的方式。学生可以往数学、计算数学、应用数学等数学方向考研，或者往计算机科学与技术、统计学、金融数学等其他领域方向考研。

（4）推荐院校

北京大学、复旦大学、山东大学、清华大学、北京师范大学、南开大学、上海交通大学、中国科学技术大学、西安交通大学、吉林大学、哈尔滨工业大学、同济大学、华东师范大学、南京大学、浙江大学、武汉大学、中山大学、四川大学等。

全国开设信息与计算科学专业的院校较多，综合类院校、理工类院校、师范类院校、财经类院校都有开设该专业，选择的范围非常大，一般综合类和理工类院校该专业的实力相对来说比较强，也可以作为首选。

当然，近两年来也有多所高校取消了该专业，一方面是因为部分高校师资等方面达不到导致无法继续开设；另一方面也是因为该专业就业问题，作为理学类专业本科毕业就业难度较大，所以部分院校取消了该专业。所以，我们在选择大学的时候，一定要选择一所在数学方面实力较强的院校。

（5）报考建议

作为基础学科，信息与计算科学学习难度很大，理论性很强，很多时候会让人感觉到枯燥，一定要确定是不是真的喜欢且适合自己。该专业适合热爱数学、成绩具有一定优势、善于钻研的学生。

学习该专业要做好考研打算，本科毕业很难找到一份与专业相对口的工作，继续考研深造，细分专业领域，努力提高自己的专业能力和实践能力，将来的发展才会更好。

最后提醒大家，千万别被专业名字所误导，信息与计算科学和数学与应用数学一样，属于数学类专业。数学是基础，是核心，计算机只是工具，如果数学成绩没有优势，不建议报考该专业。

8 信息资源管理 ✏️

（1）专业介绍

在大数据时代下，有很多专业一直被低估，信息资源管理专业就是其中一个。因为它常被一些考生和家长误认为是一个整理信息、没什么技术含量的专业而贴上冷门专业的标签。其实该专业是契合现在信息技术应用所产生的专业，在文科考生中报考热度并不低。

信息资源一直与物质、能源并列为我们生存发展的三大支柱，基本上各个领域都离不开信息资源，比如看医生挂号问诊、图书馆的藏书、机票酒店的预订、商场货品的整理、各种会员制度的信息等。此外，战略信息资源是随着传统的图书馆学、情报学等改革而来的，也有非常重要的战略意义。

信息资源管理是管理学下的图书与档案管理类专业，是信息管理方面的一种应用理论。当前大学设置的该专业是图书馆与情报专业改称而来的，课程因现在社会发展需求而结合了很多计算机、大数据、云计算等相关知识内容，在不同种类院校下培养侧重点也会有所变化。

（2）主要课程

微观经济学、宏观经济学、计量经济学、现代商业技术、电子商务概论、信息管理基础、信息资源建设、信息资源服务、信息描述与组织、信息检索与利用、信息分析与预测、管理信息系统、数据库技术与应用、网络技术与应用等。

（3）发展前景

┃ 就业：

信息资源管理专业就业非常广泛，因为其应用场景很多，毕业生在各行各业都可以找到适合的岗位，不同侧重点的毕业生就业选择方向也会有所区别。

很多院校培养方向侧重点是图书馆学，因此该专业的常规就业方向是去图书馆的技术中心、资料中心等从事一些文档、信息、文献检索、资料查询、图书分类等工作。

互联网行业是目前该专业最火热的选择之一。因为现在互联网的业态发展是非常迅速的，很多相关企业会有 ERP 系统开发等项目。部分院校结合了计算机、大数据、云计算等内容进行教学。希望在技术领域深耕的毕业生可以选择到系统开发或者计算机软件服务公司，从事一些产品维护、信息管理、信息咨询等相关工作，就业薪资待遇较高，发展前景一片光明。值得提醒的是，大多数院校的计算机相关课程教学内容比较基础，且编程语言多为 C 语言或 C++，无法达到市场上程序员的基本编程实践水平，很多学生就业前还需要上一个编程培训班才能满足工作需求。

此外，文职类岗位如国家行政部门和企事业单位的综合办公、文件管理、档案管理、信息管理、人事管理等也是毕业生的常见去向。如果能进入政府机关或事业单位，薪资待遇和稳定性都很可观。而企事业单位的相关岗位数量较多，就业门槛相对较低，适合文科生选择。

┃ 升学：

信息资源管理专业可以通过提高学历从而提高社会就业竞争力。该专业考研难度相对较低，竞争较小，很适合考研。可选择的考研方向主要有图书馆学、情报学、档案学、图书情报等。

（4）推荐院校

南京大学、武汉大学、中国人民大学、北京大学、南开大学、华中师范大学、中山大学。

（5）报考建议

信息资源管理专业已经不像从前认为的只能去当图书管理员或档案管理员。现在已经有很多院校对该专业进行改革融合，增加了很多计算机、互联网方面的知识。专业发展前景不断上升，以后会有越来越多的领域可以用到。

专业的技术含量不算很高，就业岗位偏文职，相对比较轻松稳定，非常适合女孩子填报。因其考研难度不高，有升学规划的考生也可以关注这个专业。

需要特别注意的是，在选择院校的时候要仔细查询院校培养方向，综合类文科强校沿袭传统内容，改革不多，侧重点是图书馆学、情报学等知识着重培养；财经类院校会着重培养经济学等相关内容，更加适合去企业单位工作；理工类院校会交叉计算机网络通讯、多媒体信息技术、管理信息系统等相关课程，更加适合往互联网方向发展。

9　大数据管理与应用 🖉

（1）专业介绍

随着云计算的兴起以及互联网和智能终端电子商务的发展，我国已经进入"大智物移云"时代，数据渗透到每一个行业和业务的职能领域，大数据管理与应用正是顺应时代需求新增的专业。

很多学生和家长看到"大数据"就会理所当然地认为该专业是与计算机相关的专业。但实际上，大家常规概念中的"大数据专业"是计算机门类下的数据科学与大数据技术专业，而大数据管理与应用专业属于管理科学与工程类，授予的是管理学学士学位。

两者在知识体系结构的设计上有明显的区别。如果说数据科学专业专注于大数据技术体系本身的学习，那么大数据管理与应用专业则更注重大数据技术与行业场景的结合。尤其是与管理场景的结合，研究重点主要在数据分析上。

大数据管理与应用主要研究大数据分析理论和方法在经济管理中的应用以及大数据管理与治理方法，例如商务数据分析、商务智能、大数据金融等。

（2）主要课程

微观经济学、宏观经济学、管理学基础、运筹学、应用统计、计量经济学、商务数据分析、多元统计分析与 R 建模、时间序列分析方法、大数据基础设施、面向对象程序设计、数据库系统、数据仓库与数据挖掘、文本分析与文本挖掘、网络社会媒体营销分析、量化金融方法等。

（3）发展前景

就业：

大数据管理与应用专业市场需求大且就业领域广。领英报告表明，数据分析人才的供给指数最低，仅为0.05，属于高度稀缺人才。据中国商业联合会数据统计，未来中国基础性数据分析人才缺口将达到1400万。但由于该专业不属于计算机类专业，并非所有院校的大数据管理与应用专业都有编程相关课程，因此就业情况不如数据科学与大数据技术专业。

金融行业的商业分析师、业务分析师、咨询工程师等岗位则是该专业最为对口的岗位。这类岗位对于毕业生的学历和院校层次都有很高的要求，加班情况也比较多，薪资待遇相应地也非常可观。

到企事业单位的数据分析、商业智能等部门从事数据分析师、数据挖掘师、业务流程工程师、数据科学家、空间分析师等相关职位也是该专业毕业生的主要去向之一。其中，互联网的大中型企业如腾讯、科大讯飞、美林数据等对这类岗位的需求最多。如果学生想往互联网方向发展，需要有意识地学习和使用编程知识，并且在本科期间多参加实习。

如果毕业生不希望加班过于频繁、追求稳定也可以选择考公务员或者事业编，进入工信部、交通运输、网信办、统计局、税务局等部门从事大数据管理平台的规划与构建、大数据分析与挖掘、数据产品的创新及大数据应用系统的设计与开发等工作。但需要注意的是，公务员考试中很多与数据分析相关的岗位要求专业是计算机类，而该专业属于管理学门类，因此报考一定要看清专业规定。

升学：

该专业在本科阶段的学习比较浅显，因此更推荐继续读研。升学既可以深入学术研究，也可以保障就业。

该专业的考研方向包括大数据技术与应用软件工程、大数据分析与应用方向工程硕士等。如果对开发相关工作有兴趣，可以报考计算机方向，以后向软件研发方向发展；如果对数据分析有兴趣，则可以报考数据科学方面的专业，学好数学、统计和数据科学算法，未来在人工智能和数据挖掘方面发展成长。

（4）推荐院校

上海交通大学、哈尔滨工业大学、中央财经大学、西安交通大学、武汉大学、大连理工大学、吉林大学、天津大学、合肥工业大学、东北财经大学、北京科技大学、西安电子科技大学、大连海事大学等。

（5）报考建议

大数据管理与应用专业与数学和统计学关联性很强，适合数学成绩好，具有创新意识、实践能力和国际视野的经济管理创新的学生报考。

该专业与数据科学与大数据技术专业名字相似，但所属门类和教学内容相差甚远，报考时一定要注意区分。因该专业属于管理学门类，大多数公务员及事业编中的大数据相关岗位都无法报考，更建议追求编制的学生报考数据科学与大数据技术专业。

目前非常多的高校开设了该专业，其中不乏为蹭热点而开设该专业的院校，教学质量参差不齐。不同的院校培养侧重点也有所不同，比如财经类院校中的中央财经大学的大数据管理与应用英才班（许国志大数据英才班），侧重金融、经济、管理大数据行业；工科院校中的合肥工业大学突出信息技术与经营管理结合的特色，培养既懂管理又懂技术的复合型人才。因此，学生报考时需了解该院校的培养方向及侧重点，根据自身未来发展方向谨慎选择。

10　园艺 ✏️

（1）专业介绍

很多学生和家长看见"园艺"两个字就会以为是推草坪、修理花卉的，但这是个错误的认知。园艺隶属农学门类下的植物生产，研究的是果树、蔬菜、花卉的理论、新品种培育与栽培等，可细分为果树、蔬菜学、观赏园艺学三个专业方向。

园艺专业历史悠久，分布较小。该专业最初是农业的附属部门，随着现代科学技术和生产力的发展，园艺业逐渐成为独立的种植业部门而得到迅速发展。包括果树、蔬菜和观赏植物在内的园艺产品越来越成为人们完善食物营养，美化、净化环境的必需品。

园艺如今已经是改造生态环境美化人民生活的一个重要行业，包括城市美化、社区绿化等成为生活中不可缺少的一部分。同时，人们的审美需求也在不断提高，园艺观光旅游的兴起也为园艺类行业提供了很多岗位，发展前景也有了很大的进步。

（2）主要课程

植物学、植物生理与生物化学、应用概率统计、遗传学、土壤学、农业生态学、园艺植物育种学、园艺植物栽培学、园艺植物病虫害防治学、园艺产品贮藏加工及营销学。

（3）发展前景

就业：

园艺专业毕业生的主要去向是去现代农业产业园区、园艺公司、园艺场等从事生产、贮藏、加工企业的技术管理员。最常见的就是去园艺作物生产公司进行种子、种苗、切花、盆花生产企业和苗树公司等从事园艺作物的繁殖和栽培工作，或者去园艺作物应用公司从事园艺作物的植物造景、绿化工程施工及苗木的养护工作，也可以去园艺作物的物流公司从事花卉的栽培、运输和销售。

如果学生愿意继续升学，研究生或博士毕业后可以在高校进行园艺教学或者进入农林类研究所当研究员。

此外，如果学生考试能力较强，还可以考取编制进入中央和地方隶属的林业局、园林局、绿化管理处、各级公园、城市规划设计院等部门进行工作。

升学：

无论从未来的职业发展还是从专业深耕的角度，该专业都比较推荐考研。园艺专业考研竞争压力小，如果学生成绩不错，建议挑战一下考名校的研究生。

园艺考研方向主要包括果树学、蔬菜学、园艺学、植物学、植物保护等。

（4）推荐院校

华中农业大学、浙江大学、南京农业大学、中国农业大学、沈阳农业大学、山东农业大学、湖南农业大学、西北农林科技大学、上海交通大学、华南农业大学。

（5）报考建议

该专业对生物科目要求较高，适合对生物学及园艺学感兴趣的学生就读。在大学本科学习期间，学生不要闭门造车，而要更多地去田间地头亲自去栽培农作物，观察它的生长、浇水、施肥、防害等，只有在实践中才能快速成长。

同时，学生最好有绘画基础，并结合当地的生态条件、人文景观和历史底蕴不断做实验。园艺方面对考生的身体条件也有要求，色弱的考生不能录取，报考时要仔细查看院校《招生章程》。

值得提醒的是，园艺和园林专业名字只有一字之差，却是迥然不同的两个专业，报考时一定要注意区分。园艺专业是培养园艺师，工作内容主要是观赏植物的生产、栽培和销售；园林专业是培养园林设计师，工作内容主要是用植物来营造怡人的绿色空间和美好环境，偏重景观设计、绿化等。换言之，园林偏重植物景观的设计和绿化，园艺侧重植物养护栽培。

目前在开设园艺专业的农林类高校中，各个学校会有一些差异，择校时建议仔细了解各校的培养侧重点，比如北京林业大学的园艺专业是观赏园艺方向，注重园林植物的学习；华中农业大学的园艺则偏重果树方向；中国农业大学的园艺专业偏重蔬菜和果树方向；还有一些学校各个方向都有涉猎，如南京农业大学。

十、如何科学选专业

据 2022 年腾讯新闻《事实说报告》和腾讯新闻教育频道发起的"2022 普通人高考志愿态度和行为"调查显示，在高考过来人中，有将近三成的人在填报志愿前对所选专业完全不了解，而非常了解的人群占比还不到一成。此外，进入大学后，有 51.3% 的人认为自己所选的专业不符合预期，54.3% 的人认为如果再有一次机会，将不会再选择相同的专业[1]。

这种现实和理想的落差，有很大一部分原因来自同学们在填报志愿之前是靠着"想象"来选择，并没有对自身及专业进行详细的了解。因此，在选择专业时，我们必须用科学来代替"想象"。

1 将社会需求纳入考虑因素 ✏️

自 1977 年我国正式恢复高考后，每隔 10 年都会有一批热门专业备受关注。在 20 世纪 70 年代，受"科学热""文学热"的影响，"数理化"和"文史哲"等基础学科专业成为热门；到了 20 世纪 80 年代，"实现四个现代化"的口号带火了经济类和财经类专业；随着改革开放的深入和社会主义市场经济体制的确立，一系列外贸体制改革政策将对外贸易专业、国际贸易专业推上了 20 世纪 90 年代热门专业的顶峰。

进入 21 世纪后，我国现代化进程进一步加快，互联网浪潮奔涌而来，不仅催生了百度、阿里巴巴、腾讯等一大批互联网公司，也使得信息技术和计算机类专业的热度飙升。与此同时，我国的法制化建设也让法学类专业的录取分数线水涨船高，然而随着法律相关行业从业人员的饱和，法学专业很快成为著名的"十年九上榜"的红牌专业。

　　相比法学专业热度的昙花一现，计算机相关衍生专业及与其他学科交叉专业方兴未艾。得益于互联网、大数据、云计算等领域的发展，人工智能、大数据技术、网络空间安全、物联网、机器人工程、网络与新媒体等新兴专业已经成为许多考生填报志愿时的首选。此外，由于近几年国内外经济环境的动荡和新冠肺炎疫情的肆虐，人们普遍趋于保守和稳定的心理，也让医学类专业和师范类专业备受追捧。

　　社会的变迁让热门专业排行榜持续更新的同时，也影响着无数高考考生填报志愿时的专业选择，而顺应时代潮流，也是我们在选择专业时必须要考虑的。但是，专业冷热并不是固定的，当前社会飞速发展，如今的热门专业可能就是未来的就业困难户。因此，在选择专业时，不仅要考虑时代发展和热门与否，还要分析自身特点，选择适合自己的专业。

2　分析个人特点，选择适合的专业 ✏

（1）从兴趣出发

　　兴趣是我们探究或从事某种活动时的心理倾向，是推动我们学习的直接动力，选择一个符合我们自身兴趣的专业，不仅能够激励我们在专业学习的过程中不断突破，还能提高我们在未来职业生涯中的成就。

　　在职业兴趣领域，心理学家霍兰德提出了著名的霍兰德职业兴趣理论。他认为人的职业兴趣有六种类型，包括现实型、研究型、艺术型、社会型、企业型、常规型[2]，每种类型都有其鲜明的特点，每个人的兴趣都是这六个维度不同程度的组合，只有选择跟自己兴趣类型符合的职业或者专业才更容易获得成功。例如现实型的人踏实稳重，动手能力强，做事保守，但不善言辞，适合计算机硬件、机械制造、建筑等相关的职业或专业；而艺术型的人敏感、富有创造力，渴望展现自己，善于表达，具有一定的艺术才能和个性，但做事比较理想化，适合艺术类、文学类或音乐类相关的职业或专业。

（2）从性格出发

　　性格是我们对现实的稳定态度，及其与此相关的习惯性行为方式中所表现出来的稳定倾向，是我们每个人个性的集中体现。性格决定着我们每个人职业发展的长远，很难想象让一个内向敏感、沉默寡言的人去从事销售工作会取得高绩效；

同样，一个热情活泼、冲动冒险的人也难以静下心来从事严谨的会计工作。因此，了解我们自己的性格特点，选择适合自己性格的专业至关重要。

在评估性格和职业或专业的匹配度上，常用的判断标准是迈尔斯—布里格斯类型指标(Myers‐Briggs Type Indicator, MBTI)。MBTI 以荣格 8 种人格类型为基础，用四个维度来衡量人的性格。MBTI 认为，每个人的性格都会落在内向——外向、感觉——直觉、思考——情感、判断——知觉这四个维度上的某个点上，这个点更靠近哪个端点，就意味着这个人有哪方面的偏好[3]。这四个维度每个端点两两组合后可以形成 16 种相互独立的性格特征。每个类型的性格都有各自适合的职业和专业方向，例如 ESTJ 类型的人性格非常具有现实主义，公事公办、果断，具有逻辑性和分析能力，注重细节，喜欢安排计划和行动，非常适合管理类的专业和工作。

MBTI16 种人格类型	
ISTJ(稽查员 / 检查者 / 公务型)	ISFJ(保护者 / 照顾型)
INFJ(劝告者 / 咨询师 / 作家型)	INTJ(策划者 / 智多星 / 科学家 / 专家型)
ISTP(操作者 / 手艺者 / 冒险家)	ISFP(作曲家 / 创作者 / 艺术家)
INFP(治疗师 / 导师 / 化解者 / 哲学家)	INTP(建筑师 / 设计师 / 学者型)
ESTP(发起者 / 创业者 / 创设者 / 挑战型)	ESFP(表演者 / 示范者)
ENFP(倡导者 / 激发者 / 记者型)	ENTP(发明者 / 发明家)
ESTJ(监督者 / 大男人型)	ESFJ(供应者 / 销售员 / 主人型)
ENFJ(教导者 / 教师 / 教育家)	ENTJ(统帅 / 调度者 / 将军型)

3 根据个人能力，选择擅长的专业 ✏

传统的应试教育只注重学生的语言能力和数理逻辑能力，但大学阶段对能力的考核将会更加全面，而且不同专业对能力的要求也有所不同。所以，找出自己的优势能力，扬长避短，选择适合自己的专业可以事半功倍，提高职业或事业的成功概率。

多元智能理论可以很好地评估我们每个人存在的多种智力潜能，该理论认为每个人身上至少存在 8 种智能，包括语言智能、数理逻辑智能、空间智能、身体运动智能、音乐智能、人际交往智能、自我认识智能、认识自然的智能[4]。每个人都有不同的智能组合，有强势智能和弱势智能。例如，数理逻辑智能突出的人对数字、运算和推演非常敏感，擅长用比较和因果逻辑的方法来认识和解决问题，适合学习计算机、统计学、工业工程类的专业；人际智能突出的人善于察觉他人的情绪情感，并能做出适当的反应，适合教育学、人力资源管理、公共关系相关的专业。

4　从价值观出发，探寻内心想要的专业 ✎

价值观是我们在认识和判定事物时的一种思维或取向，体现在职业和专业选择上，就是我们对职业和专业的态度和评价。在专业选择的过程中，我们可能会遇到纠结或难以抉择的时刻，而这个时候促使我们做出决定的因素就是我们内心固有的价值取向。

在我们不得不做出职业选择时，每个人都会有需要坚守的东西，或无论如何都不会放弃的价值观。美国职业指导专家施恩将其命名为职业锚，并将职业锚分为八种类型，包括技术型、管理型、自主型、安全型、创造型、服务型、挑战型、生活型。不同的锚定倾向决定着我们可能会选择什么样的职业或什么类型的专业。例如创造型倾向的人有强烈的创造需求和欲望，渴望建功立业，创造完全属于自己的东西，果断坚韧、敢于冒险，适合经济学类、金融学类相关的专业；安全型倾向的人更看重职业的稳定和财务的安全，对组织忠诚，希望未来自己可以长久稳定地从事某一职业或行业，适合法学类、中医学类、教育学类相关的专业。

5　结合学科优劣，选择优势专业 ✎

在专业选择过程中，不仅需要考虑我们自己的兴趣爱好、性格特征、能力特长、价值观等主观因素，还要结合自身学科优劣这一客观因素。尤其是在新高考改革的影响下，学科的选择直接决定了我们未来志愿填报专业时选择的范围，此时学科的成绩优劣就显得更为重要。选择优势学科对应的专业既有利于提高我们未来在大学时学习的效率，也能增强我们学习的信心和主动性，激励我们付出更多的努力以实现自己的目标。

参考文献

[1]　敖小兰.心理类型理论概述 [J]. 西南民族大学学报(哲学社会科学版),2004,25(1):393—397.

[2]　LINDA CAMPBELL, BRUCE CAMPBELL,DEE DICKINSON. 多元智能教与学的策略 [M]. 北京：中国轻工业出版社 , 2015.

[3]　SCHEIN, E.H.CAREER DYNAMICS: Matching Individual and Organizational Needs [M]. MA: Addison—Wesley, 1978.

[4]　SCHEIN, E. H. CAREER ANCHORS: Discovering Your Real Values [M]. San Diego (Ed), CA: Pfeiffer & Company, 1990.